「神話」を近現代に問う

植朗子・南郷晃子・清川祥恵［編］

勉誠出版

「神話」を近現代に問う

［総論］

総論──「神話」を近現代に問う

清川祥恵

一、拡大する「神話」概念

「神話」という言葉を目にしたとき、人は最初に何を想起するのだろうか。「神」についての「話」として、まずは具体的な「神」を思い描くことから始める場合も多いかもしれない。たとえばギリシア彫刻にきざまれた、均整の取れた肉体をもつ「人間の理想像」としての神の姿か、それとも頭部が勇猛な隼の姿をしているどこか異様な古代エジプトの神か、はたまたそこから一歩すすんで、美豆良《みずら》を結った神々のみが「我が国」の神なのだと考える人もいるだろう。そして、このような神々は一体どこから来たのか、という研究は、個々の文化論や文学研究、歴史研究のなかで、さかんに行なわれてきた。七〇年代に人気を博したミルチャ・エリアーデ（Mircea Eliade, 一九〇七～八六）の神話分析に代表される、世界の神話にある種の統一性を見いだそうとする視角や、九〇年代に話題をさらった「黒いアテナ」論争のように、[(1)]「我々の神々」の起源や正統性をさぐる試みは、いつの時代も多くの人々の関心を惹きつけている。

しかしながら本書は、こうした「神話」の「起源」を探ることを目的とするものではない。そもそも「神話」という概念自体は、先に述べたような「神（々）の物語」として、古来つづいてきたものではない。各論においても言及があるとおり、日本に「神話」という概念が輸入されるのは近代のことであり、またこのとき輸入されてきた概念

――英語でいうところのmyth――自体は、決して「神（々）の物語」のみを指すものではなかった。この短い単語は、もともとはギリシア語でひろく伝承文学を意味する広漠な語にすぎなかった。それが日本語で「神話」という限定的な訳語を与えられたのは、あきらかに「近代」特有の文脈があったためである。「自文化」がはっきりと自覚・確立される以前から漫然と各地に存在していた、単に「受け継がれた」物語は、近代的自己が地縁・血縁を超えて結びあう過程において、共有されるべき「正典」として整備され、特別な意味を付与されるに到った。とりわけネイション（nation, 国民／民族）のような、「見えない絆」で結ばれる「我々」のための「特別な物語」として、「神話」は人々同士の紐帯および過去からの脈道を「創造」する目的で、利用されるようになったのである。

ただし、だからといって「神話」を単なる「ネイションが利用したプロパガンダの物語」として一蹴してしまうのは早計である。無論、日本やドイツが第二次世界大戦以前に行なっていたような民族浄化や同化政策に、「神話」が及ぼしていた影響力の大きさは看過できないものだ。この点について充分な反省をめざす人々もいるものの、ネオナチなど過去を知らない世代の信奉を補強することもあって、敗戦国となった両国では今現在も、こうした言説を研究対象とすることそれ自体すら忌避される場合もある。たしかに十九世紀にグリム兄弟が発した「ゲルマン／ドイツとは何か」という問いは、後年ナショナリズムに回収されてしまうほど強烈なインパクトをもたらすものであり、それゆえにナチスの人種理論を支えたことに疑念の余地はない。しかし目を逸らしてはならないのは、すくなくとも「神話」を追い求めた個々の研究者や文人にとっては、それが「我々とは誰か」という、自らの社会的アイデンティティをゆるがす大問題にたいする真摯な回答でもあったということである。グリム兄弟の例でいえば、彼らが物語を「ドイツの」メルヒェンや神話として収集するときに考えていた基準自体は、彼らの「理想」や社会観の表現として、その内容を精緻に検討する価値があるはずだ。あるいは、失われた道徳を復活させるという目的での、近代批判の文脈でのオルタナティヴな物語の探求は、一種のプロパガンダではあるにせよ、エスタブリッシュメントにたいする「対抗文化」として大きな意義を有するものだろう。

さらにいえば、現代では無邪気な修正主義者はもとより、他文化を尊重することを「常識」としている人々でさえも、それぞれの度合いで「神話」を希求しているという現状は、特筆に値する。「グローバル化」が叫ばれて久しい今、もはや「我々」の物語は、かならずしも「ネイション」の物語ではなくなった。スマートフォン用のゲームアプリのなかで聖剣「エクスカリバー」を用いたり、アラブ圏に起源を持つとされる怪物「バハムート」を召喚して「敵」を倒したりするとき、そこではすでに自己のナショナリティ、エスニシティは意識されていない。「神話」のなかのキャラクターやモティーフは、本来の役割をはるかに超えつつ、ある種の道徳観を代弁するものとして地域や時代を越境して用いられつづけているのである。ギリシア神話をテーマにしたハリウッド映画を消費するときも、娯楽として享受しつつもそこにおのずと正邪の感覚を投影したりしてしまうことも少なくないだろう。「神話」はすでに、単なる「神（々）の物語」を超えて、様々な位相で「我（々）」を語るためのものへと拡大しているといえる。

二、本書の目的

このように、「聖典」／「正典」としての起源を探求するだけではみえない、広義の「神話」――近代神話学によって整備されていった「神話体系」からこぼれ落ちたり、意図してこれに対抗的に利用されたり、「ネイション」の神話と同時に重層的に信じられていたりしたような物語――が持つ社会的意義を、その成立過程・創作過程から改めて評価することが、本書の目的である。近代における「世俗文学」の成立によって、狭義の神話は聖典／正典から一文学ジャンルへと相対化され、他文化の神話との自由な比較の俎上に乗せられるようになった。近代以降の神話はそれ自体が単に固有の宗教的伝統や民族性を語る重要性を持つのみならず、あらたに創作される文学の淵源として、つねに今日的な語りと関連づけて参照され、地域・時代に限定されない（あるいは、意図的に限定された）意義を持ちうる概念へと発展していったといえる。

狭義の神話を体系化し学問として取り扱うことそのものは、「近代」特有の現象ではないが、近代以降の識字率の向上や社会規模の拡大は、「神話学」を、より大きな社会的現象へと接続する方向へと導いている。したがって本書の執筆者の間では、「神話」という語自体についても、国家によって占有されていく伝承文学や、それに対抗するかたちで語られた物語、またほとんど無意識的に狭義の神話のモティーフをさらっただけのような物語までふくめて、「人々によって特別な意味を持つものとして語り継がれる物語」というきわめてゆるやかな定義を共有するのみに留めた。そのうえで、特定の国家と結びついた個別の神話（群）の構造比較にとどまらず、時代と時代、社会と社会をつなぐ文化装置としての「神話」の力を、本書では（一）近代における「神話」概念の誕生、それと不可分な（二）ネイションと「神話」の問題の再考、（三）近現代の世俗文学や教育政策と「神話」との関わりから見いだす「今日的意義」、の三点に焦点を当て、左記の構成で考察するものとした。

三、本書の構成

第一章　「神話」の「誕生」――「近代」と神話学

第一章では、「近代」学問としての神話学の捉え直しを行なうとともに、近代の「神話」の生成と変容を神話学との関連のもとに把握する。

植朗子は、十九世紀にグリム兄弟の貢献によって学問として興隆していくドイツ語圏の伝承文学を専門としており、神話の世俗化の機能と、神話学の発展史を明らかにする論考「十九世紀ドイツ民間伝承における『神話』の世俗化と神話学」を担当した。これまで「近代神話学」においてグリム兄弟の功績が重要であることは自明のこととされてきたが、彼らによる、「メルヒェンや伝説といった伝承文学にはゲルマン神話の『痕跡』が見られる」という主張を、植は「神話の世俗化」と「世俗文学の神話化」という双方向のダイナミズムという視点から、あらためて検討している。

また横道誠「神話と学問史――グリム兄弟とボルテ／ポリーフカのメルヒェン注釈」では、「神話学」というディシプリンにおける解釈行為の方向性が、「グリム兄弟」の功績によって即座に確立されたわけでは決してない、という点を精査している。兄ヤーコプ・グリムと弟ヴィルヘルム・グリムの間にはもちろん、その継承者たちの願意は一様に同じものではなく、したがって、起源や発展の経緯について導かれる考察も、必然的に多様なものとなった。こうした神話にたいする「注釈」を行なった各個人の意図は、「神話」概念そのものをつねに再帰的に定義し、拡大してゆくこととなる。

一方で、日本における「神話学」の発生を丹念に解き明かしているのが、平藤喜久子「〝史〟から〝話〟へ――日本神話学の夜明け」である。グリム以降の「神話学」が、我が国には主にマックス・ミュラーの業績を通じてもたらされることとなるため、ここではそれまでのヨーロッパにおける比較神話学の発展をあらためて概説したのち、日本における受容過程をたどっている。この「神話」概念の受容にさいしては、後の斎藤英喜の論考にも見られるように、やはり「信仰」の問題と切り離すことはできない社会状況であったことが重要である。「近代化」＝「西欧化」として経験した学者達が「神代」を「歴史学的」に位置づける試みを取り上げることで、「神話」という輸入概念にたいして当時の人々が抱えた葛藤が、浮き彫りとなっている。

斎藤の「近代神道・神話学・折口信夫――『神話』概念の変革のために」では、まずは日本における「神道」と「国民」の関係が、西欧化のプロセスによって建前上は非宗教化されたことを指摘し、同時に、「神話学」もこうした傾向にならい、信仰としての「神道」との関わりを避けて成立したという過程を明らかにしている。そのうえで、国家的イデオロギー、民族イデオロギーに一元化されない「神話」概念の可能性を見いだそうとした人物として、折口信夫を取り上げている。折口は西欧化の過程で失われた「神話」の宗教性を擁護しており、「神話」概念の解釈が、「世俗化」という一方通行の発展をたどったわけではなかったことが見て取れる。このように、近代神話学の成立の最初期段階の事例としてのドイツ語圏にかんする論考二本と、それを「近代化」運動の一波として受容した日本の事例について分析した論考を通覧すると、それぞれの文化圏での神話学成立過程の違いから、今日の「神話」概念の複雑さが生じていることが理解できるだろう。

さらに、本章最後となる坂本貴志「『永遠に女性的なるもの』の相のもとに――弁才天考」は、バッハオーフェンの母権論等、神話構造分析への貢献の大きさから今日ではほとんど古典的重要性を持つ先行研究をふまえて、個別に発達したと考えられる別々の神話に共通する「普遍的要素」を見いだそうとする論考である。こうした比較論が内包する「越境性」への興味は、ポスト・ナショナリズムがつよく意識された時代にエリアーデの言説が代表したような、「人類」という共通意識を支える柱として「神話」を見る動きの流れを汲む。近代神話学が十八世紀の博物学的神話収集によってその理論を確立してきた経路の先に、グローバルな規模での「神話」を通じた多文化理解が可能となっているのである。第二章でネイションと「神話」とのつながりを見るに先立ち、「神話学」そのものが持つ可能性が、時代を超えて信じられていることを予示する論考といえる。

第二章　近代「神話」の展開──「ネイション」と神話を問い直す

つづく第二章では、これまで自明のものとされてきた神話とネイションとの関係を問い直し、国境（国民国家 nation-state の領域）と必ずしも一致しない範囲での紐帯としてのエスニシティや、地域共同体の理想としての「神話」の実体を考える。前章でも見たように、近代神話学の起点となったドイツにおいても、ナショナリズムと関連した神話占有の動きの一方で、他地域の神話に目を向けようとする動きが認められる。

まず、田口武史は、「フォルク」（Volk）と「ナツィオーン」（Nation）の概念の差異に言及することで、一面的な「国民」概念とは一線を画すアイデンティティ形成の流れを明らかにした。「願わくは、この試みが広く世に認められんことを──十八〜十九世紀転換期ドイツにおけるフォルク概念と北欧・アジア神話研究」では、啓蒙運動で擁立された「フォルク」概念が、市民階層から農民に投影された「理想」に過ぎず、両者を統合する実体たりえなかったこと、それにもかかわらず、これとは別の文脈で、ロマン派が外部の「神話」を手がかりとしてすることで、なんとかその統合を達成しようとした動向について詳らかにしている。とくに、知識人層の物語としてのギリシア神話とは別に、「フォルク」のための神話が希求されたという点は「神話」が迎えた新たな局面を照らし出している。

馬場綾香は「『伝説』と『メルヒェン』にみる『神話』──ドイツ神話学派のジャンル定義を通して」で、同じくドイツ語圏の、近代における「神話」のジャンル上の特性を検討した。同学派のなかでもカール・ミュレンホッフは、グリムの系譜に属してはいたが、グリムが使用した「神話」、「伝説」、「メルヒェン」の三区分のうち、「神話」のみを継承せずに伝承集を編んでいる。馬場はこれについて、かならずしも「神話」自体の重要性やそれにたいする関心が薄れたがゆえではなく、むしろ「伝説」と「メルヒェン」という現存する伝承文学を、神話との関係性という観点から定義することで、みずからで収集しえない、すでに失われたドイツの民衆たち自身の神話の存在を、「現在」と結びつけようとしたためだと考察している。田口と同様、「フォルク」という理念的存在がこれにさいして大きな鍵となったといえ、「我々」とは誰か、という問いが、「我々の物語」の探求と一体のものであったことを実証している。

つぎに、日本と同様、西欧における「神話」の学問化の波を受けてアジアで起こった「神話」への関心の高まりを示すものとして、十九世紀中国神話の事例を取り上げたのが、潘寧の「近代以降における中国神話の研究史概観――一八四〇年代から一九三〇年代を中心に」である。潘は、日本とも縁が深い魯迅らが、日本の学界の影響を受けつつ、独自の神話を模索する動きを検証している。英国や日本の影に脅かされるなかで、「近代国家」としてのアイデンティティを確保するために神話を求めた中国だが、西欧化が日本を経由したルートからも波及したことで、日欧の事例とは異なる段階を経て「神話」概念が形成されたことがわかる。

また、戸田靖久は、幕末の天皇をめぐる怪異の言説とその政治利用について歴史学の視点から実証する「幕末維新期における後醍醐天皇像と『政治的神話』」を担当した。当時すでに伝説化していた後醍醐天皇をめぐる言説が、じっさいにどのように「神話」として政治の現場で利用されるのかを、天皇陵の「鳴動」という怪異の語りから分析している。とりわけ注目に値するのは、後醍醐天皇への評価が主流だった「不徳」の方向性から転換されること、また人気の読み物だった『太平記』が再解釈されてこれに重なり合い、社会に浸透していったということである。これ以降、「近代」日本が「天皇制」を国体としていくにあたり、明治から昭和にかけて天皇は現人神として徐々に神格化されてゆくが、天皇のイメージが読み替えられてゆく先行例として見ることもできる重要な動きである。

最後に南郷晃子は「地域社会の『神話』記述の検証――津山、徳守神社とその摂社をめぐる物語を中心に」と題し、第一章で見たような流れで「神話」概念が日本でも整備されたのち、そこから外れた物語がどのように人々のアイデンティティと関わり合ったのかを、明治期の地域社会の郷土史家の記述を通じて検討した。「国」の範としての「神話」記述の型と地域伝承の相互関係についての事例から、人々の道徳観・信仰・地域の理想を探ろうとするものである。柳田国男のような民俗学者の広域的な「採集」からすらもこぼれ落ちたような、学術上の記録の枠に残らない「神話」であっても、郷土誌においてはその痕跡をとどめる場合もある。馬場と同様、文字になることなく霧散した「神話」へ向けられたまなざしは、その先に、過去の名もなき人々の生も見つめようとするものである。

第二章ではこのように、これまでおもに「ネイション」の求心装置として見なされてきた神話が、そもそもどのようにネイションと結合したのかという点と、他方でネイションに占有されなかった「神話」がどういった意味を持ちうるのかという二つの点を取り上げている。ドイツ語圏およびヨーロッパと同様、アジアにおいても「神話学」の発展は帝国主義と不可分であったが、その背後には、為政者側の意図はもちろん、民衆の自意識、知識人の危機感など、単純な上意下達ではないヘゲモニックな動機が存在した。さらに、「神話」が結び合うのは単に「時代」と「時代」といった鳥瞰可能なほど大きな概念だけではなく、個々の人々・社会同士でもあった。「神話」の希求は、単に過去の人々が語っていた物語への興味なのではなく、人々の生きた時間と「現在」をつなぐ媒体・紐帯の切望なのである。第三章では、じっさいにこの特質を、今日における例を取り扱いながら見てゆく。

第三章　「神話」の今日的意義――回帰、継承、生成

第三章では、前章までの「神話」理解を踏まえたうえで、現実の政策や、個人の自伝的語り、世俗文学と関連付けられることで新たな意味と力を生み出す今日の「神話」のあり方を考える。

藤巻和宏による「初発としての『神話』――日本文学史の政治性」では、第一章で平藤喜久子も言及しているような、日本の「神話」としての『記』『紀』の擁立過程を取り上げ、とくに日本「文学史」の嚆矢として『古事記』が据えられていることの政治性に注目している。当初は『古事記』のなかの和歌のみが純粋に日本的と考えられて「日本文学」の原点とされたものが、のちに散文部分もあわせて「神話」となってゆくのは、ナショナリズムとの関わりではやや相違があるものの、まさに原義では「神」の含意を持たなかった欧米諸語におけるmythが発展していく過程とも重なり興味深い。歴史と神話の関係のみならず、「日本文学」と神話の関係性に光を当てることで、つづく論者の考察でも指摘される、各地域において見いだされるフィクションのもつ力を予告的に紹介しており、つぎの大野

順子による教育利用分析と関連する着眼点も提示されているといえよう。

大野の「神話的物語等の教育利用——オーストラリアのシティズンシップ教育教材の分析を通して」では、単純な「国民国家」枠組みを超えたグローバルな世界における「シティズンシップ」を教育を通じて涵養するために、神話が有する役割を考えるものである。やはり国家による「国民」統合へと誘導する向きはぬぐえないという点も、依然として指摘されてはいるが、ネイションをベースとするのではなく、多文化主義社会における個々人を基準とした単位（personhood）でのアイデンティティ構築のために、先住民族の神話が語るような多様性を鍵とした教育が試みられていることが、二十一世紀的な特色といえるだろう。

つぎに、谷百合子の「詩人ジャン・コクトーの自己神話形成——映画による分身の増幅」もまた、神話の新たな可能性として、「映画」というメディアを巧みに用いたコクトーの自伝的神話の含意を考察するものである。自伝と神話を重ね合わせ、個人の内面的表現として神話のモティーフを使用するという、二十世紀の大きな流れを踏まえた論考になっている。同時にこれはある種の「個人の物語」の「神話化」でもある。十九世紀以降のマス・メディアの発達を受け、古い物語が自由に「再構築」され、受容者も拡大していった結果、まさにナショナリズムの文脈から解放されて「神話」が利用され、世俗的な個人の物語が「詩人」という概念そのものを体現する「神話」となっているのである。

そして庄子大亮の「神話の今を問う試み——ギリシア神話とポップカルチャー」は、古代ギリシアから今日まで保ち続けられた伝承が、どのように機能しているのかを横断的に見通すものである。つぎの清川祥恵の論考が英米文学史を軸としているのにたいして、「神話」文化史としての視座を提供しており、この二論文は直接的に相補しあうものである。永らく欧米における古典教育の核となっているギリシア神話は、もはや「教育」分野における限界をも超越し、アメリカのスポーツ製品メーカーの「ナイキ」（Nike，語源は勝利の女神ニーケー）の例を持ち出すまでもなく、マーケットの拡大にともなって世界中で消費される題材となりつつある。庄子は、「ギリシア神話」そのものが多様な文化を包摂しながら柔軟に形をかえうるものであるということを指摘しており、グローバル化とともに渇望されるようになった大きなスケールの「普遍性」の追求が、「神話」を通して、かつての知識人主導の「神話」利用と遜色ない熱量で、個々人によっても行なわれうることを明らかにしている。

最後に清川祥恵による「英雄からスーパーヒーローへ——十九世紀以降の英米における『神話』利用」は、英国においてドイツ近代神話学の影響を受けて多文化の神話への興味が高潮にたっした十九世紀以降、とりわけアーサー王伝説のようなナショナリズムに寄与する伝承のほかにも、失われた道徳を回復しようと試みるべく神話を語り直す動きがあったことを取り上げるものである。その流れは二十一世紀の今日まで絶え間なくつづいており、またこの動き自体は英国だけに留まるものではない。「神話」の新たな「利用」は、地域的にも、時間的にも、媒体の面でも、越境的に拡大されつづけているといえる。

第三章を構成するこれら五本の論考は、とりわけ神話の「今日性」に傾注しており、いま神話を問い直すことの意義が、文学、教育学、社会学、文化論などの諸分野の観点から、立体的に描き出されるものとなっている。世界のあらゆる場所に、分野に横溢する「神話」が担う社会的役割を、あらためて確認できるだろう。

また、以上の十五本の論考に加え、それぞれの章末に、コラムとして山下久夫「『近世神話』と篤胤」、木場貴俊「怪異から見る神話（カミガタリ）——物集高世の著作から」、谷本愼介「神話への道——ワーグナーの場合」の三本が収録されている。すでに断ってあるとおり、本書における「神話」は、従来の定義よりもいささか拡大されたものとして想定されているのだが、これらのコラムを参照することで、「神話」概念のどのようなエッセンスを我々が抽出し、ここにあらたな「神話」の定義をとりまとめようとしているのか、理解する一助になると考える。

＊＊＊

「神話」探求の試みは、時代の移り変わりとともに幾度となく繰り返されてきた普遍的な社会活動のひとつといえる。本書刊行を控えた二〇一七年の末に、現代の「サーガ」として数えられる『スター・ウォーズ』シリーズの最新作『最後のジェダイ』（*Star Wars: The Last Jedi*）が公開となったが、その内容は奇しくも、「過去は死なせてしまえ」（

“Let the past die”）という衝撃的な懇願をふくむもので、この「神話」の「自己否定」は批評家・観衆に衝撃をあたえた。(2) この解体の先に何がのこるのかは、今後の展開を見守るほかない。しかし肥大化した神話が腑分けされ、別の物語に飲み込まれ、ふたたび新たな物語を紡いでいくというのは、これまでずっと、世界中で行なわれてきた「神話」の再話の営みに他ならない。本書が「神話」という物語が有する力と意義の一端をあらためて明らかにすることで、「これから」の人文学の擁護ともなることを願ってやまない。

注

（1）マーティン・バナール（Martin Bernal）の著作『黒いアテナ——古典文明のアフロ・アジア的ルーツ』（*Black Athena: The Afroasiatic Roots of Classical Civilization*）が提起した議論。古代ギリシアの起源をエジプトに求めて物議をかもした。一～三巻がそれぞれ一九八七年、一九九一年、二〇〇六年に刊行されたが、とくに九〇年代には『黒いアテナ再考』（Mary R. Lefkowitz and Guy MacLean Rogers eds., *Black Athena Revisited*, 一九九六年）を中心とした批判が噴出し、二〇〇一年にはこれに応じてバナールが反論『『黒いアテナ』批判に答える』（*Black Athena Writes Back*）を上梓するまでになった。なお、邦訳はまず第二巻を上下巻に分けたかたちで二〇〇四年に藤原書店が出版（金井和子訳）、第一巻は二〇〇七年に『ブラック・アテナ——古代ギリシア文明のアフロ・アジア的ルーツ〈1〉古代ギリシアの捏造1785-1985』のタイトルで新評論より出版された（片岡幸彦訳）。二〇〇一年のバナールによる反論も、本編第二巻と同じく金井和子訳（上下巻）として二〇一二年に藤原書店より出版されている。

（2）Tom Shone “Film review: Star Wars: The Last Jedi”, The Times, December 17 2017. https://www.thetimes.co.uk/article/film-review-star-wars-the-last-jedi-z0gv2b090. 二〇一八年一月二十日閲覧。なおこうしたプロットとの直接的な因果関係があるかは不明だが、本作は中国における例外的な成績不振と打ち切りが報じられており、「神話」の今後を考えるうえで興味深い事例となりそうである。Shepherd, Jack. “Star Wars: The Last Jedi pulled from Chinese cinema chain following poor box office returns.” *The Independent*, Independent Digital News and Media, 17 Jan. 2018, www.independent.co.uk/arts-entertainment/films/news/star-wars-the-last-jedi-china-box-office-pulled-a8164186.html. 二〇一八年一月二十日閲覧。

十九世紀ドイツ民間伝承における「神話」の世俗化と神話学

植 朗子

本稿は、グリム兄弟の『伝説集』と『童話集』を具体例とし、十九世紀ドイツ語圏の民間伝承において、「神話」の世俗化と、神話素の残存の実態について論じている。実際に、伝説やメルヒェンには、世俗化された神話のモティーフが見られるが、その動きと同時に、神話的でない伝承に、後から神話要素が加えられているものがあることがわかった。

はじめに

(1)「神話」と神話研究の変化

「神話」という文学ジャンルは、時代が大きくうねり泡だつ中で、幾度となく批判され、消えかかり、その一部はほんとうに消失してしまった。しかし、それでも今なお現存するものが少なからずある。ある地域では、体系的な物語として保存され、別のある地域では、その語りが断片的に記録されている。

このように、神話は、口伝えである「口承」、書き伝えである「書承」などの手段をへて、「世紀から世紀」へと遺されてきた。われわれはそれを「読み物」として楽しみ、「歴史」的な要素を読み取り、研究の対象として、分析を重ねてきた。とくに十九世紀、グリム兄弟が行った[1]民間伝承の収集、そして『子どもと家庭のためのメルヒェン集』（*Kinder- und Hausmärchen*）[2]（※以下、『グリム童話集』と表記する）の出版が大きく成功したことによって、グリム兄弟以前にもすでにはじまっていた「民衆のための文学（Volksliteratur）」への関心が、

うえ・あきこ――神戸大学国際文化学研究推進センター協力研究員、京都府立大学文学部共同研究員。専門はドイツ文学、比較伝承文学。主な著書・論文に『『ドイツ伝説集』のコスモロジー――配列・エレメント・モティーフ』（鳥影社、二〇一三年）、「『ドイツ伝説集』における神話的樹木と〈人間が生る木〉伝承」（日本独文学会『ドイツ文学』一四八号、二〇一四年）、「ドイツ民間伝承における樹木と泉をめぐる霊的存在――レアンダー・ペッツォルトの伝説分類と樹木霊Baumgeist」（ゲルマニスティネンの会『Flaschenpost』三六号、二〇一五年）などがある。

その後、より強いものへとなっていった。近代から現代へと時間がたつとともに、文学的な研究から、民俗学、そして民族学的な分野や、また精神分析学、心理学、歴史学、教育学、社会学、宗教学、比較文化学、ジェンダー学など、その研究視点は多角的になり、多くの研究成果が発表された。

世界における「近代化」は、学問的な意味においての「近代化」の動きにも重なりをみせる。このように近現代の学問的展開の起点となっている、ドイツにおけるグリム兄弟を中心とする民間伝承研究の発展、神話学の萌芽は、大きな文化的事象としてとらえられた。そうしてドイツ語圏以外の地域においても、新しい研究の視座が生まれる機縁になった。しかし、第二次世界大戦後、ナチズムの否定とともに、ドイツ語圏において「ドイツの神話」を研究対象とする学問領域は、批判の対象となり[3]、一時的に停滞する。それでも、民間伝承分野において「神話」は重要なジャンルでありつづけ、現在に至るのだ。グリム兄弟を発端とする、伝承収集への関心、民間伝承における神話構成要素（神話素）の研究は、「神話」の普遍性と、単にナショナリズムにかぎらない意義を、確かに有するものとして、地域や時代を超えた神話研究を支えているといいえる。

(2) グリム兄弟の民間伝承研究と神話学

本稿はこのようにして維持されつづける伝承文学における「神話」の影響力について論じることを目的とする。「神話」成立の背景を明らかにするのではなく、具体的な作品を例に挙げ、民間伝承における神話素を確認する。とくに、神話と類縁関係にあるといわれている「伝説（Sage）とメルヒェン（Märchen）」における神話素と、その変化について取り上げることにした。「神話の世俗化」によって誕生したともいわれる伝説とメルヒェンには、どれくらい神話素があり、どの「神話」の影響がみられるのか。

具体的に神話、伝説、メルヒェンの三分野を比較するため、本稿では、グリム兄弟が収集した作品を中心に分析をおこなう。近代神話学を広く世に知らしめたのは、マックス・ミュラー（Max Müller 1823-1900）であり、日本においてもその影響は大きなものであったが[4]、神話学の誕生には、グリム兄弟の民間伝承の定義および、その定義に基づいた神話、伝説、メルヒェンの収集作業は欠かすことのできないものであった。よって、グリム兄弟が活躍した十九世紀の伝承文学の定義、分類名を確認しつつ、現代における民間伝承の分類論と併せて論じることとする。

（３）民間伝承の分類と神話素

現代の伝承研究において、アメリカの民俗学者であるスティス・トンプソン（Stith Thompson 1885-1976）の伝承分類は広く使用されている。そのトンプソンは、自らの著作の中で、「説話の分類を表わす名称の中で、もっとも困るのは神話（myth）である。[5]」と述べている。「民間説話」に含まれる各ジャンルは、ドイツ語圏でのメルヒェン（Märchen）や伝説（Sage）などにはじまり、その他の言語地域のジャンル規定とあわせると、類似するものも多く、そもそもそれぞれに明確な区分を設けることは困難である。[6] そういった事情を共通認識下においてなお、神話が分類上「もっとも困る」ものである、とトンプソンに言わしめた原因はどこにあるのだろうか。

神話は、「神」を語るもの、あるいは人類誕生以前の「神々の時代」を語るもの、人知を超えた神々の領域で起こる奇跡を物語るものである。しかし、文学的にも、歴史的にも、文化学的な背景をかえりみても、神話がもっている語りの目的や、その社会的機能は、時代とともに拡大していった。「神話」ということばそのものの意味の広がり、「神話」と呼ばれるテクストの多様性が、神話の定義自体をより複雑にしていった。そのため本稿は、十九世紀のドイツ語圏、その中でもグリム兄弟の著作における「神話」の表現と、伝説とメルヒェンにおける神話素について集中的に論じる。

一、ドイツ語圏の民間伝承と神話

（１）グリム兄弟の民間伝承研究と神話

神話は、その研究史において、いくつかの転換期を迎えてきた。そのひとつとして、十九世紀のグリム兄弟による民間伝承研究の業績があげられる。グリム兄弟、とくに『ドイツ神話（学）』（*Deutsche Mythologie*）[7] を記した兄のヤーコプ・グリム（Jacob Grimm 1785-1863）は、民間伝承の中に、神話的要素の残滓を見出そうとしたドイツ神話学派の中心的人物であった。[8] ヤーコプは、ドイツ語圏の民間伝承のジャンルに含まれる、メルヒェンと伝説に、ゲルマンの神話や、英雄伝説の痕跡が、それぞれに見出されることを指摘している。

このグリム兄弟の指摘は、半分は正しく、半分は正しくない。伝説やメルヒェンには、共通する神話素が直接的に、あるいは隠喩的に多数用いられていることは間違いない。しかし、それは既存のゲルマン神話が「世俗化」した結果なのか、それとも民間伝承に神話的要素が加わったのか、その両側面を検討する必要があるはずである。また、グリム兄弟の蒐集した伝説やメルヒェンには、ゲルマン神話以外に、キリスト教の影響を強くうけた作品も数多くみられる。民間伝承という形で花開いた物語の根底には、ドイツ語圏の複雑に入り組んだ宗教的な変遷が見え隠れしている。

(2) ドイツ民間伝承にみられる信仰の痕跡

グリム兄弟が一八一六年(第一巻)・一八一八年(第二巻)に発刊した、『ドイツ伝説集』*Deutsche Sagen*[9]に触発されて、ドイツの詩人ハインリッヒ・ハイネ(Heinrich Heine 1797-1856)が、『精霊物語』(*Elementergeister*)[10]を発表したのが、一八三五年から一八三六年にかけてのことだった。そして、その前年にあたる一八三四年には『ドイツ古典哲学の本質』(*Zur Geschichte der Religion und Philosophie in Deutschland*)を上梓している。

ハイネは、グリム兄弟を「古代ゲルマン学」の重要な研究者であるという自らの認識を示し、ドイツ語圏の民間伝承には、「キリスト教的な思想」によって改造された「かつての民間信仰」の痕跡がみられることを指摘している。[11]

ヨーロッパにおける民間信仰は、南方のそれよりも北方の方が、より汎神論的であった。北方の古代宗教の秘儀やシンボルは、ある自然崇拝と関係性があった。どの自然界の要素も、[12]不思議な存在として崇拝されていた。どの樹木にも神性が息づき、現象世界には完全に神々の力が満ちていた。キリスト教は、こういった見解を逆さまにしてしまい、自然において示していた神々の力を、悪魔の力によるものへと変化させてしまった。[13]

そして、ドイツ語圏の民間伝説(Volkssage)について、「血と霞でできている」かのような、暗くいびつなものであると言った。これは、ゲルマン神話における神々の姿が、ギリシア神話の神々に比べて、いかにも恐ろしい外見をしていたからである。神話から派生した芸術作品を比較しても、ギリシア神話のもつ「美」の明瞭さとは異なる性質を持っていることを強調した。その「暗さ」「恐ろしさ」は、キリスト教化後に、ゲルマン神話の神々の聖性が失われ世俗化していく中で、魔物や怪物としてのイメージを取り込んでいった。

しかしながら、ハイネは、キリスト教的な昔話よりも、ゲルマン的なこびと「コーボルト(Kobold)」や、魔女(Hexe)の伝承の方が、より深く民衆の中に根づき、長い間、民衆の間で語られたとも述べている。[14]これは、ゲルマンの神々の神話が、怪異伝承へと作りかえられる中で、その存在が消失するのではなく、むしろ人々の心の中で強く生き残りつづけていったことを示している。キリスト教布教時に行われた、ゲルマンの神々の「悪魔化」は、神話の世俗化の面をもっていたが、より民衆が語りやすい形にその形式が変化することで、生活に潜む小さな恐怖や、驚嘆すべき事件と結びつき、「人々のための物語」として定着していった。

(3) グリム兄弟のメルヒェン・伝説の素材とその宗教性

グリム兄弟は、『ドイツ伝説集』の序文の「伝説の配列」の項において、収録されている伝説には、魔女や幽霊などを題材にした「新しい伝説」と、ゲルマン神話やキリスト教以前の古い信仰に由来する巨人やこびとが登場する「古い伝説」のどちらもあると(15)述べている。こびとと巨人は、ゲルマン神話において登場するもので(16)、魔女よりも古い語源をもっている。

そもそも、この伝説集に収録されている伝説の話題は、ゲルマン民族移動期から宗教改革までを網羅しているもので、その出典はおもに中世に記録された文書からきている。ハイネによると、中世ドイツ文学の素材には、ゲルマン的なものと、カトリック的なものが混在しているという(17)。そして、それらの素材から作られた文芸には、ロマン主義的な傾向(18)が大いに含まれていた。グリム兄弟による民間伝承研究は、近代的学問の先駆的なものであるが、少なくとも、『ドイツ伝説集』や『グリム童話集』には、中世ドイツ文学の影響が大きくみられた。

グリムが強く意識していた「伝説における神話の痕跡」の、「神話」が意味しているものに、ゲルマン神話があったことは間違いない。そして、ゲルマン神話だけでなく、キリスト教が布教される以前の民間信仰に由来する神々の物語も含まれていた。これらは、ドイツ語圏の「神話の痕跡」として解釈することができよう。キリスト教的な神話的伝承もここに含まれ、それに反する異教的な神々の息吹も感じられるというのが、『ドイツ伝説集』の特徴のひとつであり、これは『グリム童話集』にもいえることである。

では、つづいて、ドイツ語圏の伝説やメルヒェンに、神話的要素が反映された理由について考えたい。

二、民間伝承における「不思議」と「神話性」

(1) 民間伝承にみられる「異常な」出来事

メルヒェンにせよ、伝説にせよ、「民間伝承」と呼ばれる物語群に共通する最大の特徴はなにか。それは、それらの物語の核に、「異常さ」あるいは「不思議さ」がつまっているかどうか、という点にあろう。

たとえば、メルヒェンは「それは特定の場所、特定の人物を設定せず、架空の世界の中での出来事で、ありえないことがらに満ちている。」(※傍線は論者による)(19)と定義されている。

また、伝説は「この形式の話は実際に起こったと信じられている異常な出来事を述べるものである。」（※傍線は論者による）[20]と解説されている。メルヒェンと伝説は、現実世界に実際に存在したものと関連があるか否か、という点において、大きな隔たりがあるにもかかわらず、いずれにおいても「非日常的な出来事」が話題の中心をなしていることがわかる。

ヨーロッパ口承文芸学研究者のマックス・リューティ（Max Lüthi 1909-1991）は、「民間伝説の典型は神聖な伝説である」と述べ、民間伝承における「不思議な事態」をあらわす要素について以下のように説いた。

捉え難い何か、それはまったく異なる世界に属しているかに思われるが、それが見られ、あるいは聞かれ、あるいは感じられ、それがわれわれに摑みかかり、それに出会った人物を混乱させ、破壊し、病気や死の中へと投げ込むことになる。時々、神話的存在との親密な接触が表現されることはあるものの、その接触はやはり緊張感に満ちたままであり、しばし妨害される。[21]

リューティの解説によると、民間伝承の中でも、とくに伝説は、創作文学とは異なり、日常生活に根ざしたもので、人間の生に揺さぶりをかけるような「不気味な出来事」との遭遇が、その語りの中心部にあるという。そして、その中のひとつに、「神話的存在」との接触が事例として挙げられている。「神話的存在」とは、神であり、異教的な神々であり、こびとや水妖などの精霊たち、龍やアルラウネのような空想的な動植物を意味している。

（2）民間伝承における不思議と「神話的な要素」

天地創造にまつわる起源説話、英雄の冒険を語る英雄伝説、聖者による効験や尊い行為を記す聖者伝、動物が人間のように描かれている寓話、妖精譚など、いずれの民間伝承にも、その物語の中心的話題には、普段には起こり得ないような「異常な出来事」が示されている。その内容の特異性ゆえに、それらを伝える伝承は後世に語り継がれてきたものと考えられる。こういった「異常なモティーフ」には、しばしば神秘性が見出され、宗教的関連性が語りに加えられてきた。

メルヒェンや伝説には、それの元になる神話があり、神話が形を変え、民衆に語り継がれる伝承になっていったと[22]、グリム兄弟が主張したのは前述のとおりである。神話は、本来、人知を超えた神々について語るものであるから、伝承で取り上げられている、非日常的な「異常な事件」の正体が、神々の力に起因するものであるならば、説明はつきやすい。そして、神話において聖性を象徴するモティーフが、語りの中で世俗化し、奇跡が単なる奇譚や怪異譚化したということも、民間伝承の継承にかかわる長い年月とその過程を考えれば、それは充分に起こりうることだ。
では一方で、十九世紀を中心にドイツ語圏で蒐集された民間伝承に、神話をベースとしない話はないのかというと、当然のことながら、それ以外のものも存在する。そして、さらには、神話とは関わりのなかった物語が、語りの中で、神話化してきた可能性についても検証する必要があろう。

(3)「神話化する伝説」と「神話の世俗化」から生まれた伝説

谷口幸男・福嶋正純・福居和彦による『ヨーロッパの森から――ドイツ民俗誌』[23]には、ドイツ語圏の民間伝承において頻繁に取り上げられる「神話的モティーフ」が二十二個紹介されている。ここでいくつか例をあげる。

たとえば、カール大帝が死後もなお眠り続けている、ウンスターベルク近くのヴァルザーフェルトという野に生えている一本の梨の木がある。梨の木は「ドイツ人の聖木」と信じられており、枯れたように見えるこの梨の木に、緑の葉が芽吹いた時、カール大帝がドイツの窮地を救うために、大軍を連れて、再びこの世に現れるという伝説[24]がある。これは、二度と葉がつくことのない枯れた古木が再び息を吹きかえすという「不思議」と、古代ゲルマンにおいて梨の木が信仰の対象であった事実とが結びついた伝説である。キリスト教がドイツ語圏に布教されるようになった際に、多くの梨の木が切り倒されたが、その中のいくつかが、枯れずに再生したという奇譚が神話化したものと考えられる。

次の例には、薔薇にまつわる伝説がある。「ゲルマン神話ではフリッガ」に、「ギリシア神話では愛の女神ヴィーナス」に捧げられたという薔薇[25]には、それにまつわる神話が数多く残されている。これらの神話は、キリスト教が流布された後には、マリア崇拝と結びつき、薔薇はマリアを象徴する花[26]としても知られていくようになる。北ドイツのヒルデスハイムにはドイツ最古のものと呼ばれる大きな薔薇の木があるとされている。『ドイツ伝説集』第四五七話目には、ルートヴィヒ敬虔王が、真冬に雪の中で落とした十字架が、青々と茂る野薔薇の生垣で発見されたため、そこに礼拝堂を建てた[27]という伝説があるが、この舞台となっているのも、ヒルデスハイムである。これらの伝承はなにをあらわしているのか。ギリシア神話、ゲルマン神話において語られていた薔薇のモティーフが、さらにキリスト教的神話となって生まれ変わっていることがわかる。これは、ある地域の神話的モティーフが、長い年月とともに、別の地域の新たな神話的モティーフとして再創作されている事例[28]であると解釈できるだろう。

最後の例は、狼の伝説である。ゲルマン神話において、主神であるオーディンを飲み込むフェンリル狼[29]が紹介されている。狼の項目の解説をした福居和彦は、『グリム童話集』に登場する人食い狼も、『ドイツ伝説集』に登場する家畜を襲う人狼も、そのイメージは、神々に牙をむいた荒々しいフェンリル狼に帰結するのではないかという仮定を述べている。この獰猛な狼にまつわる神話は、実際に家畜や住民を襲う現実世界の狼の像とまじりあい、民間伝承において、複数の話型を生み出した。狼のモティーフは、狼の神話的要素が世俗化し、伝説やメルヒェンのモティーフに転化した可能性を含んでいる。

ここまで、神話と伝承の関係性について、①奇譚の神話化の例、②神話的伝承が別の神話へ変成されていく例、③神話的モティーフの世俗化の例、に分けて、ごく簡単に紹介した。次項からは、さらに詳細に、グリム兄弟の『童話集』(メルヒェン)と『伝説集』(ザーゲ)から、神話と民間伝承の関係について確認していきたい。

三、メルヒェンと神話の関係

(1)メルヒェンにみられる元型的モティーフ

ユング派の精神医学者の河合隼雄は、メルヒェンを「昔話」とよび、同じくユング派の分析家フォン・フランツによる、元型的モティーフを以下のように紹介している。

つまり、スイスのある田舎で伝説的な事実について、その地方の人びとの話を聞くと、元型的なモチーフ(モティーフ)によって見事に昔話(メルヒェン)に変形されているのと、まったく平凡な断片的な話になっているのと両方が存在したというのである。このようなことは、昔話(メルヒェン)の起源を探す研究に示唆を与える。いわゆるフィンランド学派は、この問題に熱意をもち、アーティ・アールネは、昔話(メルヒェン)は原形として存在したものが伝播するに従って、退化変形してゆくとも考えた。しかし、フォン・フランツも強調するごとく、これは両方の可能性があり、伝播・再話を経て、洗練されていく場合と、退化してゆく場合があるのが事実であろう。(30)

河合によると、こういったメルヒェンの元型は、神話にみられる元型と同じようなものであるとしながら、神話には「一民族、一国家のアイデンティティの確立に関係するものとして、より意識的、文化的な彫琢が加えられている。」と注意を促した。その上で、神話と伝説は、本来もっていた現実世界との繋がりが「時とともに」薄まり、結果として、メルヒェンへと変化していく傾向にあるという考えを示した。(31)

(2)『グリム童話集』の「トゥルーデおばさん」
——「母」の元型と女神

『グリム童話集』の作品番号四十三番目の「トゥルーデおばさん(Frau Trude)」[32]の物語は、河合によって、「昔話(メルヒェン)のすさまじさ」を知るために最適なもの[33]として示されている。このメルヒェンはごく短い話である。主人公は小さな娘で、「わがままで、知ったかぶりな性格」であると説明されている。両親の制止もふりきって、「トゥルーデおばさん」と呼ばれている不思議な女性のもとへと出かけていく。この生意気な少女は、トゥルーデおばさんの館で、悪魔や魔女の姿を見てしまい、恐ろしさで震えているところ、トゥルーデおばさんの魔法によって、丸太に変身させられてしまう。

そこで、彼女は、その女の子を一片の丸太に変身させ、火の中に彼女を投げ込んでしまった。そして、その丸太が赤々と燃えだすと、そのそばに腰掛けて、その火で体を温めながらこう言った。「なんて明るいこったい!」[34]

ここで、河合の解説を確認したい。この物語の重要なモティーフとして登場する「トルゥーデおばさん」という名の女性は、メルヒェンや神話における典型的な女性像である。「慈悲深く優しい女性像」と「恐ろしい魔女としての女性像」は、物語における「母」なるものの両面性[35]であると述べられている。河合によると、この「母」のイメージは、植物が土から生まれ、枯れて土に還るサイクルと重ねられ、「死と再生」をもたらす元型として解釈するとよい、という。

知りたい、新しい世界に足を踏み入れたい、という欲求に従ってしまった少女は、大地の底で燃立つ炎によって、燃やされてしまう。好奇心の強い少女は、親の庇護をふりきり、自ら悲劇的な結末を招いてしまった。結末までの流れをふまえると、このメルヒェンは教訓的とはいえるものの、かつて神的存在であったはずのトゥルーデおばさんは、さいごまで聖性や慈悲をみせることはなく、彼女を救済することはなかった。

(3)『グリム童話集』の「いばら姫」
——メルヒェンに対するゲルマン神話要素の追加

『グリム童話集』の作品番号五十番目の「いばら姫」(Dornröschen)[36]は、日本でも非常によく知られたメルヒェンである。

あるところに、なかなか子宝に恵まれなかった王と妃がいたが、ある日、妃が沐浴しているところに、一匹の蛙がやってきて、女の子が誕生することを予言する。その女の子の誕生を祝う饗宴に、魔術を使うことができる十三人の「賢女

(weise Frau)」を招待しようとしたが、金の皿の枚数が足らず、十二人の賢女しか招待することができなかった。招かれなかった賢女は、たいそう怒り、生まれた王女は、糸紡ぎの錘に指をさして死んでしまうだろう、という呪いのことばを吐いた。この呪いは、もうひとりの賢女の機転によって、死から「長い眠り」の呪縛へと弱められる。その後、百年の眠りから目覚めた王女は、ちょうど城に立ち寄った王子とキスし、城に住まう人びととともに、幸せな生活を取り戻す。

　グリム研究者である野口芳子は、『グリム童話のメタファー――固定観念を覆す解釈』[37]で、「いばら姫」の神話素と、モティーフの変化について解説している。野口は、フランス系移民のマリー・ハッセンプフルークからグリム兄弟が聞き取った、この「いばら姫」が、二版以降、「ドイツ化」されていく様子を指摘している。

　ヴィルヘルムはこの話のルーツを北欧のゲルマン伝説に見ており、自注に次のように書いている。「古い北欧伝説によると、彼女は炎の壁に囲まれた城の中で眠っているブリュンヒルトであり、ジーグルトだけがその壁を突破して彼女を目覚めさせることができるのである。彼女を刺して眠らせた錘は眠りのいばらで、オーディンはそれでブリュンヒルトを刺したのである」。この断定的な表現によって、KHM五十番の話は「眠れる森の美女」型のものではなく、ゲルマン神話や英雄伝説を集めた『エッダ』の流れを汲む「いばら姫」なのであるという解釈が研究者の間で一般化する。[38]

　マリーがグリム兄弟に語ったのは、フランスのシャルル・ペローの著した『眠れる森の美女』とほぼ同じ内容であった。そして、野口の指摘によって、グリム兄弟は「純潔を守る性道徳が現れているゲルマン神話を性的に放縦なロマンス系(フランス、イタリア)の「眠り姫」と明確に区別して、「いばら姫」を古ゲルマン民族の神話の名残を引くメルヒェンであると主張した」[39]ことが明らかになった。つまり、「いばら姫」の物語は、ゲルマン神話的な神話素が、後から加えられた事例である。世俗的な物語の「古代ゲルマン神話化」と解釈できる。

四、伝説と神話の関係

(1)伝説にみられる神話モティーフの零落

　ドイツの口承文芸学者であるロルフ・ブレードニヒ(Rolf Brednich 1935-)は、ヨーロッパの民間伝承における「運命」のモティーフに注目した。そして、その著書『運命の女神――その説話と民間信仰』[40]の中で、ゲルマンにおける運命説話と「運命の女神」について論じている。ブレードニヒによると、「ゲルマン的運命観はゲルマン人の世界観の一部を成しており、人生の内的法則性」(41)までも意味するものであるという。

ゲルマン民族にとって、「運命」が人格神化されたものは、「ノルン（Norn）」と呼ばれる。北方ゲルマン族の運命の女神であるノルンは、人間の運命を決定し、ときに助産婦の姿となって、人間の前にあらわれると信じられてきた。そして、「ゲルマン人のキリスト教への改宗の時期に」、「神話の神々の人間化と非女神化」が行われる(42)ようになったという。そして、その後、ヨーロッパにおいて、運命の女神に関する民間信仰はほぼ途絶えることになるのだが、その原因について、ブレードニヒは以下のように(43)まとめている。

① 非女神化→運命の女神は、「超自然的な特質」を失い、人間の中で、産婆や女占い師などに、その役割が移行されていった。

② キリスト教化→民間説話に、神や聖人が「運命の告知者」として登場するようになった。「聖職者による伝説のキリスト教化」の事例。

グリム兄弟の『ドイツ伝説集』の第五〇六話目に、「湖からきた三人の乙女」（Die drei Jungfrau aus dem See.）という話が収録されているが、これは三人の白衣姿の美しい乙女が、夜になると、エップフェンバッハという場所に訪れて、糸紡ぎをする(44)という内容である。乙女たちは、糸紡ぎが尋常でないくらい上手なだけでなく、周囲の人たちに、新しい歌や物語を聞かせ、決まった時間に帰っていった。運命の女神にまつわる神話から、神的要素が失われると、女神たちは糸を紡ぐ女になって描かれる場合や、産婆として描かれることがある。この伝説は、前後に「水で死亡した乙女たち」の伝承や「水場の怪異」のグループに収録されているが、内容的には、水のモティーフだけでなく、運命の女神の要素が含まれていることがわかる。

(2)『ドイツ伝説集』のザクセン人の起源
――起源説話の神話素

神話にはいくつかの話型があるが、ここで神話の一種である「人類の誕生」と関連する起源説話について論じる。人間の誕生は、他の動植物や天地創造と同じく、神の領域での出来事として語られている。『ドイツ伝説集』の第四〇八話目に、ザクセン人の誕生にまつわる神話的伝承が収録されている。この伝説において、人間を創り出す力は、キリスト教的な神ではなく、ゲルマンの神々でもなく、ザクセン人たちが住んでいた地域の「自然」に由来しているものであることがわかる。当時の人々の「自然」への信仰が、このような伝説となって語り継がれている。

古い民間伝承によると、ザクセン人は彼らの初代の王であるアスカネス（Aschanes）（＝アスカニウスAskanius）といっしょに、ハールツ山地の巨岩から生まれ出たという。その岩は緑の森の中心部にあり、甘味のある鉱泉水が湧き出る小さな泉の傍にある。

職人の間では、今日でもこのような唄が残っている。

そうして俺はザクセンへ向かったんだ
美しい乙女が木に実るっていうザクセンにさ
もしも俺がそのことを思い出していたら
ひとりくらいは連れて帰ってきたってのにさ

そして、歴史家のアヴェンティヌスは、ドイツ人が木に生ったという話から、ゲルマンという名前が、ラテン語の germinare（＝発芽する，成長する）という語から派生したものであるという珍しい説を導き出した。[45]

この伝説は、グリム兄弟が収集したドイツ語圏の伝説の中に、ゲルマン神話以外の神的存在に対する信仰、自然界に宿るデモーニッシュな存在に対する信仰が、かつてはたしかに根付いていたということをあらわしている。そして、職人たちが作業中に唄う歌に、これらの痕跡が見てとれる事例として記録されている。

（3）『ドイツ伝説集』におけるゲルマン神話の神々
――ゲルマン神話の残存

『ドイツ伝説集』の第四話目には、ヘッセンのマイスナー山周辺の、遺跡や古代信仰の場所について、ゲルマン神話の残滓が見てとれる言い伝えが記されている。このあたりの湿原には、いつ作られたかも分からないような時代の、石堤に囲まれた沼がある。ここは、ホッラさん（Frau Holla）と呼ばれる零落したゲルマン神話の女神[46]にまつわる場所である。

このホッラさんにまつわる伝承には、神話素をいくつか見出すことができる。それはホッラさんの能力として描写されている。

① 子宝を授ける能力。
② 住処の庭園に、様々な果樹や穀物を実らせ、豊かな食物を人間に与える。
③ 人間界に雪を降らせる。
④ 働く女の守護神として、勤勉な女に褒美、不真面目な女に罰を与える。
⑤ 良い子どもに幸運を授け、悪い子どもは精霊の子どもと取り替える。
⑥ ドイツ語圏のいたるところに出現し、豊作をもたら

す。

⑦ 魔物たち（神々が零落したもの）を率いて、森を駆け抜ける。

これらの描写から、ホッラさん伝承は、ゲルマン神話の名残であること、そしてゲルマン神話が世俗化し、伝説化したものであることがわかる。

（4）『ドイツ伝説集』におけるこびと
――異教的伝説のキリスト教化

『ドイツ伝説集』には、様々な怪異を引き起こす存在が登場するが、中でもバリエーションに富んでいるモティーフとして、こびと伝承の例があげられる。北欧神話において、巨人ユミルの肉体から創り出された世界を守護する者として、東西南北の天を支える四人のこびとの話が語られている。

一方、ドイツ語圏の伝説において、こびとは、鉱山地帯や、地中から、金属や宝を掘り出し、不思議な道具で人間を助けたり、惑わしたりする存在として描写されている。他にも、こびとは、民家に出現するものや、森の中で暮らすものなど、多様な種がみられる。こびとはゲルマン神話にも登場する異教的な存在であるが、時代がくだり、人々の間でこびとの伝説が世俗化し、親しみやすいものとして語り直しされていくうちに、人間的な思考をみせるものまで登場するようになった。

『ドイツ伝説集』の第二十九話目に、こんなことばを口にするこびとがいる。

私を化け物として恐れてはなりませぬぞ、ヴィルヘルム殿。私は三位一体や、神が乙女の受胎によって、人としてお生まれになったことも、キリスト教徒として信じて暮らしております。(47)

人間の居住区の近くに住み、人間と会話し、自らがキリスト教徒としての信仰を持っていることを告げるこの精霊は、こびと特有の能力である、「家系を守護する宝を人間に授ける」「生命に関する予言を行う」こと以外には、異教的な要素を体現していない。ドイツ語圏の異教的信仰と関連の深いはずのこびとが、人間化し、その伝承がキリスト教の影響を受けている、珍しい例であるといえるだろう。

おわりに

伝説やメルヒェンなどの民間伝承は、それぞれの話のモティーフを分析すると、そこに神話の痕跡が見られるものと、そうでないものがあることが、グリム兄弟の収集した伝承の実例から明らかになった。

グリム兄弟は、ドイツ語圏の伝承には、神話的要素が含まれることを主張した研究者であったが、それは後世の伝承研究者たちに批判されてきたとおり、必ずしも、すべての伝承にそういった要素が見つかるわけではなかった。さらにいえば、ゲルマン神話や古代民間信仰と関係性のあまりないメルヒェンに、ドイツ的な要素を加えて改定していく中で、後付け的に神話的要素が加わっているものもあることがわかった。

ここまでの民間伝承と神話の関係性を分類していくと、以下のような結果になった。

① 奇譚、不思議な出来事の言い伝えが神話化する事例【神話化】
② ある神話的物語が、別の神話的物語へと再変されていく事例【神話化】
③ 神話的伝承が世俗化し、非神話化する事例（神的存在の人間化も含む）【世俗化】
④ 神話的伝承から、聖性が脱落し、単なる怪談、奇譚化する事例【世俗化】

そして、神話化の事例には、キリスト教的伝承としての再変の例もあることが明らかになった。十九世紀以降、グリム兄弟に牽引されて、神話研究に対する新しい視点や、多角的な研究が進められていくようになった。また、神話以外の伝承研究においても、収集されていく事例の数は増え、モティーフが分類され、話型分析がなされるようになっていった。

近代以降のこういった伝承研究、神話学研究の動きは、世界中の民族がそれぞれに守り続けてきた神的物語に、共通性があることを明らかにし、その一方で、民族がそれぞれ「固有の神話」を持とうとする政治的な動きも加速させていった。しかし、グリムの『伝説集』『童話集』の事例をもって検証しても、伝説、メルヒェン、神話の生成の過程は多様性にとみ、その再変の様子、再神話化など、物語としての可能性を膨らませていく様が浮かび上がってくる。

現代になり、神話の世俗化はますます増えている。神話をベースとした新しい物語を数多く生み出し、映画やアニメや音楽作品などに、それらが利用されるようになっていった。神話伝承的物語の共通理解のための、最小のかたまりとして、神話素に対する分析と整理はまだ必要な作業としてのこっている。時代がどれだけたっても、元型としての意味を失わない神話素は、今後も新たな神話的作品の分析に大いに生かされていくだろう。

注

（1） グリム兄弟（Brüder Grimm）。兄のヤーコプ（JacobGrimm 1785-1863）と、弟のヴィルヘルム（Wilhelm Grimm 1786-1859）

をさす。

（2）Brüder Grimm: *Kinder- und Hausmärchen.* Ausgabe letzter Hand mit den Originalanmerkungen der Brüder Grimm. Hrsg. von Heinz Rölleke. Stuttgart 2001.

（3）河野眞『ドイツ民俗学とナチズム』（創土社、二〇〇五年）四六三頁。河野によると、「第二次世界大戦のドイツの敗戦でナチ体制が崩壊し、ナチズムが全否定されたことによって、それを構成していた諸要素も咎めを受けた。その大波を民俗学はもろにかぶった。注目すべきは、それに際しては、他の学問分野に較べて、厳しい批判を被ったことである。」という。河野は、ドイツ民俗学者のカール・ヴァインホルトが「民俗学が対象とする諸現象は神話（Mythologie）の術語をもとにまとめることができる。神話は、伝説、昔話、説話、祝禱、呪文、さらに今となっては〈不可解な〉慣習などの総称でもあり、その核でもある。」と解釈していたことを指摘している。ナチズムへの批判は、「ドイツの神話」と、それを対象とする神話研究に大きな変動を起こした。

（4）神話学が「近代の学問」として認知される機縁となったのは、比較宗教学者マックス・ミュラーによるものである。神話学者の平藤喜久子は、「神話学の〈発生〉をめぐって——学説史という神話」において、ミュラーから直接指導をうけた日本人研究者が、日本に比較宗教学を日本で紹介していた事例について論じている。藤巻和宏・井田太郎編『近代学問の起原と編成』（勉誠出版、二〇一四年）。

（5）スティス・トンプソン（荒木博之・石原綏代共訳）『民間説話——世界の昔話とその分類』（八坂書房、二〇一三年）二四頁。

（6）トンプソン前掲書、二二頁。

（7）Jacob Grimm: *Deutsche Mythologie.* Wiesbaden, 2007.

（8）横道誠「「マンハルト派の理論」についての史的批判的記述——ドイツ神話学派（ヤーコプ・グリム、ヴィルヘルム・マンハルト）の学問的系譜とJ．G．フレイザー、ケンブリッジ典礼学派、文学的モダニズムの著作におけるその受容——（付——カール・ウヴィルヘルム・フォン・シードウの講演「マンハルト派の理論、刈り入れ後の藁束、豊作の精霊に対する現代の観点に立った批判」）」（『京都府立大学学術報告（人文）』第六七号、京都府立大学、二〇一五年）三二頁。この論文において、ドイツで神話学派と呼ばれるヤーコプと、「ヤーコプの後継者」であるヴィルヘルム・マンハルトによる、農耕儀礼に関する研究について、神話的解釈以外の必要性が論じられている。

（9）Brüder Grimm: *Deutsche Sagen.* Nachdruck der 1. Auflage 1816 und 1818. Hrsg. von Heinz Rölleke. Frankfurt a.M. 1994.

（10）Heinrich Heine: *Elementargeister.* In: H. H.: *Historisch-kritische Gesamtausgabe der Werke.* Hrsg. von Manfred Windfuhr. Bd.9, Hamburg 1987.

（11）Heinrich Heine: *Zur Geschichte der Religion und Philosophie in Deutschland.* Hrsg. von Jürgen Ferner. Stuttgart, 1997. S.16.

（12）土、火、水、木の四大（四大要素）を指す。

（13）Heine, a.a.O., S.15-17.

（14）Ebenda, S.24.

（15）*Deutsche Sagen,* S.18.

（16）*Deutsche Mythologie,* S.398.

（17）Heine, a.a.O., S.46.

（18）Ebenda, S.46.

（19）トンプソン前掲書、二二頁。

（20）トンプソン前掲書、二三頁。

(21) マックス・リューティ著、高木昌史訳『民間伝承と創作文学——人間像・主題設定・形式努力』(法政大学出版局、二〇〇一年)一三頁。

(22) 横道前掲書、三二頁。「この「神話学派」という名称は、彼らが歴史的な伝承に神話的世界観の「名残り」を読み取ろうとしたことにある。」とあるが、ここでいう「彼ら」とは、グリム兄弟、とくにヤーコプ・グリム、そして十九世紀のドイツ民俗学者であるヴィルヘルム・マンハルトを指している。

(23) 谷口幸男・福嶋正純・福居和彦『ヨーロッパの森から——ドイツ民俗誌』(NHKブックス、一九八六年)。

(24) 谷口他前掲書、六四頁。『ドイツ伝説集』の第二十四話目に収録されている。*Deutsche Sagen, S.56.*

(25) 谷口他前掲書、七八頁。

(26) 谷口他前掲書、七九頁。

(27) *Deutsche Sagen, S.512.*

(28) 他の可能性としては、神話が様々な地域で共通している点は否定できない。この伝説から考えられるのは、①神話の地域的な伝播の事例、②神話の伝播ではなく、共通性・普遍性の事例、③特定の宗教において神聖視されているモティーフが共通していたため、ある神話が、別の神話へと組み込まれていった事例、のいずれかとして解釈できる。しかし、信仰の対象であった女神とマリアに捧げる花という点から考えても、「神話的伝承が別の神話へ変成されていく例」と考えるのが自然であろう。

(29) 谷口他前掲書、一八二頁。

(30) 河合隼雄『昔話の深層——ユング心理学とグリム童話』(講談社α文庫、一九九四年)三三頁。( )内に示された注は、論者が加えたものである。メルヒェンにはそれに該当する訳語がなく、童話や昔話など、様々な語が使用されていた。ここでは「昔話=メルヒェン」として解説されているが、昔話=民間伝承という解釈もあるため、間違いを避けるために、河合の引用には、「昔話(メルヒェン)」という表記を用いた。

(31) 河合前掲書、三四頁。

(32) *Kinder- und Hausmärchen, S.226-227.*『グリム童話集』の作品番号は、書名の *Kinder- und Hausmärchen* の頭文字をそれぞれとって、KHMの後に番号を表記する。この作品は、KHM43である。

(33) 河合前掲書、四四頁。

(34) *Kinder- und Hausmärchen, S. 227.*

(35) 河合前掲書、四七頁。

(36) *Kinder- und Hausmärchen, S. 257-260.*

(37) 野口芳子『グリム童話のメタファー——固定観念を覆す解釈』(勁草書房、二〇一六年)。

(38) 野口前掲書、三一—三二頁。

(39) 野口前掲書、三三頁。

(40) ロルフ・ブレードニヒ(竹原威滋訳)『運命の女神——その説話と民間信仰』(白水社、一九八九年)。引用は、竹原訳からおこなった。(Rolf Brednich: *Volkserzählungen und Volksglaube von den Schicksalsfrauen*, Helsinki, 1964.『運命の女神にまつわる民間説話と民間信仰』)

(41) ブレードニヒ(竹原訳)前掲書、二八〇頁。

(42) ブレードニヒ(竹原訳)前掲書、二八三頁。

(43) ブレードニヒ(竹原訳)前掲書、三〇一頁。

(44) *Deutsche Sagen, S.331.*

(45) *Deutsche Sagen, S.450-451.*

(46) *Deutsche Sagen, S.39.*

(47) *Deutsche Sagen: S.61.*

神話と学問史

——グリム兄弟とボルテ／ポリーフカのメルヒェン注釈

横道 誠

よこみち・まこと——京都府立大学准教授。専門はドイツ文学、学問史。主な著書・論文に「『太平廣記』収録「張雲容」——スタロスティナ論文の中国版「眠り姫」と林羅山の『怪談全書』」（『口承文芸研究』三八号、二〇一五年三月）、『グリム童話と表象文化——モティーフ・ジェンダー・ステレオタイプ（野口芳子退職記念論集）』（共著、勉誠出版、二〇一七年）などがある。

グリム兄弟の『子どもと家庭のメルヒェン集』の目的は、収集したメルヒェンを広めることだけではなく、それらについての研究成果を公表することにもあった。グリム兄弟とその後継者の多くはドイツ語のメルヒェンをゲルマン諸民族の伝統（神話、伝説、習俗など）に関連づけることを好んだが、グリム兄弟の仕事を包括的に継承したボルテとポリーフカは、この点ではグリム兄弟の立場に否定的であった。

はじめに

（一）グリム兄弟と『子供と家庭のメルヒェン集』

グリム兄弟（ヤーコプ・グリムとヴィルヘルム・グリム）が編集した『子どもと家庭のメルヒェン集』（いわゆる『グリム童話』。以下、『メルヒェン集』と呼ぶ）には、二種類の意図が抱き合わせにされていた。ひとつは、彼らが収集したメルヒェンを子供たちと、子供たちに読み聞かせをおこなう乳母や母親に届けること。もうひとつは、メルヒェンというジャンルの学術的意義や個別解説を学術界に届けること。

グリム兄弟は、そもそも学者であった[1]。彼らはドイツのマールブルク大学で、「歴史法学」の創始者として知られる法制史家のサヴィニーに師事し、親しく交流して学者としての出発点を築いた。古い文献を読むうちに、兄弟の関心は法制史だけでなく、古い文学作品や、言語の系統や、民俗や宗教の歴史にも広がっていった。さらにサヴィニーは、ロマン派の詩人クレメンス・ブレンターノの妹のひとりクニグンデと結婚し、ブレンターノの別の妹ベッティーネは詩人アルニムの妻になった。グリム兄弟はこのふたりの詩人とも交流するようになり、『メルヒェン集』の仕事への流れが作られた。グリム兄弟は学者でありながら文芸界にも関わるようになったということであり、その背景ゆえに『メルヒェン集』は詩的な要素を持ったメルヒェンを収録していると同時に、そのメルヒェンの学術的意義を説く著作になった。

(2) グリム兄弟によるメルヒェン注釈

さて、本稿が注目するのは、初版『メルヒェン集』(一八一二年、一八一五年)に「付録」として掲載されていた学術的な解説である。『メルヒェン集』は一八一九年に第二版が同じく全二巻で刊行されたが、「付録」は削除されていた。ただし、それは増補されて、一八二二年に『メルヒェン集』の「第二版第三巻」と銘打たれ、単独で刊行された。(2) その後、さらに改訂が進められ、『メルヒェン集』第六版序言での準備作業を挟んで、一八五六年には「第三版第三巻」が単独で刊行された。(3) これらを本稿では単に『注釈』と呼ぶ。初版の著者は兄弟共著であるが、原稿が現存していないため、執筆分担の実態はよく分からない。第二版の著者はヴィルヘルム・グリムが中心になり、部分的にヤーコプ・グリムが担当した。第三版の著者は、公には「グリム兄弟」のままだったが、巻末に「ヴィルヘルム・グリム」という署名が記され、単著であることが明かされている。(4)

(3) ボルテとポリーフカによるメルヒェン注釈

さらに、本稿ではドイツ人学者ヨハネス・ボルテとチェコ人学者イジー・ポリーフカの仕事にも眼を向ける。両名はグリム兄弟の死後に『注釈』第三版を改訂し、一九一三年から一九三二年にかけて、つまり二十年近くの歳月を費やして全五巻の大著を刊行した。それはグリム兄弟が関わらなかった『注釈』第四版」と言うべき書物であり、この書物を本稿では慣例にしたがって『ボルテ/ポリーフカ』と呼ぶ。『注釈』第三版は全一巻全四一八ページから成っていたが、『ボルテ/ポリーフカ』全五巻は約二五五〇ページから成っている。各ページの文字数は大幅に異なってはいないから、六倍以上の増補ということになる。全体の枠組みは『注釈』第三版を踏襲しつつも、グリム兄弟の別の著作に対する参照指示を充実させ、彼らが生前に知りえなかった情報や、グリム兄弟が死んだ後の研究をも総合した画期的書物であった。作業の中心を担ったボルテは、国際的に展開された伝承研究において指導的地位を獲得していた人物のひとりであり、ポリーフカの全面的な協力を得ただけではなく、欧州の様々な地域から発信された研究成果を汲みあげることが可能であった。

一、グリム兄弟のメルヒェン注釈

(1)グリム兄弟の研究目的――ゲルマン諸民族の歴史的考察

グリム兄弟の学問的関心は、ひとことで言えば「ゲルマン諸民族」ということになるだろう。[5] 古代、中世、近代のゲルマン諸民族の法、言語、宗教、民俗、文芸などを歴史的に考察すること。そして、その研究成果を彼らの同時代にとって必要不可欠な情報として公表すること。十九世紀の欧州で湧き起こった民族主義の潮流に彼らは共感を抱いていた。

『メルヒェン集』に収められたドイツのメルヒェンの多くが古代と中世のゲルマン諸民族の神話や伝説や歴史的事実を反映しているものと見なされた。グリム兄弟は『メルヒェン集』の仕事と並行して、ゲルマン神話を収録した『歌謡エッダ』(古アイスランド語)の校訂と翻訳をおこない、一八一五年に刊行した。『ドイツ伝説集』(一八一六年、一八一八年)も共編によって刊行された他、晩年には共同で『ドイツ語辞典』の編集に着手した。ヤーコプ・グリムは一八一九年以降に『ドイツ語文法』各巻を、一八二八年に『ドイツ法律故事誌』を、一八三五年に『ドイツ神話学』(初版)を刊行し、これらの大著で怪物的な言語能力を活用し、ゲルマン諸民族に関する歴史的考察を進めた。ヴィルヘルム・グリムは兄ほど旺盛な著作活動をおこなったわけではないし、言語能力も兄ほど優れてはいなかったが、それでもゲルマン語派の各国語と他の複数の言語を理解することができ、研究を続けた。特に重要視されているのは、『ドイツ英雄伝説』(一八二九年)と『メルヒェン集』の改訂作業だろう。兄弟ともに、古い書物の研究、校訂、翻訳、評論を熱心におこなった。

(2)「茨姫」と「灰かぶり」

メルヒェンに関するグリム兄弟の見解の典型的なものとして、日本では一般に「眠れる森の美女」として知られているメルヒェン「茨姫」(KHM五〇)[6]の例が分かりやすいだろう。グリム兄弟によれば、これはゲルマン神話の一部が形を変えて伝わってきたものだった。ゲルマン神話では、戦争の女神ヴァルキュリヤのひとりブリュンヒルドは、父のオーディンに背いた結果、魔法の茨の棘で眠らされ、山の上の館に封印される。館は盾の垣と天まで吹きあがる炎によって封印され、人を寄せつけないが、龍殺しの英雄シグルズはこれを破って侵入する。すると眠っていた女神は目覚め、ふたりは恋に落ちる。これが形を変えて、茨に覆われた城で眠る王女を口づけで目覚めさせるメルヒェン「茨姫」になった、というのがグリム兄弟の主張である。この学説は現在ではほぼ否定されているが、グリム兄弟は共同戦線を張るかのようにしてその主張を繰り返し、またグリム兄弟の後継者たちは、なおさら熱狂的にその主張を補強し、ほとんど定説のような位置づけを与えていた。(7)

日本では一般に「シンデレラ」(KHM二一)として知られているメルヒェン、「灰かぶり」からは、逆に兄弟の主張の足並みに若干の乱れが見られて注目に値する。

ヒロインの灰かぶりにきらびやかなドレスを準備するのは、フランスのペロー版「サンドリヨン」では名付け親の仙女だが、グリム版では、死んだ母の墓に立った樹木とその周りを飛び回る小鳥たちである。初版ではこの樹木の種類は不特定だったが、第二版に際して、ヴィルヘルム・グリムはこの樹木をハシバミ、つまりヘーゼルナッツを実らせる樹木に特定してしまった。(8)ところで兄ヤーコプの『ドイツ神話学』にもハシバミに関する記述がある。ドイツの民衆歌に「ハシバミ夫人」が登場すること、古い裁判で使用されたこと、特別に保護された森の樹木の一種だったことが指摘されているが、最終版(没後の一八七五年から一八七八年にかけて刊行された第四版)でも「灰かぶり」への言及はない。(9)同じくヤーコプ・グリムによる『ドイツ法律故事誌』も見てみよう。「靴」の項目には、「古ドイツの風習」として、結婚の際に花婿が花嫁に靴を捧げたこと、「花嫁がこれを履いた瞬間に、花嫁が花婿の支配下に入ったと見なされたこと」が指摘されているが、他方でこの著作よりも三十年以上も後にヴィルヘルム・グリムが執筆した『注釈』第三版を見ると、そこには兄のこの指摘が採用されていない。(10)ヴィルヘルム・グリムが兄の主張に賛同していたかどうかは明らかでないものの、兄弟ふたりの足並みが常に綺麗に揃っていたわけではない例のひとつと言えるだろう。

(3)「釘樽の刑」(一)――メルヒェンと注釈

メルヒェンの解釈に関してグリム兄弟の足並みがさらに乱れている例として、「釘樽の刑」が挙げられる。これは、樽の外から内に向けて無数の釘を打ちつけ、その樽の中に罪人を入れて密封し、死ぬまで転がすという残虐な身体刑である。『メルヒェン集』の初版では、「ガチョウ番の娘」(KHM八九)と「白い花嫁と黒い花嫁」(KHM一三五)の末尾に出現した。「森の三人のこびと」(KHM一三)に関しては、初版では森の野獣に罪人の体を引き裂かせるというやはり残虐な刑罰が結末に登場していたが、なんと第二版では「釘樽の刑」に差し換えられた。

これらの三つのメルヒェンのうち、収録順では「森の三人のこびと」が最初であることから、『注釈』第二版では、このメルヒェンの注釈の中に「釘樽の刑」の総論が含まれている。(11)その部分を引用すると、次のとおりである。

釘が打ちつけられた樽に入れられ転がされる刑罰は、古い習俗である。ホラントの大規模な年代記によると、ヘルハルト・ファン・フェルゼンは、ホラント伯フロリス五世を殺害したために(一二九六年)、そのような樽によって三日のあいだ転がされたという。古い歌謡には次のようにある。

「釘を樽に打ったんだ
あの貴族が入れられて
三日のあいだ転がった
三日のあいだ　正午まで」

樽から出されてどのような気分が尋ねられると、この貴族はこのように応える。

「フロリス伯を殺害したのは
私ではないのに」

カスパルス・コメリンの『アムステルダムの記録』第1巻八六―八八ページを参照されたい。スウェーデンとデンマークの民衆歌にもこの刑罰は現れる。

(ガイアーとアフゼリウスによる収集の第一巻三番、『デンマークの歌』一六五番)(12)

(4)「釘樽の刑」(二)――ヴィルヘルム・グリムの見解

この箇所は、些細な修正を除けばそのまま『注釈』第三版にも採用されているから、ヴィルヘルム・グリムの見解を反映したものと見なすことができる。さらに、ここでは「釘樽の刑」が「古い習俗」と解説されている点に注意を向けたい。オランダ語の民衆歌(引用した歌の原文は古オランダ語である)の一節が例示され、さらにスウェーデンやデンマークでも同様の民衆歌が文献に確認されると指摘されている。

伝承研究という学問分野そのものがまだ萌芽段階であったから、実例や文献の数がいかにも少ないことは仕方がない。重要なのは、ヴィルヘルム・グリムが「釘樽の刑」を「古い習俗」と見なしたということである。そして、その主張を裏打ちするのは、『メルヒェン集』に収録されたドイツ語のメルヒェンと、この注釈に記されたオランダ語、スウェーデン語、デンマーク語の伝承歌らしい。これらの言語はすべてゲルマン語派であるから、ヴィルヘルム・グリムが「古い習俗」と表現したものは、結局「ゲルマン諸民族の古い習俗」を意味している。ヴィルヘルム・グリムは「釘樽の刑」にゲルマン諸民族の伝統の一端を見ようとしたのである。

(5)「釘樽の刑」(三)——批判的検証、そしてヤーコプ・グリム

これは、説得的な見解とは言えない。先にも言及したように、この解説は「三人の森のこびと」というメルヒェンのためのものであり、そしてこのメルヒェンは初版では別の刑罰によって締めくくられていたのであった。第二版で登場する「釘樽の刑」は差し替えによって導入されたものである。それなのに、ゲルマン民族の古い習俗がメルヒェンに現れていると説明されても、納得するのは難しい。『注釈』第二版には、「三人の森のこびと」が二つの異なる情報源を掛けあわせて執筆されたものであることも注記されている。[13] 初版刊行後、新たな取材によって、「釘樽の刑」によって終わる「三人の森のこびと」の情報を得ることに成功し、差し替えの決断がなされたということだろうか。

そうだとしても、やはりヴィルヘルム・グリムの見解には無理がある。というのも、彼の兄ヤーコプが刊行した『ドイツ法律故事誌』をめくってみると、「死刑」とそれに準じる「身体刑」について、多種多様な形態が言及され、膨大な出典が表記されているのに、この「釘樽の刑」はまったく言及されないのだ。[14] これはヤーコプ・グリムが、その広大な文献調査を経ても「釘樽の刑」が実在したことを突き止められなかったということを意味する。すなわち彼は、ゲルマン諸民族の「古い習俗」としての「釘樽の刑」という弟ヴィルヘルムの見解を共有していなかった。[15] さらに興味深いのは、ヴィルヘルム・グリムが『注釈』の第三版においても、「釘樽の刑」をゲルマン諸民族の「古い習俗」と見なすという第二版の立場を改めなかったという事実である。[16]『注釈』第二版は一八二二年、『ドイツ法律故事誌』は一八二八年、『注釈』第三版は一八五六年に刊行されたのだから、ヴィルヘルム・グリムは第三版を執筆した時点でもヤーコプ・グリムの見解を知らなかったか、あるいは受け入れなかったかのどちらかということになる。ここでもグリム兄弟の足並みは揃っていなかった。

(6) 一枚岩ではなかったグリム兄弟

なお当然のことながら、ゲルマン諸民族の神話、伝説、習俗といった問題に関してのみグリム兄弟の足並みが揃っていなかったということではない。グリム兄弟の時代には、「ポエジー」という言葉がドイツの学者、批評家、詩人、作家、芸術家たちの間で流行していた。これは詩心や詩情であるとともに詩や詩的創作をも意味し、しかも論者ごとに込める意味がかなり異なる厄介な言葉だった。グリム兄弟もともにこの言葉を愛用したが、兄弟のあいだでもその意味合いにさま

ざまな齟齬があった。(17) 彼らはどちらも精力的に翻訳に励んだが、理想の翻訳のあり方に関しては、きわめて深刻な不一致があった。(18) ドイツ語辞書の編集方針についても同様である。(19) メルヒェンを収集した先駆者のうち誰に特に興味を抱くかというような点でも、ふたりの趣味には違いがあった。ヤーコプ・グリムは特にイタリアのバジーレに関心を寄せ、批判的に向きあう形ではあったが、研究の対象として魅力を感じていた。(20) ヴィルヘルム・グリムにとっては特にフランスのペローとの関わりが重要であり、やはり批判的に向きあう相手ではあったが、『メルヒェン集』を改訂する際にペローのメルヒェンを参考にしていた。(21)

二、ボルテとポリーフカによる改訂作業

(1)ボルテとポリーフカによる「茨姫」、「灰かぶり」、「釘樽の刑」の注釈

ボルテとポリーフカが改訂した注釈に目を向けてみよう。いずれのメルヒェンに関しても、グリム兄弟の没後、『ボルテ/ポリーフカ』が刊行されるまでに、多くの研究が蓄積されていた。

その研究成果に立って、『ボルテ/ポリーフカ』では「茨姫」がゲルマン神話から派生したというグリム兄弟の主張は否定的に論じられた。(22) 現在では広く支持されている見解を、この書物が早い段階で提示したものとして評価されてよいだろう。というのも、同時代ではグリム兄弟の主張は多くのメルヒェン研究者にとって定説のままだったからだ。(23)

先に見たように、「灰かぶり」に関しては、グリム兄弟は「茨姫」よりも控えめな形でゲルマン諸民族の伝統との関連を主張していた。しかし、後続の学者たちの主張はしばしば過激であり、このメルヒェンはゲルマン諸民族の伝統の反映と見なされることが稀ではなかった。(24)『ボルテ/ポリーフカ』は、そのような主張に距離を置いている。(25)

「三枚の蛇の葉」の「釘樽の刑」についても見てみよう。ヴィルヘルム・グリムが記した「釘が打ちつけられた樽に入れられ転がされる刑罰は、古い習俗である」という『注釈』第二版および第三版の一節は、注目すべきことに、「釘が打ちつけられた樽に入れられ転がされる刑罰は、しばしば古い歌謡に現れる」と変形されている。(26) さりげない書き換えにも見えるが、「釘樽の刑」をゲルマン民族の「古い習俗」と見なしたヴィルヘルム・グリムの主張を否定しようとしているわけだ。実例を示す資料として、『注釈』の第二版と第三版では、ゲルマン語派の文献だけが利用されていたが、『ボルテ/ポリーフカ』ではゲルマン語派の文献がさらに追加され

つつも、ワロン語（印欧語族イタリック語派）、そしてエストニア語とハンガリー語（ともにウラル語族フィン・ウゴル語派）の文献も投入されている。さらに、次のようにある。

キケロの伝えるローマの伝説によると（『ピソでの演説』四三ページ、『ディオ』断片四五、二六ページ）、カルタゴ人たちはレグルスに対してさらに残酷な殺し方を考案した。まぶたを削ぎ落とし、釘樽（内側に疣がついた装置）のなかに放置して蓋をせず、日の光に曝したというのである。[27]

この伝説についてはこれ以上詳しく論じられてはいないが、内側に釘または疣のような突起がついた大きな器具を利用した古代ローマの拷問が、近代以後の欧州の民衆歌やメルヒェンに「釘樽の刑」となって出現した可能性をほのめかしているのである。つまり、「釘樽の刑」の源泉をゲルマン諸民族の「古い習俗」どころか、別の民族系統である古代ローマ人（ラテン系）の文明に求めたのだ。ヴィルヘルム・グリムの主張を全否定するかのような指摘である。

（2）ボルテとポリーフカの仕事の歴史的位置

以上で見てきたように、『ボルテ／ポリーフカ』は、グリム兄弟やその後継者たちがメルヒェンについて論じた内容を、しばしば大胆に否定しながら大きく更新した書物だった。それでもそれが現在から見れば一世紀ほど前の書物であることは、よく意識しておかなくてはならない。グリム兄弟を含むさまざまな伝承研究者の見解と同じく、『ボルテ／ポリーフカ』にも充分に距離を置いて接する必要があるのだ。

「茨姫」に関しては、その後の研究がさらに進み、現在ではその源流が中世フランス文学の『ペルスフォレ』にあるらしいと考えられるようになり、他方で中国に類話めいたものが存在するという指摘も出されている。[28]『ボルテ／ポリーフカ』はそれらの情報を含んでいない。

「灰かぶり」に関しては、英国のマリアン・ロールフ・コックスの画期的な研究『シンデレラ、猫の皮、イグサの頭巾の異型三四五』（一八九三年）の内容を『ボルテ／ポリーフカ』はよく汲みあげているのだが、その後、スウェーデンのアンナ・ビルイッタ・ルースが出版した、やはり画期的だった『シンデレラ話群』（一九六一年）や、日本を含めて様々な地域から報告された第二次世界大戦後の情報は当然ない。[29]

「釘樽の刑」に関しては、古代ローマにもその後の欧州にも該当する刑罰は実在しなかったこと、古代ローマの歴史的事件がゆがんだイメージになって欧州の民間伝承に影響を与えただけであることが明らかになった。[30]それは、ヴィルヘルム・グリムによるゲルマン系の伝統への関連づけが完全に否定されたこと、そして『ボルテ／ポリーフカ』によるラテン系の伝統への関連づけが（全面的にではなくとも）肯定されたことを意味している。

（3）「三枚の蛇の葉」とインド起源説

最後に、これまでに言及しなかった「三枚の蛇の葉」（KHM一六）というメルヒェンについても考察しておこう。

ある姫が求婚者に自分が死んだら殉死せよと求め、結婚後、彼女は実際に若くして死んでしまう。若王は約束のとおりに生きたまま埋葬されるが、王が墓の中で蛇を殺すと、仲間の蛇が魔法の葉を運んできて、蛇を生き返らせてしまう。王はこの葉を用いて愛妃を生き返らせることに成功するが、その後、船旅の道中で妃はなぜか船長を熱愛するようになり、妃と船長は王を海に放りこんで殺そうとする。家来に助けられた王が陸地に戻ると、妃の父だった前王は娘と船長とを死刑に処する。このような内容である。

ヴィルヘルム・グリムは、『注釈』第三版において、ゲルマン神話に言及しているものの、このメルヒェンの源泉をそこに見るといった強引な主張はおこなっていない。他方で『ボルテ／ポリーフカ』は、その系統について明確な主張をおこなっている。それはインド起源説である。

グリム兄弟が、ゲルマン神話にドイツ語メルヒェンの故郷を見出そうとしたのに対して、彼らの下の世代はむしろインドの地への憧れを強めていった。異国情緒だけが理由ではない。ゲルマン語派を含めて欧州の多くの言語は「印欧語族（インド・ヨーロッパ語族）」と呼ばれる言語グループに集約される。インド亜大陸から欧州の西部や北部に広がるゲルマン語派の世界との連続性が、欧州の人々の関心を引いていた。グリム兄弟も「印欧語族」に多大な関心を寄せていたし、インドの神話や伝説についても熱心に考察したが、グリム兄弟の場合は、むしろゲルマン諸民族をより深く理解するために、「ゲルマン語派」を他の様々な語派とともに包みこむ「印欧語族」にも関心を向けたという形であった。グリム兄弟よりも下の世代のインド文献学者テオドーア・ベンファイはそれと対照的に、ユーラシア大陸において「印欧語族」が分布する東の果てに、西の果てにある欧州の故郷を求めたのであった。ベンファイは、欧州のメルヒェンの多くがインドの仏教説話に由来すると主張した。[31]

（4）インド起源説の現在

ドイツではグリム兄弟の立場は熱烈な反響を呼んだが、国際的にはむしろベンファイの立場が広い支持を得ていった。「歴史的地理的方法」と呼ばれる、実証性が高まった伝承研究の方法を広めた「フィンランド学派」は、まさにベンファイのインド起源説を刺激として成長した。[32]「仏教説話」を源泉と見なす主張は批判されることが多かったが、インドの神話や伝説が欧州のメルヒェンの一大源泉と見なす論者は極めて多くいた。ロマンス語比較研究の権威だったフランスのガストン・パリも、伝承研究においてはベンファイの支持者だった。(33) パリは「三枚の蛇の葉」をまさにインドに由来するものとして考察し、それがイスラム教圏やユダヤ人の移動を経てドイツとイタリアに定着し、欧州に広がったと論じた。(34)『ボルテ／ポリーフカ』にはその解説がほとんどそのまま採用されている。(35) 現在の研究ではベンファイのインド起源説にも慎重な距離が置かれるのが通例であるが、グリム兄弟によるドイツ語メルヒェンとゲルマン神話の関連づけほどには否定的な見解が支配的なわけではない。例えば伝承研究の有力なレファレンス・ツールのひとつ、『メルヒェン百科事典』は、「三枚の蛇の葉」に関して、パリや『ボルテ／ポリーフカ』のような壮大な系統仮説を展開していないものの、『ボルテ／ポリーフカ』での見解を汲みあげ、インド起源説を肯定している。(36)

結語

グリム兄弟とその支持者の多くは、ドイツ語メルヒェンはゲルマン神話に由来すると論じた。グリム兄弟たちは、自分たちが憧れたゲルマン諸民族の伝統に魅惑され、陶酔して、無理な主張を展開することが多々あった。『ボルテ／ポリーフカ』が支持していた、欧州メルヒェンの起源をインドの宗教や神話や伝説にみる立場も、現在までに批判的な検証が続けられてきており、冷静な議論がなされるようになっていった。もちろんグリム兄弟の仕事は、研究分野そのものが萌芽の段階にあって、きわめて大きな意義を有していたし、『ボルテ／ポリーフカ』も、現在から見れば不充分ではあれ、画期的な書物であった。だが大切なことは、過去の研究を尊重しながらも、その内容を批判的に汲みあげ、より優れた研究状況を作り上げていくことだろう。このような考え方は、自然科学の世界では当然すぎるほど当然ではあるが、人文系の分野では当然と見なされないことも多い。すなわち神聖で侵してはならない「神話」のようにして、古い時代の研究が鵜呑みにされていることが稀ではない。

注

(1) この段落の伝記的紹介については、ガブリエーレ・ザイツ『グリム兄弟――生涯・作品・時代』(高木昌史、高木万里子訳、青土社、一九九九年)の第一、二章を参照。

(2) 一八二一年には『メルヒェン集』から五十編のメルヒェンを精選した版本が刊行され、従来の版よりも広く読まれ、版を重ねていった。従来の版を「大きな版」と呼び、精選版を「小さな版」と呼ぶが、本稿では「大きな版」だけを問題にしており、『メルヒェン集』の版を問題にするときは、常に「大きな版」のことを指している。

（3）『メルヒェン集』第六巻序言については、「復刻資料——福岡大学図書館架蔵グリム・コレクション稀覯原本（研究資料No.2）『グリム童話集』〈大きい版〉第六版（一八五〇年）序言」（『福岡大学研究部論集A 人文科学編』第四巻第六号、二〇〇四年、二一—三四頁）に収められた和田達宜の解説を参照。なお『注釈』第三版が刊行された時点で、『メルヒェン集』は第六巻まで刊行されていた。だから「第六版第三巻」と銘打たれた方が適切だったのかもしれないが、一九二二年に刊行された「第三版第三巻」の改訂版という意味合いで「第三版第三巻」と銘打たれただろう。

（4）Brüder Grimm: *Kinder- und Hausmärchen. Ausgabe letzter Hand mit den Originalanmerkungen der Brüder Grimm*. Hrsg. von Heinz Rölleke. Bd. 3. Reclam: Stuttgart 2008, S. 414.

（5）以下、ザイツによる前掲書の第四、五章を参照。

（6）「ＫＨＭ」とは『メルヒェン集』の原題〈Kinder- und Hausmärchen〉を略したものであり、この略語と数字（小文字のアルファベットが追加される場合もある）は、同書に収められたメルヒェンの整理番号として使用されている。

（7）横道誠「ドイツ・ナショナリズムの文脈あるいは汎欧州的・超欧州的文脈における「眠り姫」伝承（前編）」（岡本隆司編『京都府立大学重点戦略研究費「「異文化共生学」の構築」報告書——異文化の接触・交渉・共存をめぐる総合的研究』二〇一三年、八三—一二四頁）と同「ドイツ・ナショナリズムの文脈あるいは汎欧州的・超欧州的文脈における「眠り姫」伝承（後編）」（『京都府立大学学術報告・人文』六五号、二〇一三年、一一—三七頁）を参照。

（8）Brüder Grimm: *Kinder- und Hausmärchen*. 1. Auflage. Bd. 1. Realschulbuchhandlung: Berlin 1812, S. 88, 93; Brüder Grimm: *Kinder- und Hausmärchen*. 2. Auflage. Bd. 1. G. Reimer: Berlin 1819, S. 115, 118.

（9）Jacob Grimm: *Deutsche Mythologie*. 3. Auflage. Bd. 2. Dietrich: Göttingen 1876, S. 543.

（10）Jacob Grimm: *Deutsche Rechtsalterthümer*. Dietrich: Göttingen 1828, Bd. 1, S. 214; Brüder Grimm (2008), S. 34-39.

（11）「注釈」初版には「釘樽の刑」への言及はない。

（12）Brüder Grimm: *Kinder- und Hausmärchen. Gesammelt durch die Brüder Grimm*. Bd. 3, 2. vermehrte und verbesserte Auflage. Dieterich: Göttingen 1822, S. 24.

（13）Brüder Grimm (1822), S. 24.

（14）Jacob Grimm (1828), S. 256-301.

（15）ヤーコプ・グリムの著作が『ドイツ法律故事誌』であることから、この著作がもっぱら「ドイツ」の問題を対象にしており、ドイツ以外の「ゲルマン」の刑罰を取り扱っていないだけではないかという疑問もあるだろう。しかし、ヤーコプ・グリムは「ドイツの」(deutsch)という形容詞を好んで「ゲルマンの」(germanisch)という意味で用いる（その基本的な論拠についてはJacob Grimm: *Kleinere Schriften 8, 1 (1890). Vorreden, Zeitgeschichtliches und Persönliches*. Olms-Weidmann: Hildesheim 1992, S. 316-317を参照）。彼の著作のうち、『ドイツ語文法』はゲルマン語派の比較文法を主題としているし、『ドイツ神話学』は、ドイツを含むゲルマン語圏の神話の全体像を明らかにしようとする試みであった。『ドイツ法律故事誌』も、「ドイツ」を超えて、ゲルマン諸民族のさまざまな法に関連する故事を集成した書物である。

(16) Brüder Grimm (2008), S. 23.

(17) Isamitsu Murayama: *Poesie, Natur, Kinder. Die Brüder Grimm und ihre Idee einer "natürlichen Bildung" in den Kinder- und Hausmärchen*. Winter: Heidelberg 2005を参照。

(18) 横道誠「グリム兄弟による「歌謡エッダ」(古ノルド語)のドイツ語訳(その1)——「青年シグルズの歌」を例として」(京都府立大学ドイツ文学会編『AZUR』七号、二〇一五年、二一—四二頁)と同「グリム兄弟による『歌謡エッダ』(古ノルド語)のドイツ語訳(その二・完結編)——「青年シグルズの歌」を例として」(横道誠『研究報告二〇一四/一五年』、二〇一五年、二五—四五頁)を参照。

(19) グリム兄弟が共編した『ドイツ語辞典』の第二巻に掲載されたヤーコプ・グリムによる「序文」を参照。(Jacob Grimm (1992), S. 381-386.)

(20) 横道誠「グリム兄弟の『子どもと家庭のメルヒェン集』——ヤーコプとヴィルヘルムの神話論的研究と現在のジェンダー研究」(『日本ジェンダー研究』一八号、二〇一五年、一—一二頁)を参照。

(21) 横道誠「グリム兄弟の「棘荊姫」(KHM五〇)の版異同——本文改訂と『自注』改訂のねじれた連関」(説話・伝承学会編『説話・伝承学』、二二号、二〇一四年、一八七—二〇五頁)を参照。

(22) Johannes Bolte/Georg Polívka: Anmerkungen zu den Kinder- und Hausmärchen der Brüder Grimm. Bd. 1. Dietrich: Leipzig 1913, S. 441.

(23) 前注(7)に挙げた拙論二編を参照。

(24) ヘルマン・バウジンガー「昔話の解釈とは何か——灰かぶり姫(シンデレラ)とそのシンボル性にちなんで」(『比較民俗学年報』八五号、一九八八年、一—一四頁)を参照。

(25) Bolte/Polívka (1913), S. 165-188.

(26) Bolte/Polívka (1913), S. 108.

(27) Bolte/Polívka (1913), S. 109.

(28) 横道誠「話型ATU410再考——グリム兄弟の『歌謡エッダ』研究・翻訳から系統仮説へ」(『京都府立大学学術報告・人文』六六号、二〇一四年、一三—三六頁)を参照。

(29) これらの研究の見取り図については、河野眞『ドイツ文学と民俗学——ファウストとシンデレラ』(創土社、二〇一六年)の第二部を参照。

(30) Eleanor Susan Page, "The 'Nageltonne'. Its Uses in History and Folktale," *The Journal of American Folklore*, Vol. 59, No. 231 (1946), pp. 20-24.

(31) Georg von Simson: Benfey, Theodor. In: *Enzyklopädie des Märchens. Handwörterbuch zur historischen und vergleichenden Erzählforschung*. Hrsg. von Kurt Ranke, zusammen mit Hermann Bausinger et al. Berlin/New York: Walter de Gruyter, Bd. 2 (1979), Sp. 102-109.

(32) Lutz Röhrich: Geographisch-historische Methode. In: *Enzyklopädie des Märchens*, Bd. 6 (1987), Sp. 1011-1030.

(33) Michael Chesnutt: Paris, Gaston Bruno Paulin. In: *Enzyklopädie des Märchens*, Bd. 10 (2002), Sp. 570-573.

(34) Gaston Paris: Die undankbare Gattin. In: *Zeitschrift des Vereins für Volkskunde* 13 (1903), S. 1-24, S. 129-150.

(35) Bolte/Polívka (1913), S. 126-131.

(36) Chrstine Goldberg: Schlangenblätter (Die drei S.). In: *Enzyklopädie des Märchens*, Bd. 12 (2007), Sp. 50-54.

謝辞　本研究は科研費(17K18009)の助成を受けたものである。

“史”から“話”へ——日本神話学の夜明け

平藤喜久子

ひらふじ・きくこ——國學院大學研究開発推進機構教授。専門は神話学。主な著書に『神話学と日本の神々』(弘文堂、二〇〇四年)、『日本の神様と楽しく生きる』(東邦出版、二〇一六年)、『日本の神様解剖図鑑』(エクスナレッジ、二〇一七年)などがある。

日本の神話学は明治三十二年に発生したとされる。しかし、その「発生」は突然訪れたわけではない。前史として「久米邦武筆禍事件」もあった。本稿では、神話学が明治三十二年に「発生」しえた理由はどこにあったのか、という問いを「神代」の「史」から「話」への位置づけの転換という視点から論じる。

はじめに

「神話」という言葉は、日本語以外に中国語でも韓国語でもほぼ同義で使用されている。そのため古くからある言葉のように思われるが、実はその歴史は意外に新しい。明治期に西洋から紹介されたmyth、またはmythologyという概念の訳語として生まれたもので、定着してから一〇〇年余りだろう。さまざまな雑誌類をみてみると、明治二十年代の後半までは、「ミトロギー」、あるいは「ミトロジー」とカタカナ表記する例が多く、他にもいくつかの訳語が使用されていたが、最終的にそれらの中の一つであった「神話」が定着していったようである。ルビも付されず、「神話」と単独で使用される例が見られるようになるのは、明治二十年代末である。

そしてそれからほどなく、日本の神話学は夜明けを迎える。明治三十二年三月、当時影響力のある作家で評論家でもあった高山林次郎(樗牛)が、雑誌『中央公論』に「古事記神代巻の神話及歴史」という論文を発表し(1)、それをきっかけとして姉崎正治、高木敏雄の間で論争が起こる。その論争の主たるテーマは、日本神話の自然神話学的な解釈の妥当性であった。神話学の祖といわれるマックス・ミュラーの説をめぐる学術的な議論だったのである。「スサノヲ論争」と呼ばれるこの論争は、その時代における最新の神話学の成果をめぐるものであったこともあり、神話学の幕開けと位置づけられ、明治三十二年は「神話学発生の年として、神話学史上記憶すべき年紀なり」(2)とまでいわれている。

筆者はこれまでも何度かこの「スサノヲ論争」をめぐる神話学の発生という言説について論じてきているが、(3)本稿ではあらためてこの問題を「史」から「話」へ、という神話の位置づけの変化の視点から考えてみることにしたい。

一、十九世紀神話学・宗教学と日本

神話学という学問は一般的には十九世紀ヨーロッパにはじまるとされる。もちろん突然人々が神話について考え出したわけではない。神話とはいったい何なのか、という課題は古代ギリシャから取り組まれていた。代表的な考え方としては、寓意説とエウヘメリズムがある。寓意説とは、神話について自然や倫理的原理を象徴的に表現した、つまり寓意（アレゴリー）であると考えるものである。紀元前六世紀のテアゲネスは、はじめてホメロスの神話を寓意説で解釈した人物とされる。彼はイリアスで描かれる神々の戦いを、自然や世界の要素の争いであると解釈した。たとえば水と火、熱と冷の対立などである。神々についてもアテナは知を、アフロディテは欲望を表すというように解した。

エウヘメリズムとは、歴史上の人物への崇拝や賞賛を伝える話が、神の話となったとする。神話の背後の歴史を見ようとする態度である。その代表者は紀元前三〇〇年頃のエウヘメロスである。彼は、ギリシャ神話の神が実在の人間であった証を、空想上の旅で見つけるという「聖なる書」と題する小説を書いて、自説を表現した。

その後キリスト教が広まるなかで、ギリシャ神話については聖書が誤って伝えられたとする解釈が長い間まかり通っていった。しかし十八世紀から十九世紀にかけて、聖書に記されていない古代文明、文化の存在も人々の関心を呼び、その解読が進められるようになると、状況は大きく変化していく。

一七七一年には長く解読されていなかったゾロアスター教のアヴェスタが翻訳され、一八二二年にはシャンポリオンによってロゼッタストーンの解読が試みられ、古代エジプトのヒエログリフが解読された。一八五四年にはニネヴェ（現在のイラク北部のモスル）でアッシリアの王アッシュルバニパルの図書館とそこにある大量の粘土板が発見され、そのなかにはのちに『ギルガメシュ叙事詩』の一部であることがわかったものもあった。こうした解読の試みは、比較言語学の誕生も促すことになる。とくに一七八六年二月二日にカルカッタでウィリアム・ジョーンズがインド・イラン語とギリシャ語、ラテン語がルーツを同じくするという推論を述べたことは、比較言語学が盛んとなる大きなきっかけとなった。その後サンスクリット語とギリシャ語、ラテン語、ドイツ語などの比較研究が盛んにおこなわれるようになる。そこに登場したのが比較言語学者で、神話学の祖とされるマックス・ミュラー(Friedrich Max Müller, 1823-1900)である。

ミュラーは、インドの「リグ・ヴェーダ」を専門とする比較言語学者として頭角を現してきた。当時の比較言語学は、インド・ヨーロッパ祖語の母音体系がギリシャ語に残っており、また子音体系がサンスクリット語に残されていると想定していた。さらに一般に宗教に関する語彙や神名は変化しにくく、古い形を残していると考えられるため、ミュラーもこれらインド神話やギリシャ神話を中心に言語の比較研究、語源探求を重点的に行っていた。そこから比較言語学的な分析に重点を置く比較宗教学、神話学が展開していくことになる。

彼は、神話とは、そもそも日の出や日没といった太陽の動きを中心とする自然現象を表現していた言葉が、次第に本来の意味が忘れられ、誤解されたりする中で発生したものであると考えた。このように言語が誤解されていく中で神話が生まれたということをミュラーは「言語の疾病」と呼んだ。そしてインド・ヨーロッパ語族のあらゆる神話を太陽の動きによって説明しようともした。このように自然現象と神話を結びつけ、神名など言語の対応を重視する研究方法を採ったため、ミュラーは自然神話学派あるいは言語学派と呼ばれた。

ミュラーの有名な言葉に「たった一つの宗教しか知らない者は、宗教を知らない者である」がある。ゲーテの「たった一つの言語しか知らないものは、言語を知らないものである」を典拠としたこの言葉は、正しさを主張するという目的ではなく、色眼鏡を外して複数のものを比較することによってこそ、宗教や神話について学術的な研究が可能となることを意味するのだろう。彼の研究は、あまりに言葉にとらわれすぎ、自然現象と強引に結びつけた解釈もあったことから、激しく批判されていくことになる。しかしこれまでの価値観にとらわれた研究ではなく、「科学的」な研究を目指した点で、宗教学、神話学の祖と位置づけられている。

そのミュラーは、開国されたばかりの日本についても多大な関心を寄せていたらしい。一八八三年に『古事記』の英語訳*The Kojiki Records of Ancient Matters*を刊行したB・H・

チェンバレン（Basil Hall Chamberlain, 1850-1935）と親しく交流をしていたことがわかっている。楠家重敏によれば、公刊はされていないが故吉阪俊蔵がチェンバレン関係の書簡を保管しており、そのなかにミュラーからの書簡が六通含まれているという。この手紙の存在により、二人の交流が行われていたことは明らかである。(4)

またイギリスのNational Archivesが所蔵しているアーネスト・サトウがアストンに宛てた手紙によれば、目の病気のため一八八〇年に海軍兵学校を休職して一時帰国していたチェンバレンは、オックスフォードでミュラーと滞在していたという。(5)一八八一年一月のサトウの書簡には、その頃チェンバレンが古事記を翻訳中であったと記されていることから、(6)ミュラーのところに滞在していた時期と古事記が翻訳されていた時期は重なっていることがわかる。加えて一八九二年十二月にチェンバレンがラフカディオ・ハーンに宛てた手紙によると、チェンバレンはミュラーに古事記の翻訳を勧めたが、ミュラーはすぐにあきらめたと記されている。(7)こうした状況からチェンバレンによる古事記翻訳の背景にはミュラーが少なからず影響を与えていたと考えられる。さらに、ミュラーは、そのチェンバレンの古事記翻訳の評価について、自分のところに留学していた南條文雄、笠原研寿らに尋ねたという。

日本の神話への関心の高さを物語るものだろう。

ミュラーとともにこの時代を代表する宗教学、人類学者としてエドワード・B・タイラー（Edward Burnett Tylor, 1832-1917）の名が挙げられる。タイラーは一八七一年に『原始文化――神話・哲学・宗教・言語・芸能・風習に関する研究』でアニミズム論を提唱。十七世紀に来日したドイツ人医師ケンペルの『日本誌』を参照しながら、自然現象の擬人化について、日本で下から上へと吹き上がる激しい風を「竜巻」、すなわち「吹き上がる竜」（Spouting dragons）と呼ぶことや、日本人が地震について、地下にいる大きな鯰（タイラーはwhaleと書いている）が起こすものと考えていることなどを紹介した。そして、日本からの留学生・馬場辰猪に古事記の神話部分を訳してもらい、The Royal Anthropological Institute of Great Britain and Irelandにおいて"Remarks on Japanese Mythology"と題する講演を行った。この講演の中で、アマテラスは太陽の神であり、その弟のスサノオは風の神であると解釈した。スサノオの乱暴を機にアマテラスが天の石屋に籠もり、いったん真っ暗になるが、後に彼女が出てくると、光がふたたび戻ったという神話については、完全に自然神話であり、嵐によって暗くなっていた空に太陽が戻ったことを意味するのだと述べた。このように自然現象が神話化されている点に注目しており、さらに中国の盤古神話との共通点やニュージーランドの神話との比較も行われた。この研究発表は、日本神話の神話学的研究のもっとも早い時期のものと位置づけることができる。

こうしたマックス・ミュラーやタイラーの動向は、草創期にあった神話学、宗教学において日本神話が注目される存在であったことを示すものだろう。

二、日本における神話学——夜明け前

海外において日本神話が神話学の研究テーマとして注目されるようになる頃、日本の神話学はまだ夜明け前だったようだ。そのことをよく示しているのがいわゆる「久米邦武筆禍事件」である。

明治二十四年（一八九一）に歴史学者の久米邦武（一八三九〜一九三一）は、「神道は祭天の古俗」という論文を『史学会雑誌』第23—25号に発表する。ここで久米は、神道は宗教ではなく、天を祭る習俗であると述べ、新嘗祭も三種の神器もみな天を祭るためのものであるという説を展開した。その祭天の習俗は、支那朝鮮にも共通するもので、その天への崇拝は人類共通のもの。日本の神道は、その古俗を残しているのだとした。この論文が、翌年田口卯吉による挑発的な跋文とともにより一般的な雑誌『史海』に転載されると、国学者や神道家たちの激しい反感を買うことになる。このときの久米論文への批判は、次のようにまとめられるだろう。(8)

①天への崇拝から神への信仰が生れたという主張は神が想像の産物であることを意味するため、天皇と神との連続性に対して疑問を投げかけるものだ。

②伊勢神宮を天の神を祭るための堂と解釈するということは、皇室と伊勢神宮との関係を否定することになり、国体の尊厳を損なう主張と解される。

③伊勢神宮に祀られるアマテラスの生魂は、天の神の「霊顕」であるというが、この解釈は、キリスト教の三位一体そのままである。

④記紀でアマテラスの子とされているオシホミミについて、新羅から渡ったと述べているが、それは、皇祖を「外国人」、「漂泊民」とすることになる。

⑤仏教によって人智が開けたとしているが、仏教は、日本を蹂躙し、国家の基本を脆弱にしたものである。

国学者渡辺重石丸の私塾道生館の塾生たちは、二月二十八日に久米邸を訪れ、上記のような批判を展開し、久米の論文が国体を毀損しており、秩序を紊乱する「異説」であると五時間にわたって詰問した。これに対し久米は、皇室に対し不

敬の念があるわけではなく、多神教を蔑視する「西洋人及各国公使」に、賢所が「一神教の真旨に叶」うことを知らしめ、彼らに賢所を参拝させることが目的であったと述べている。つまり、神道について天を祭るという世界中に共通の習俗を残したものであると述べた背景には、一神教であるキリスト教に対して神道が劣ったものではないということを表明したいという意図があったということであろう。しかしこうしたやりとりの中で、久米はとうとう、論文を取り消すことを約してしまう。道生館の塾生たちはさらに、その言質を得た上で久米に対ししかるべき処分をするよう宮内省、内務省、文部省など各省に働きかけ、三月四日に久米は、教授職を非職となり、翌五日に内務省は、この論文を治安を乱すものとし、掲載誌である『史海』第八巻と『史学会雑誌』第二十三号から第二十五号までを発売禁止とした。

久米の非職、掲載誌の発禁という処分を受け、この事件は、これまで批判していた国学や神道系の雑誌に加えて一般紙（誌）でも大きく取り上げられるようになっていく。とくに久米の論文を評価し、自身が発行した雑誌『史海』に転載した田口卯吉は、「神道者諸氏に告ぐ」という久米擁護の論評を執筆し、各新聞に掲載させた。このことがさらに国学者、神道者たちの反感を買った。こうした経緯は広く報道され、学問の自由が弾圧された事件として、長期間誌上を賑わせることとなった。

この事件について宮地正人は、「天皇支配のイデオロギー的基盤」を確立させるためには、天皇制の「理論」を否定しかねない歴史学を排除、抑圧する必要があったとしており[9]、また、大久保利謙も古代社会への科学的研究は、国体論者にとって「皇室至上主義や大義名分論的歴史観」に対する「破壊的な作用」を与えるものととらえられたのだろうと述べている[10]。

そして、この事件により日本の神話研究は立ち後れたのだという論調が生まれていった。たとえば、高木敏雄は明治三十二年（一八九九）年を神話学発生の年とする立場から、この時期の神話研究について次のように述べている[11]。

古史神話学の発達は、神代史の研究に待つところはなはだ多し。十余年以前、『史学会雑誌』、『史界』（ママ）の始めて世に出でし当時は、史学の研究大いにさかんにして、日本神代史に関して学者の議論する者、また少なからず。久しからずして日本神話学の発生を見るの望なきにあらざりしが、放胆なる久米邦武の、「神道は祭天の古俗」と題する一篇の論文は、端なくも神道家国学者の囂々を喚起し、時の文部省はその勢に迫られて、ついに久米邦武の大学教授の職を免ずるに至れり。徳川時代において唱道せられり神代史の自由討究は、ここに至りてたちまち大なる頓挫を来たし、神代史研究の衰頽と共に、日本神話学の発生もまた暫く望少なきに至れり。その後ほとんど十年、明治の学問界において、また神代史について説を立つるものなし。神話学のごときはその名称すらあまねく知られざりき。かくのごとくして明治三十二年に至れり。

他方でヨーロッパの神話研究は日本でさまざまな形で紹介され、日本の神話学の夜明けは着々と準備されることになる。

三、日本と神話学

日本にマックス・ミュラーらの研究が紹介されていった経緯については、他所でも論じているので簡単にまとめておく。[12] そこには仏教学とキリスト教系の比較宗教学という二つの流れがあった。マックス・ミュラーがはじめて日本に紹介されたときは、サンスクリット学者として、であった。真宗大谷派は、サンスクリット語を学ばせるため、南条文雄（一八四九〜一九二七）と笠原研寿（一八五二〜一八八三）をイギリスへと送る。彼らは渡英後、マックス・ミュラーのことを知ってその門をたたき、明治十二年から彼のもとでサンスクリット語を学び、ミュラーと仏典の共同研究を行うまでになった。笠原は明治十五年（一八八二）に帰国し、翌年亡くなっているが、南条の方は明治十七年（一八八四）の帰国後、日本における文献学的仏教学の基礎を築くことになる。続いて、同じく仏教学者である高楠順次郎（一八六六〜一九四五）も、南条の紹介で明治二十三年（一八九〇）から明治三十年（一八九七）までの英国留学の間、ミュラーの指導を受けている。

また、明治十年代から二十年代にかけて日本で活動を展開しはじめた普及福音教会やユニテリアンといった自由キリスト教の諸会派は、比較宗教学を重視する立場から、マックス・ミュラーの研究を紹介していた。普及福音教会の発行する雑誌『真理』や自由キリスト教系の雑誌『六合雑誌』などでもたびたびマックス・ミュラーへの言及が見られる。このようにミュラーの比較宗教学が紹介され、認知されていく中で、神話研究への関心も高まっていったようである。

一八九六年六月に、ユニテリアンの雑誌である『宗教』に採録された「我邦の神話にあらはれたる植物及び動物」という記事は、研究論文の体裁は執られていないが、その冒頭では、神話の「科学的方法」による研究の意義が次のように述べられている。[13]

神話は古代の人民の思想感情を写せるものなり。これが研究は古代の人民の生活、社会の状態、及び宗教道徳等に関する種々の材料を与ふるものにして、史学、心理学、社会学等を裨益する尠からず。我が古事記及び日本紀にあらはる、神話を科学的方法によりて研究するときは、所謂高天原種族が有せし種々の観念を明かにし、又其社会の状態をも探ること得べし。

また姉崎正治は、明治三十一年（一八九八）に哲学館講義録として『言語学的宗教学』を刊行している。その第二章は「神話の成立及性質」と題されている。ここでは、書名が示しているようにマックス・ミュラーを中心とする言語学派の研究の影響を色濃く受けた神話学説を展開している。[14]

明治十年代にはじまる仏教学者とマックス・ミュラーとの学問的交流、そして自由キリスト教諸会派による比較宗教学の重視とその紹介活動などを通し、ミュラーを代表とするヨーロッパの比較宗教学は、日本の研究者たちに影響を及ぼしていった。とくに姉崎については、スサノヲ論争に先立つ明治三十年前後から、こうした研究へ関心を向けていたと推測される。

四、神話学の夜明け

こうして明治三十二年を迎える。久米邦武筆禍事件からは七年が経ち、神話という言葉も浸透し、マックス・ミュラーの神話学、宗教学も紹介されていた。そこに高山林次郎（樗牛）は「古事記神代巻の神話及歴史」という論文を発表する。彼の研究の特徴がよくわかる部分を引用してみよう。

[引用一]（古事記神代巻は）神話歴史両者の混淆なりと言はむ。而して如何なる方法によりて混淆せるかと言ふに、初めは純然たる神話に起り、漸次純然たる歴史に転移せるものと見む。両者の分量に就いて言はば、須佐之男命の出雲行まで、即ち旧事本記の区劃に従へば、神祇本紀の終りまでは、神話の分量、歴史よりも多く、其れより以下は逐次歴史の分量多きを占め、遂に神武天皇に至りて純然たる歴史に遷れるを見る。而して是の神話は、如何なる種類の神話なるかと問はば、予は答へて曰はむ、アリアン諸民族にみるごとき天地開闢説に連なれる太陽神話なりと。

[引用二] 御滌によりて生み給へる多くの神にも優りて尊貴の子と称へられしは即ち日、月、嵐の三者が自然現象中の最も著しく且つ勝れたるものなるが故なり。高天原を司配する天照大御神が日の神にして、夜の国を所知する月読命が月の神なるは言を待たず。海原を国とする須佐之男命が嵐の神なることも、暴風雨が凡て水に依り

て成り立ち、且つ水に依りて最も明に現はるゝ事によりて知らるべし。

［引用三］天地日月に次いで崇拝の対象となるものは嵐なり。是れ諸多の神話中、殊に印度の因陀羅に於て嵐神の著しきものを見る。是れ我邦の須佐之男命に相応するもの也。

［引用四］人類学者ミュルレル氏が研究の結果によれば、ポリネシア人の故郷は、亜細亜大陸の西南部にあり。（中略）ポリネシア人は、恐らくは其の東南亜細亜に在りし時、印度アリアン人、もしくは印度アリアン人に接触して其の追ふ所となりたるドラビダ人より、吠陀の神話を収容せしらむ。是の如くにして、日本民族の神話に吠陀の分子を包含することを認むるは寧ろ自然の数のみ。

［引用一］にあるように、樗牛は古事記の神代巻について、前半部を神話、後半部を歴史的叙述ととらえ、その中間に当たるのがスサノオの神話であるとした。そしてその神話は、アーリア人の神話と同様の「太陽神話」であるという。そして［引用二］のように、スサノオは嵐の神であるとし、その性格はインド神話のインドラに相当するという（［引用三］）。また、樗牛はスサノオとインドラにみられるような日本神話とインド神話の類似について、それを日本神話の系統の問題として考えた。つまり日本神話はインド神話の影響を受けて成立しているとしたのである。その経緯は次のようなものである。

日本神話の担い手となったアマテラスを祖とする「天孫民族」は、南太平洋上に起源をもち、ポリネシア人との交流を持っていた。そのポリネシア人はさらにそもそもインドの西南部に起源を持っており、そこでインド・アリアン人、もしくは「ドラビダ人」と交流していた。彼らはヴェーダ神話の影響を受けていたと推測される。このような経緯で「天孫民族」はヴェーダ神話を受容し、そのために日本神話とインド神話は似ているのだという仮説を立てたのである（［引用四］）。

樗牛は、アマテラスとスサノオの対立を、太陽と嵐の空中での戦いであるとし、「太陽神話」と解釈した。この説は、自然神話学派の中でも特にマックス・ミュラーの研究の影響を受けているとわかる。また、神話から日本民族の起源を論じている点も注目される。古事記に神話を認め、他地域の神話と比較し、ヨーロッパの神話学の理論を援用したもので、たしかに神話学の嚆矢といえよう。

この論文が発表されると、すぐに高橋龍雄が雑誌『日本主義』で紹介し、高木敏雄も『帝国文学』で二度にわたって取り上げた。(15) いずれも神話についてはじめて学問的に取り上げた論文という位置づけであり、好意的な評価であった。それに対して樗牛の親友でもあった姉崎正治（嘲風、一八七三〜一九四九）は、同年八月から『帝国文学』に「素戔嗚尊の神話伝説」を四度にわたって執筆し、本文に忠実に解釈すべきという立場から、樗牛の論文における自然神話学的な解釈を激しく批判した。(16)そしてイギリスで当時ミュラー批判を行っていたアンドリュー・ラングの影響を受けた立場から、スサノオの神話には自然現象ではなく、古代の祭儀や社会生活が反映していると主張する。

これに対して高木が樗牛の論を擁護しつつ、日本神話には、自然現象をあらわす「天然神話」と儀礼の起源を語る「人事神話」のいずれもがあり、両者は矛盾するものではないと論じた。(17)この高木論に対して、翌年一月に姉崎は「言語学派神話学を評して高木君の素尊嵐論に及ぶ」を発表し、自然神話学批判を展開しながら、反論を述べている。(18)そしてまた二月には高木が「嵐神論不可能説に答えて自己の立脚地を明らかにす」で、自身の神話論について、すべてを自然神話学的に解釈するわけではないと弁解し、自然神話学の問題点を認めつつもその有用性についても述べた。一九〇〇年の三月、姉崎はヨーロッパへと留学をする。そのためか、この高木論をもって、スサノヲ論争は一応の終結をみた。

高山樗牛の論文をきっかけとするこれら一連の論争をもって「スサノヲ論争」といい、ここで自然神話学的研究の有効性、日本神話の研究方法が議論されたことから、日本において神話学的研究が本格化したと受け止められている。

ここで注目したいのが、樗牛の論文への反応である。当時國學院にいた国語学者の高橋龍雄は、樗牛の論文を紹介するなかで、次のように挑発的な文章を記している。(19)

滔々たる神官社界の人、願くばこの大議論を読め、卿等は嘗て久米邦武氏の祭天古俗説に対して論難攻撃の声を揚げしが如き往年の勇気なきか、吾人は亦こゝに鼎軒を学びて切に卿等を煽動せむとす、されど高山氏は独立特行の人にして官界の粟を食む人にあらねば、不忠呼ばりをなして免職を迫まるが如き手段は行ふこと能はざるなり、唯正々堂々の陣を張りて学問の為に皇道の為に、忠実正確なる論難を戦はさむことを願ふ、吾人亦茲に率先して高山氏の論旨を紹介し、併せて吾人の疑団を世に問はむとす。

久米邦武の「神道は祭天の古俗」論文に対して、批判キャンペーンを繰り広げた神道家、国学者たちは、樗牛の論にどう向き合うのかと、という問いかけである。しかし、とくに当時、そういった方面からの批判はなかったようである。そ

のことは高木敏雄の次のような評に示されている。(20)

独り高山文学士の議論に至りては、余輩ここに一言せざるを得ず。何となれば、その説は今日の神話研究の方法をば、不十分ながらも幾分応用したるものなればなり。かく数年前に出でたらんには、必ず世の騒ぎを惹起すべかりし説の、このたびは一点の批難をも、科学界以外より受けざるを見れば、神代史の自由研究は、公許せられしものと認めて、不可なかるべし。これ余輩が明治文壇のために、祝する第一の理由なり（傍点ママ）

樗牛の論文が数年前に出ていたならば、世間の騒ぎとなっただろうが、批判は「科学界」すなわちアカデミズムの場以外からは出なかった。このことが「神代史」の自由な研究が許されるようになったことを意味するというのである。この言はあきらかに久米邦武の筆禍事件を前提としているといえよう。

樗牛の論文をみてみると、たしかに久米邦武の論文への批判がある程度あてはまる部分もあると思われる。たとえば、樗牛は神について、自然現象を表現したものと解釈した。このことは、神を天への崇拝から生れたとする久米と、神を創造の産物ととらえているという点で共通する。また、高山によればアマテラスを祖とする「天孫民族」もスサノヲを祖とする「出雲民族」も、いずれもその起源は、「南太平洋」にあるという。この主張は、久米論に対する皇祖を外国人としているという批判があてはまるだろう。

しかし樗牛には久米邦武のような批判は起こらなかった。このことは神話研究を志していた高木敏雄にとっては、「神代史の自由研究は、公許せられしもの」というように、あたかも禁止されていたかのようであった神話学が解禁されたものと認識された。高木のこうした論調は、その後の神話学の学説史における久米邦武と高山樗牛の位置づけに影響を及ぼしていく。

大林太良は、日本の神話学史について、そのはじまりをこう述べた。(21)

明治三十二年以来のわが国における神話研究をふりかえって見ると、いくつかの時期が区別できるのではないかと思われる。私案によれば、それは次のような時期である。

第一期は一応、一八九九年から一九二一年までとしておこう。久米邦武が「神道は祭天の古俗」を著わしたために生じた筆禍事件いらい逼塞していた日本神話の研究が樗牛論文をきっかけに一度に開花してから二七年ばかりの期間である。

高木敏雄という神話学者の自己認識が、日本における神話学の夜明けについての言説を形成したといえるだろう。

おわりに――神代史から神話へ

あらためて問いたい。久米邦武筆禍事件と高山樗牛の論文の間にあるものはなんなのだろうか。なぜ一方は大きな批判を浴び、他方は歓迎されたのか。その理由はいろいろと考えられるだろう。宮地正人や大久保利謙が指摘するように、久米が批判された背景には、当時の史学界への反感など、特殊な条件があったことも確かである。その上、帝国大学教授である久米邦武、日本主義を標榜する評論家である高山樗牛、というように、それぞれの社会的な立場の違いもあるだろう。

しかし、神話をめぐる状況の大きな転換、すなわち「神代史」から「神話」へ、という変化も大きかったのではないだろうか。神話という語の成立は明治二十年代後半と推測される。明治二十八年から二九年ごろには、神話という語とミトロギーという語が併存した状態になっており、明治三十年には、「ミトロギー」はあまり使われず、神話、および神話学という語が定着していた。それ以前は、記紀の神代巻は、「神代史」あるいは「古史」と表現されることが多かった。つまり、久米事件の起った明治二十四年当時、記紀の神代巻は、「神話」ではなく「歴史」という意味を含んだ言葉で表現されていたのである。久米自身も、神代巻について「古史」という語を使っている。

樗牛の論文は、そのタイトルが「古事記神代巻の神話及歴史」とされていることにも示されているように、「神話」という概念を「歴史」と区別している。そして神代巻の中から神話に相当する部分を取り出した上で、他地域の神話と比較し、神を天然現象であると論じた。このように樗牛の場合は、記紀の神代巻の記述を「神話」と位置づけているために、天皇の祖先である神の歴史から切り離された議論となりえたのではないだろうか。

神話という概念の成立は、学術的な観点からはきわめて扱いにくいテーマである「神代」を、歴史という文脈から切り離す役割を果たしたといえよう。

一九一二年（明治四十五）、森鴎外は高山樗牛が論文を発表したのと同じ『中央公論』に「かのやうに」という小説を送り出す。歴史学を学び、ドイツにまで留学した主人公の五条秀麿は、日本の歴史を描く困難に直面している。その問題とは神話と歴史をどう論じ分けるかであった。神話という言葉や概念が成立し、神話学の展開がはじまったからといって、歴史学において神代をどう論じるかという問題が解決されたわけではないだろう。明治三十二年、高山樗牛の段階では乗り越えたと思われた課題は、近代日本のなかで、繰り返し現れ出る。本稿はその問題の入り口を取り上げたに過ぎない。今後も「史」と「話」の問題を考えていきたい。

注

(1) 高山樗牛「古事記神代巻の神話及歴史」(『中央公論』第一四巻第三号、一八九九年)。のちに松本信広編『論集　日本文化の起源3』(平凡社、一九七一年)に転載。

(2) 高木敏雄「日本神話学の歴史的概観」(『帝国文学』8―5、一九〇二年)。後に『増補日本神話伝説の研究1』平凡社、一九七三年に転載)

(3) 平藤喜久子『神話学と日本の神々』(弘文堂、二〇〇四年)、第一章、同「日本における神話学の発生と高山樗牛――日本主義との関わりを中心に」(『國學院大學紀要』第43巻、二〇〇五年)、同「神話学発生への道程――明治三二年はどのようにして迎えられたか」(吉田敦彦監修『比較神話学の鳥瞰図』、大和書房、二〇〇五年)、同「神話学の「発生」をめぐって――学説史という神話」(井田太郎・藤巻和宏編『近代学問の起源と編成』勉誠出版、二〇一四年)など。

(4) 楠家重敏「チェンバレン書簡の研究(1)」(『武蔵野英米文学』VOL.21、一九八九年)。

(5) National Archives蔵、所蔵番号PRO30/33, p.132.

(6) 前掲資料, p.129.

(7) 小泉一雄編 *More Letters From B.H.Chamberlain to Lafcadeio Hearn*(雄松堂、一九三六年)。

(8) 倉持治休、本郷貞雄、藤野達二、羽生田守雄著『神道は祭天の古俗と云へる文章に付問答の始末』(一八九二年、下田義天類編『祭天古俗説弁明』一八九一年五月に転載)、岩下方平「神道は祭天の古俗と云ふ論を読て其妄を弁ず」(『随在天神』第一九六号、一八九二年)など参照。

(9) 宮地正人「久米邦武事件の政治史的考察――天皇制国家の確立と歴史学との関係によせて」(東京歴史科学研究会編『転換期の歴史学』合同出版、一九七九年)。

(10) 大久保利謙『日本近代史学の成立』(吉川弘文館、一九八八年)。

(11) 注3参照。

(12) 注3参照

(13) 執筆者不明(執筆者欄に「は、つ、ね」と記載)「我邦の神話にあらはれたる植物及び動物」(『宗教』第五六号、雑録、一八九六年)。

(14) 姉崎正治『言語学的宗教学』(哲学館講義録、一八九八年)。

(15) 高橋龍雄「高山林次郎氏の古事記神代巻の神話及歴史を読む」(『日本主義』第四巻第二三号、一八九九年五月)、高木敏雄「文界の新現象」(『帝国文学』五―四、一八九九年四月(無署名))、同「高山氏の古事記論」(『帝国文学』五―五、一八九九年五月(無署名))。

(16) 姉崎正治「素戔鳴尊の神話伝説」(『帝国文学』五巻八、九、一一、一二号、一八九九年)。

(17) 高木敏雄「素尊嵐神論」(『帝国文学』五―一一、一二、一八九九年)。

(18) 姉崎正治「言語学派神話学を評して高木君の素尊嵐論に及ぶ」(『帝国文学』六―一、一九〇〇年)。

(19) 高橋、前掲論文。

(20) 高木、前掲論文（一八九九年四月）。

(21) 大林太良「日本神話の研究史」（『国文学　解釈と鑑賞』第四六〇号、一九七二年）。

近代神道・神話学・折口信夫
――「神話」概念の変革のために

斎藤英喜

さいとう・ひでき――佛教大学歴史学部教授。専門は神話、伝承学。主な著書に『古事記はいかに読まれてきたか』（吉川弘文館、二〇一二年）、『異貌の古事記』（青土社、二〇一四年）などがある。

明治三十年代に始発した「日本神話学」は、同時代に形成された、近代的な「神道学」と相互に補完するかたちで、「国民ナショナリズム」の醸成にかかわった。そうした「神話」のイデオロギー性を超える方向は、折口信夫の「神学的神話」、さらには戦後における「神道宗教化論」の議論に求めることができる。

「新しい神話というものが、精神の最も奥深い深みからのみ、あたかも自分自身のなかからのごとくに作り出されるのであるならば、われわれが求めているものにとってきわめて重要な示唆と注目すべき確証が、この世紀の偉大な現象のなかに見出される。」

（Fr・シュレーゲル「神話についての議論」(1)）

一、近代神話学の生成

明治三十二年（一八九九）、『中央公論』第十四巻第三号に、高山林次郎（樗牛）の「古事記神代巻の神話及歴史」が発表され、その論考をめぐって姉崎正治、高木敏雄とのあいだで議論が繰り広げられたことは、よく知られていよう。後に「スサノヲ論争」とも呼ばれたものだ。彼らの議論は、ヨーロッパにおけるマックス・ミュラー、エドワード・タイラーなど初期神話学、民族学の学説から影響を受けたもので、後に高木敏雄によって、「日本神話学発生の年として記念すべき年紀」と呼ばれる。(2)

一方、それより以前、明治期における「神話研究の端緒」

と位置づけられるのが、明治二十四年(一八九一)、久米邦武の論文「神道は祭天の古俗」(『史学会雑誌』第二編第二十三〜二十五号。『史海』明治二十五年、第八号に転載)である。久米論文には「神話」の用語もなく、またヨーロッパ神話学の影響も見られないが、「三種の神器」「新嘗祭」などの「神道」の性格を、中国、朝鮮半島にも共通する天を祭る風習とするなど、一種の比較神話学的な視点の始発を見ることができよう。また明治二十年代には、おもにキリスト教関係の研究者によって、マックス・ミュラーの比較神話学などの紹介が行なわれていたことなど、明治三十年代の「日本神話学」の形成の母体となったことも指摘されているところだ。[3]

ところで、明治二十五年(一八九二)の久米邦武論文の『史海』転載をめぐっては、「教典さへ備はらぬ神道の古俗に任せたらば、全国今に蒙昧の野民に止まり、台湾の生蕃と一般ならんのみ」(「神道は祭天の古俗」)などの記述が、在野の神道家を中心に「不敬」と糾弾され、政治問題化して、結果的に転載誌が発禁処分となり、久米本人も帝国大学教授の職を追われる「筆禍事件」に発展したことは、周知のところだろう。近代初期における学問、とりわけ歴史学にたいする国家による干渉、弾圧として特筆される事件である。[4]

しかし明治二十五年(一八九二)の「神道は祭天の古俗」論文が、神道家たちからの批判を受け政治問題化したのにたいして、明治三十二年(一八九九)の高山樗牛、姉崎正治、高木敏雄たちの「神話学」にたいしては、神道関係者からの批判、糾弾がほとんどなかった。また政治的な事件になることもなかったようだ。それはなぜなのだろうか。

たとえば久米邦武が帝国大学の国史科の教授であり、なおかつ「臨時編年史編纂掛」という公的な役職を担う存在であったのにたいして、高山樗牛たちが一介の文筆家にすぎなかったこともかかわるだろう。さらに時代動向をみれば、「久米事件」のあった時期は、明治二十二年(一八八九)の帝国憲法発布、議会開設などを受けて、国民統合のあらたなイデオロギー統制(『記』『紀』の神典化・祖霊崇拝・功臣崇拝など)が強化された時代であったことも大きいようだ。[5] それを「勅語」というかたちで表現したのが、明治二十三年(一八九〇)の「教育勅語」の公布である。[6]

それにたいして高木敏雄たちの「日本神話学」が始発した明治三十年代前半は、木下尚江、河野広中らによる普通選挙期成同盟会の設立、富岡製糸所、日本鉄道など各地での労働争議の勃発、また社会主義協会の発足などに見られるように、「立憲国家」としての近代日本の社会が、一定程度の自由の成熟を果たしてきた時代とみることができよう。[7]

しかしもうひとつ見逃してならないのは、明治二十五年（一八九二）と明治三十二年（一八九九）のあいだには、「神道」と国家との関係が大きく変化していく時代が介在していたところだ。

二、神社非宗教論から神道学へ

「日本神話学」が始発した翌年の明治三十三年（一九〇〇）、内務省内の「社寺局」は、「神社局」と仏教・キリスト教・教派神道を対象とした「宗教局」とに分離し、神社祭祀や参拝行為が、「宗教」とは異なる行政上の対象となった。このことは明治初期の「神道国教化」政策に始まる、「神道」と「国家」との関係が大きく変容することを意味したのである。それはどういうことか。

明治初年にあっては、政府は「神道」を「国教」とする政策を強権的に推し進めたが、欧米諸国との「不平等条約」の改変を求めるためには、自らを近代的な立憲国家へと形成していく必要があった。すなわち政教分離、信教自由を「憲法」として明文化し、保証する国家である。その過程で、政府は明治十七年（一八八四）に、「神道」によって国民を教化することを担った教導職を廃止し、また神社祭祀を担う神官を「神道」から分離させていく。さらに憲法制定・議会開設にともなって「信教自由」と抵触させないために、宗教としての神道は「教派神道」として分離・独立させ、一方、神社祭祀、参拝の行為は「非宗教」として位置づけていく。こうした神社祭祀、参拝の「非宗教性」を法的に決定づけたのが、明治三十三年の内務省内の「宗教局」と「神社局」の区別・独立であった。[8]まさにその前年に、日本近代における「神話学」が始発したのである。

かくして明治憲法下にあって、神社祭祀や参拝は「非宗教」として位置づけられ、参拝行為を「国民の義務」としたが、それを理念的に支えていくのが国民道徳論である。「国民道徳論」とは、明治後半期に東京帝国大学の哲学科教授である井上哲次郎によって推進された思想である。[9]すなわち、明治四十年代、日露戦争を契機に資本主義が進展するなか、激化する労働運動、社会主義運動への対抗として「忠孝一致の道徳。我が国固有の「国体」観」として形成されたものであった。[10]それを実践する場として、国民による神社参拝が「強制」されたといっていいだろう。すなわち「神社は宗教ではない、ゆえに神社の崇敬は信教の自由の埒外である、だから神社参拝をよしんば強制し、義務づけたとしてもそれは信教の自由を侵害したことにならない」[11]という論理が形成されたのである。「国家神道」体制なるものの成立である。

こうした神社非宗教論が展開する政治状況とリンクするかたちで生まれてくるのが、井上哲次郎の国民道徳論から学んだ田中義能《よしとう》の「近代神道学」である。[12]「神道学」とは、近世国学とは異なるヨーロッパ経由の哲学系の思想運動に源をもつこと、政治的な運動の担い手としての神道家や地域の神職たちとは切り離された、大学の研究者たちによって形成されたものであること、すなわち近代的な「学術知」として形成されたものであったのである。[13]

ここでひとつの見通しが得られよう。明治三十二年に始発する「日本神話学」もまた、直接的な政治運動とは離れた「神道学」の成立と同じ時代動向のなかで生まれたことだ。「神道学」が近代学術としてあることと同じように、「神話学」もはや政治的なレベルでの神道家たちの批判や糾弾の対象からは離れることになったのである。ここに久米邦武の「神道は祭天の古俗」論と高木敏雄たちの「神話学」との時代的な差異を見ることができよう。

しかし、もうひとつ見落としてならないことがある。神道学や神話学という近代学術が、直接的な政治運動とは異なる次元で、「国民ナショナリズムの創造＝想像と深く関わった事実」[14]である。このことを大正期に、日本神話学の第二世代として活動を始める松村武雄の神話学から見てみよう。[15]

三、松村武雄の「神話学」と国民ナショナリズム

松村神話学の始発となる「比較神話学上より見たる日本神話」（大正十一年〈一九二二〉『国学院雑誌』第二十八巻第一〜第三号）には、「日本の神話」の特質が述べられている。

それは皇室を中心としてすべての神話をその周囲に集中させる心的努力である。日本神話においては、天照大御神がその多神教的集団の主要部たる地位を占められ、常に皇祖神としての行動の意識が暗々裏に活躍しているのである。〔……〕日本の神話は現実的政治的で、皇室中心的たるところに、統一的主調上の特色が存している。[16]

ギリシア神話の「統一的主調」は「均整の美と智力的光明」、北欧神話は「善の原則と悪の原則との二元的対立」と「陰暗な破滅の観念」、インド神話は「超越的な哲学的冥想」にあることを分析したのちに、日本神話の「統一的主調」として述べたのが、引用した一文である。これは『古事記』『日本書紀』の神話の解釈として、大正期の穏当な言説と理解されるだろう。

しかし、こうした松村神話学の日本神話の解釈は、昭和期の論文になると明確に「国民ナショナリズム」の創造を担う

言説へと先鋭化していくのである。昭和三年（一九二八）の昭和天皇の「御大礼」（大嘗祭）、昭和四年（一九二九）の伊勢神宮の式年遷宮祭を契機にして、社会全般に「神道的イデオロギー用語」が広がっていく時代動向のなかで、[17]神道攷究会が編纂した『神道講座』（後に単行本化された第四巻「歴史篇」）に収載された松村の論文「日本神話」のなかには、次のような論述がある。

> なるほど『日本書紀』には『一書曰』として、或る神話に関するさまざまの異説が集められてはゐるが、しかしそれ等の多くの異説の存在は、毫も全体としての神話群を貫流する建国的精神、宗教的政治を枢軸とする皇室への帰一の欲求を妨げるものではない。〔……〕／多くの神話の結集としての神道的神話圏は、這般の精神の生きた力が強く働くことによつて、血族関係の概念の下に、一面に於ては神々と民族とが、他面に於ては更にそれ等と統治者族とが、堅く且美しく統一せられてゐる。[18]

ここからは、昭和前期の「国体論」「祭政一致論」「神皇帰一論」を提唱した神道学、神道家たちの言説と、神話学とのそれとがほぼ同一の立場にあることが見えてこよう。また「国体明徴運動」が繰り広げられた昭和十一年（一九三六）刊行の、より一般向けの啓蒙的な講座である『日本精神講座』第八巻「民譚民俗信仰にあらわれたる日本精神」では、「皇室とわれわれ臣民とは、決して単なる統治者と被統治者との関係にあるものではなく、大家と小家との関係にある。〔……〕日本民族は、常住坐臥にかうした有り難い皇室対臣民の関係を念頭に置いて、皇室のご繁栄と国家の隆盛とに日夜懸命の努力をなしてゐる。そこに日本精神の最も誇るべき特徴があるとしなくてはならぬ」[19]といったように、神話学が国民ナショナリズム形成の先端的な言説を担うことが見てとれるのである。[20]

もっともこうした「戦前・戦中」の松村武雄の言説は、後に『日本神話の研究』全四巻（昭和二十九〜三十三年）にまとめられる、日本神話学の学問的な成果からすれば、特殊な時代状況のなかでの「時局対応」にすぎない、とみなすこともできる。見るべきは、松村神話学の学問的な達成にあると。けれども大正十年代の松村神話学の始発点において、「日本の神話は現実的政治的で、皇室中心的」という神話解釈のうちに、神話学が「皇室」を中心とした国民国家の統合軸＝「国民ナショナリズム」としての近代学問の担い手であったことを見過ごしてはならないだろう。近代における神話学と神道学との相互補完的な関係といってもよい。

とりわけ昭和前期の「ファシズム期」に神話学が果した功

罪については、これまでほとんど不問に付されてきた。しかし近年、平藤喜久子が松村武雄のほか、松本信広、三品彰英、岡正雄ら比較神話学、民族学が「日本の植民地支配を銃後で支える役割」を果たしてきたことをするどく追及していることは、大いに注目されるべきだろう。(21)

そこであらためて平藤が、次のように述べていることに眼を向けたい。

神話は民族や国家の成り立ちを語る場合が多く、そのため神話学は、民族意識や民族主義と結びつきやすいという性格を持つことも忘れてはならない。〔……〕ファシズム期における日本の神話学は、植民地との政治的な関係を意識した研究が行われていた。この点ついて、戦後の日本の神話学がほとんど注目してこなかつたことは事実である。現在の研究を見ると、当時の研究を無批判に引用したり、神話から安易な日本人論を論じたり、日本人の起源、日本文化の系統を論じたりするものも多いようである。戦時期の日本神話の研究状況を把握し、神話学者がナショナリズムとどう関わっていったのかを知ることは、現代の神話学にとっても、重要な課題とあると考える。(22)

最後に提起されていることは、まったく異論のないほど正当な発言である。これまで問われることのなかった神話学の暗部に眼を向ける平藤の態度は称えられるべきだろう。

平藤の研究成果を評価したうえで、しかしあえてここで問題としたいのは、平藤の「神話」の認識である。「神話」は民族や国家の成り立ちの起源を語るがゆえに、神話を対象とする神話学が民族意識や民族主義と結びつきやすいのは、たしかである。しかし、その場合、「神話」なるものは、一種の国家イデオロギー、民族イデオロギーに一元化されて認識されることになるのではないか。そしてそれは「神話学」が、近代学問のひとつとして形成されてきたことと密接に繋がるところだろう。平藤の議論を認めつつ、しかしここでは、イデオロギー論とは異なる「神話」の概念はいかに可能か、を問題とすべきである。いま、まさに「神話」の概念の拡大、変革が問われているからだ。

そこで注目したいのは、折口信夫の「神話」概念である。

四、折口信夫の「神話」と「神話学」をめぐって

松村武雄を「益友」と呼び、その神話学者としての経歴に尊敬を感じると称えたのは、折口信夫である（「書評『民族学論考』――民俗学の新方法書」新全集32、二七八頁、以下、折

口信夫の引用は、本文中に注記する）。そして折口もまた、『記』『紀』をはじめとした「神話」と、その発生のあり方を研究してきた学者として認識されるところだろう。

しかし、折口自身が「私は「神話」と言ふ言葉を使ふことを避けている」と明言していたことに注目したい。折口によれば、「一つの教会・教派として、神学をもつてゐる宗教の上に出てゐるものを神話と言ふと定義を立てゝ居るので、日本の民族信仰の如く、殆《ほとんど》神学・教会を持たぬものに、此語を使ふのは、当らないと考へてゐる」（「日本文学の内容」新全集4、三〇六頁）というのである。

それにしても、このように神話と神学とを結びつける折口の定義は、近代の神話学とは真っ向から対立する。神話学が見出すのは、成立した宗教や体系化された神学以前の、古層の信仰や伝承であったからだ。したがって、折口の「神話」の定義は、神話研究の範囲を狭めてしまい、結局は「神話」の可能性を閉ざしてしまうという批判も想定できよう。

もちろん、折口の「民俗学」も、教義的な宗教成立以前の古層の民間信仰に分け入るものとしてあったのだから、その意味では、神話学が目的としたものと同じともいえる。しかし、神話学者の松村武雄が、昭和五年に『民俗学論考』を刊行したときの折口の書評は、神話学が「民俗学」の方法を取り入れて、「生活史を憶ひ、実感主義に傾いて来たこと」（「書評『民族学論考』――民俗学の新方法書」新全集32、二七八頁）を評価するものとしてあった。それは折口信夫が、明治期以来の「神話学」を輸入学問の枠を超えることができない「借り物」でしかないと批判することにも通じていよう。

このような「神話」や「神話学」にたいする折口の立ち位置は、戦後に至っても、ほぼ変わらなかったようだ。昭和二十四年（一九四九）に、柳田国男とのあいだで行なわれた有名な対談「日本人の神と霊魂の観念そのほか」において、司会者の石田英一郎から「一体神話といふものの概念をどのやうにお考へになつてをられますか」と問われて、折口は次のように応えている。

今日本では、神話学は下火になつてしまひました。これは、高木（市之助、引用者注・敏雄）さん、松村（武雄）さんの労力に対してすまない気のすることだが、対象がどうもぴつたりしなかつた様です。〔……〕これは神話学といふ名目に問題があるのです。何とかもつと領域を改めて、旧神話学を、日本的に独立するやうに協力したいと思ひます。（新全集・別巻3、五七一頁）

これは「日本の古伝承には、神話といふ語に当るものがない、といふより、神話といふものを構成する原因が欠けてゐると思ふのです」という発言に続くものだ。ここでも折口は、「神話」とは、成立した宗教や体系的な神学を前提とすることで成り立つ概念とみる立場に立っている。そこからの近代「神話学」の欠点が強調されるのだが、「旧神話学」を日本的に独立できるように協力したいと述べていくように、互いの交渉を考えているようだ。ちなみに、対談の相手である柳田国男も、神話学にたいする「民俗学」の立場として、ほぼ同意見である。(23)

しかし、さらに敗戦直後の折口の言説を見てみると、神学と結びつく神話という認識には、さらに重要な意味が読みとれる。戦後の折口が情熱を込めて論じた「神道の宗教化」論と繋がってくるからだ。そしてそこには「神話」なるものが、国家や民族のイデオロギーには解消されえない可能性とはなにか、という問いに答える、重要な方向性が示されていた。

五、「神学的神話」の可能性

昭和二十一年(一九四六)一月一日に発せられた、いわゆる天皇の「人間宣言」(「新日本建設ニ関スル詔書」)を受けて、折口が多大な苦悩の果てに、「天皇非即神論」を提唱することに至った、問題の多い論考のなかに、こう一節がある。

神話は神学の基礎である。雑然と統一のない神の物語が、系統づけられて、そこに神話があり、其を基礎として、神学が出来る。神学の為に、神話はあるのである。従つて神学のない所に、神話はない訣である。謂はゞ神学的神話が、学問上にいふ神話なのである。〔……〕日本には、たゞ神々の物語があるまでゞある。何故かと言へば、日本には神学がないからである。日本には、過去の素朴な宗教精神を組織立て系統づけた神学がなく、更に、神学を要求する日本的な宗教もない。其で自ら、神話もない訣なのである。

(「宮廷生活の幻想——天子即神論是非」昭和二十二年、新全集20、二五六—二五七頁)

戦後折口信夫の「天皇非即神」論は、彼の思想的な転向として批判されることも多い。(24)だが、折口の「ミコトモチ」論から見れば、天皇の非即神と即神とは同義でもあったのだが、(25)この点については、ここではこれ以上触れず、折口の「神学的神話」の認識に注目したい。

ここで述べられた「神話」の認識は、戦前以来の折口の言説と内容的には変わらない。しかし、執拗に神話と神学との結び着きにこだわること、そして「日本には、過去の素朴な宗教精神を組織立て系統づけた神学がなく、更に、神学を要求する日本的な宗教もない」という一文には、宗教性を否定・封印したために、「神学」の形成ができなかった、近代の神道の欠陥を歎いているようにも受けとれよう。

たとえば小川豊生は、折口の「神学的神話」の議論にふれて、次のように語っている。

このような、「神話」と「神学」との関係に説き及んだ例を、筆者は寡聞にして知らない。そもそも、キリスト教神学のようなものをもたない日本においては当然であって、右の折口の発言はおそらく稀な例外といってよいだろう。しかもそれが「神学」の欠如をこれほど切実に憂えるものであることには、二重の驚きを誘うものがある。(26)

ここから小川は、折口の「神学的神話」を中世へと遡及させ、「中世の日本には、古代的な神話を変奏し、それらを知的に再編することによって新しい世界像を生み出そうとする動きが満ちていた」(27)ことを論証していく。中世神話・中世日本紀から「中世神学」の議論が導かれてくるのである。(28)そこには神話といえば「古代神話」に一義化されていた研究を超えて、「神話」概念を拡大していく可能性が提起されているのである。(29)

さらに小川の指摘から注目すべきは、日本における「神学」の欠如を切実に憂えている折口信夫の姿を見出すところである。それこそまさに、近代における「神道」の欠陥を歎く折口信夫の立場とも通じよう。

戦後の折口はなぜ「神学」の欠如を憂えるのか。そこには、敗戦直後の折口が情熱をこめて唱えた「神道宗教化論」と密接なつながりがあった。折口が目の当たりにしてきた、日本近代の神道とは、明治後期から大正期の「神社非宗教論」「国民精神論」、昭和の戦前、戦中期の「祭政一致論」「国体論」に代表されるように、宗教性を喪失、封印され、国家や政治との結び着きが強調されていくものであった。折口は、大正期以来、一貫して、近代神道(神道学)の非宗教性を批判してきたのである。(30)

戦後の混乱期のなかで折口が唱えた「神道宗教化論」とは、あらたな「神学的神話」を希求することと同義であったのではないか。いや、もっといえば、折口自身が近代神道を超えるものとしての「神学的神話」を創造しようとしたのではないか。

六、「新しい神話」を求めて

昭和二十年(一九四五)八月十五日の「終戦」の翌年から、二十二年(一九四七)にかけて、折口信夫は、「神道宗教化」をめぐる講演録、論考を立て続けに発表している。「神道の新しい方向」「神道宗教化の意義」「神道の友人よ」「民族教より人類教へ」（すべて新全集20、収録）である。戦後折口の「神道の宗教化」をめぐって多くの議論がある論考群だが、ここでは「神学的神話」という視点から、次の一文に注目したい。(31)

一体、日本の神々の性質から申しますと、多神教的なものだといふ風に考へられて来てをりますが、事実においては日本の神を考へます時には、みな一神的な考へ方になるのです。　（「神道の新しい方向」新全集20、三〇八頁）

一般に日本の伝統的な信仰は八百万の神々というように、多神教的、汎神論的に認識されてきた。それは折口によって、神学的な体系をもたない「過去の素朴な宗教精神」と名指されたものだ。しかし、戦後の折口は、「日本の神々」のなかから「一神的な考へ方」を求めていくのである。

今にいたるまで、日本人は、信仰的に関係の深い神を、すぐさま祖先といふ風に考へ勝ちであります。その考へのために、祖先ではない神を祖先とした例が、過去には沢山あるのです。高皇産霊神・神皇産霊神も、人間としての日本人の祖先であらう訣はないのです。つまり、人間の魂を――肉体を成長させ、発育さした生命の本になるものを植ゑつけた、と考へられた神なのであります。

（同前、三一二〜三一三頁）

多神教的なあり方を否定した折口は、さらに祖先崇拝をも批判していく。そこで見出されるのが「高皇産霊神・神皇産霊神」（以下、タカミムスヒ、カムムスヒと表記）である。これまでは、この神を「日本人の先祖」として人間の系譜に結び付けてきた。しかしタカミムスヒ、カムムスヒとは、人間の魂や肉体を成長させる神としてあった。「産霊神」である。すなわち「この神の力によつて生命が活動し、万物が出来て来る」（「神道宗教化の意義」新全集20、三〇二頁）のである。したがってタカミムスヒ、カムムスヒは、人間の系譜から超越するのみならず、「天地の外に分離して、超越して表れてゐる」（同前、三〇二頁）というわけだ。

なぜ折口は神道のなかに、超越神、創造神を求めていくのか。天皇の「人間宣言」によって、神道が天皇や国家から独立し、「民族教」から「人類教」へて発展していく可能性を手に入れたからだ。次のようにいう。

神道と宮廷とが特に結ばれて考へられて来た為に、神道は国民道徳の源泉だと考へられ、余りにも道徳的に理会されて来た〔……〕併しながら天皇は先に御自ら「神」を否定し給うた。それにより我々は、これまでの神道と宮廷との特殊な関係を去つてしまつた、と解してよい。

（「民族教より人類教へ」新全集20、二八四頁）

そこで折口は、敗戦後のいまを「神道にとつては只今非常に幸福な時代に来てゐる」（同前、二八二頁）とまで宣言したのである。こうした折口の一連の発言は、GHQの「神道指令」に対抗して、戦前までの国家神道、神社神道を担った神道家、神社人たちが中心となって設立された「神社本庁」の公的な場であった。そのために彼らからは、占領権力＝GHQの「神道指令」と迎合する「利敵者」「曲学阿世の徒」として非難され、排斥されることになるのである。[32]

けれども、折口が展開した「産霊神」をめぐる言説は、近世国学の本居宣長、平田篤胤、鈴木重胤の産霊、鎮魂の神学へと遡及し、[33]さらには中世における「世界を建立する神」（『神皇正統記』）、「夫れ神とは、天地に先て而も天地を定め、陰陽に超て而も陰陽成す」（吉田兼倶『神道大意』）という中世神学へと開かれていくのである。[34]そこには近代の国家や民族イデオロギーとは異質な「新しい神話」の胎動が読みとれるのではないか。それら超越神の希求・創造が南北朝、応仁・文明の乱、幕末維新期、そして昭和の敗戦という時代の混乱期、転換期のただなかにあったことは見過ごせないところだ。

また「日本」の外へと目を転じると、たとえばイタリアの宗教学者のペッタツォーニの「原始一神教」の議論との共振、[35]あるいはエリアーデの弟子のヨハン・P・クリアーノ『霊魂離脱《エクスタシス》とグノーシス』の世界とも呼応する広がりをもっていた……。[36]

近代の神話学から折口信夫の「神学的神話」へ。「神話」概念を変革するためのイデーが、ここに充溢しているである。

注

（1）Fr・シュレーゲル『ロマン派文学論』（「神話についての議論」（山本定祐・編訳）冨山房百科文庫、一九七八年）一七八頁。

（2）松本信広編『論集　日本文化の起源3民族学I』「解説・一日本神話学の足どり」（平凡社、一九七一年）五頁。

（3）近代神話学の形成については、平藤喜久子『神話学と日本の神々』第一章「日本神話の比較神話学的研究の歴史」（弘文堂、二〇〇四年）を参照。

（4）松本、前掲注2書、解説。宮地正人『天皇制の政治史的研究』第二部第二章「近代天皇制イデオロギーと歴史学」（校倉書房、一九八一年）参照。

（5）宮地、前掲注4書、一五三―一五四頁。

（6）小股憲明『近代日本の国民像と天皇像』（第三部第一二章「教育勅語の法的性格とその効力について」大坂公立大学共同出版会、二〇〇五年）参照。

（7）松尾尊兊『大正デモクラシー』第一部「大正デモクラシーの初期段階」（岩波書店、同時代ライブラリー、一九九四年（原著一九七四年））参照。

（8）以上の記述は、中島三千男「「明治憲法体制」の確立と国家のイデオロギー政策」（『日本史研究』一七六号、一九七七年）、赤澤史朗『近代日本の思想動員と宗教統制』「大正デモクラシーと神社」（校倉書房、一九八五年）。阪本是丸『国家神道形成過程の研究』第八章「神社非宗教論と国家神道の形成」（岩波書店、一九九四年）、同『近世・近代神道論考』第四編第二章「内務省の「神社非宗教論」に関する一考察」（弘文堂、二〇〇七年）。藤田大誠「神社対宗教問題に関する一考察」（國學院大學研究開発推進センター『研究紀要』第七号、二〇一三年三月）を参照。

（9）前川理子『近代日本の宗教論と国家』第2章「井上哲次郎における宗教と国民道徳」（東京大学出版会、二〇一五年）。

（10）磯前順一『近代日本の宗教言説とその系譜』第三部第一章「近代神道学の成立」（岩波書店、二〇〇三年）一九五頁。

（11）阪本、前掲注8書『国家神道形成過程の研究』第九章「国家神道体制の成立と展開」三二二頁。

（12）磯前、前掲注10書、一九三頁

（13）磯前、前掲注10書。また桂島宣弘『自他認識の思想史』第四章「国学への眼差しと伝統の「創造」」（有志舎、二〇〇八年）を参照。

（14）桂島、前掲注13書、一一四頁

（15）松村武雄の学問形成については、大林太良「松村神話学の展開――ことにその日本神話研究について」（『文学』一九七一年十一月号）参照。

（16）引用は、松本編、前掲注2書による。

（17）阪本是丸「昭和前期の「神道と社会」に関する素描――神道的イデオロギー用語を軸にして」（國學院大學研究開発推進センター編『昭和前期の神道と社会』弘文堂、二〇一六年）一五頁。

（18）神道攷究会編『神道講座（4）歴史編』（新装版、原書房、一九八一年）四四頁。

（19）『日本精神講座　第八巻』（新潮社、一九三六年）八〇頁～八二頁。

（20）平藤喜久子「神話学の「発生」をめぐって」（井田太郎・藤巻和宏編『近代学問の起源と編成』勉誠出版、二〇一四年）で、「（高山）樗牛にとって一八九九年の神話研究は、そもそも日本主義の主張に基づいた「殖民的日本人」というナショナリスティックな日本人論と深く関わっていた」ことを明らかにしている。

（21）平藤喜久子「植民地帝国日本の神話学」（竹沢尚一郎編『宗教とファシズム』水声社、二〇一〇年）。

（22）平藤、前掲注21論文、三四一頁。

（23）同じ座談のなかで柳田国男は、「折口君も神話といふ言葉を使はない。私も昔話の説明以外にはあんまり使はない。少なくとも世間の人の言ふやうに、記紀に書いてゐる言葉を神話とはみてゐない」（新全集・別巻3、五七一頁）と述べている。

（24）茂木貞純「折口信夫の戦後神道論」（『國學院雑誌』一九八六年十一月号）。

（25）安藤礼二『神々の闘争　折口信夫論』第四章「戴冠する預言者――ミコトモチ論」（講談社、二〇〇四年）一七二頁。

（26）小川豊生『中世日本の神話・文字・身体』第Ⅱ部第一章「日本中世神学の誕生」（森話社、二〇一四年）一五七頁。

（27）小川、前掲注26書、一五八頁。

（28）中世神話から「中世神学」論への展開については、小川の前掲注26書とともに山本ひろ子「霊的曼荼羅の現象学」（坂口ふみ編『宗教への問い3・「私」の考古学』岩波書店、二〇〇〇年）を参照。近年の「中世神学」の研究としては、村田真一『宇佐八幡神話言説の研究』（法蔵館、二〇一五年）がある。

(29)「中世日本紀」論の可能性については、斎藤英喜「中世日本紀」と神話研究の現在」(『国文学　解釈と鑑賞』二〇一一年五月号)で述べた。

(30) 斎藤英喜『異貌の古事記』(青土社、二〇一四年)、同「折口信夫、異貌の神道へ――「現行諸神道の史的価値」を起点に」(前田雅之・青山英正・上原麻有子編『幕末・明治――移行期の思想と文化』勉誠出版、二〇一六年)、同「神道・大嘗祭・折口信夫――〈神道〉はいかに可能か」(『現代思想』臨時増刊号「総特集・神道を考える」二〇一六年十二月)、同「〈神道史〉のなかの折口信夫」(佛教大学『歴史学部論集』第七号、二〇一七年)で論じた。

(31) 以下の議論は、斎藤英喜「折口信夫、戦後「神道宗教化」論を読み直す」(『京都民俗』京都民俗学会、三十五号、二〇一八年)で詳述した。

(32) 神社新報社編『神道指令と戦後神道』第一章「神道指令とその影響」(神社新報社、一九七一年)八四頁。葦津珍彦『選集』第一巻第二部第一章「神道論」(神社新報社、一九九六年)三二一―三二三頁。

(33) 安藤礼二『折口信夫』(講談社、二〇一四年)、津城寛文『折口信夫の鎮魂論』第一章「折口信夫の鎮魂説」(春秋社、一九九〇年)を参照。

(34) 小川、前掲注26書。また中世から近世への「神話」変貌については、斎藤英喜「日本紀講から中世日本紀へ」(伊藤聡編『中世神話と神祇・神道世界』竹林舎、二〇一一年)、同「近世神話としての『古事記伝』」(佛教大学『文学部論集』第94号、二〇一〇年)、同「宣長・アマテラス・天文学」(佛教大学『歴史学部論集』創刊号、二〇一一年)同「異貌の『古事記』」(『現代思想・総特集　古事記』二〇一一年五月臨時増刊号)、同『古事記はいかに読まれてきたか』(吉川弘文館、二〇一二年)、同「中世日本紀から『古事記伝』へ」(山下久夫・斎藤英喜編『越境する古事記伝』森話社、二〇一二年)などで論じた。

(35) 安藤、前掲注33書『折口信夫』三六三頁。三六八頁上段で、折口の「至上神・既存者」というタームが、イタリアの宗教学者、ラファエーレ・ペッタッツォーニやヴィルヘルム・シュミットが議論した「原始一神教」「最高存在」との繋がり、さらに宇野円空、岡正雄、あるいは鈴木大拙、大川周明、井筒俊彦という「近代日本思想史一〇〇年の流れ」のなかから考察すべきことを提起している。これに連関して、江川純一「折口信夫における宗教学的思考」(『現代思想』五月臨時増刊号「総特集・折口信夫」二〇一四年)がある。またペッタッツォーニについては、江川純一『イタリア宗教史学の誕生』(勁草書房、二〇一五年)参照。

(36) 小川、前掲注26書、四一四頁。

『永遠に女性的なるもの』の相のもとに――弁才天考

坂本貴志

さかもと・たかし――立教大学文学部教授。専門はドイツ文学。主な著書・論文に『秘教的伝統とドイツ近代――ヘルメス、オルフェウス、ピュタゴラスの文化史的変奏』（ぷねうま舎、二〇一四年）、『虚構の形而上学』（共著、春風社、二〇一五年）、「普遍的自然史の構築――キルヒャーとヘルダーの「古代神学」」（『思想』五号、岩波書店、二〇一六年）などがある。

弁才天信仰は日本の各地で幅広く、そして非常に数多く観察される。とりわけ水にかかわる場所、湧水のある場所、河、島と、水の多い日本では地勢上、弁才天を祀る場所は豊富にある。その弁才天そのものについて文献学的観点で情報を豊かにすることは、もとよりそれを専門としないものにとっては手に余ることではあるが、ヨーロッパおよび地中海圏で観察される豊饒の女神との比較をとおして、やはり豊饒性と深くかかわる弁才天を理解するためのひとつの視座を提起しようとするのが本稿のねらいである。

一、江ノ島

ヨーロッパと地中海圏の豊饒の女神との比較の中で弁才天を考えていくうえで、江ノ島はとりわけ興味深い場所である。奉安殿に祀られる二柱の神像のうち、二臂の妙音弁才天は、二臂の型どおり琵琶を抱いているけれどもビーナスのごとく裸体である。一方の八臂弁才天は、やはりこの形の定型として武具と宝珠を八つの手にもち、また蛇体の宇賀神を頭にいただいており、これは宇賀神が弁才天と習合した典型的な像である。奥津宮付近にある力石には盃状穴が認められる（**図1**）。また島の南側には複数の洞窟があり、この洞窟の存在はこの島に決定的な形で宗教的意義を付与しているが、その洞窟の最深部の神域にある石にも盃状穴は観察される。江島神社の社紋は「向かい波の中の三つの鱗」であるが、中心の図像である、「三つの鱗」が組み合わさってつくる三角の紋

（図2）は、弁才天に帰依した北条家の家紋でもある。『太平記』の記述に拠れば、北条時政は江ノ島に参籠して子孫繁栄を祈ったところ、美しい女人が現れて神託を与えるが、この女人は神託の後大蛇となって海中に入って、その際三枚の大きな鱗を残したということから、それが家紋の由来となった。(1)

ところで盃状穴とは、世界各地で観察される豊饒祈願の呪術であり、石に穴を穿ちながら豊作、子宝、死者の復活を願うためのものである。(2) 図1に見るようにすり鉢状となっている穴は、永年に渡る様々な祈願の跡である。江ノ島に観察される盃状穴の存在は、習俗としての豊饒信仰が、たとえ今日は廃れたものであったとしても、それが過去に行われた明白な証拠であり、このように石に穴を穿つ行為は、弁才天が本来もっている豊饒性を約束する性格にちょうど重なる。盃状穴が弁才天信仰にあやかったものであるのか、それとも盃状穴は弁才天信仰に先行する豊饒祈願の名残であり、それは江ノ島がより根源的なレベルでもつであろう特異な霊場としての意味とこそつながりをもつことを示すものであろうか。福島金治氏の論考に拠れば、江ノ島はもともと在来の信仰の場であり、これが天台僧たちの影響によって国家祈禱の場へと転換されゆき、北条氏の信仰へとつながっていったと、江ノ島の宗教的

図1　江ノ島の力石。表面に盃状穴が観察される。

図2　三鱗形の紋。江ノ島岩屋奥。

歴史が概観される。(3) そうであれば、弁才天信仰という形で中世以降に明瞭に形式化される豊饒神信仰は江ノ島という場所にはより根源的なレベルに定位され、それが盃状穴や弁才天信仰へとさまざまな信仰の形態をとって現象したとまずは考えられる。

二、洞窟

現代の生活の中で洞窟はその存在と意義がほとんど忘れられているけれども、人間にとってそこはもともとは住居であったり、死者を葬ったり、儀式を行う場であり、古代の記憶と神秘とに結びついた場所である。日本を外から眺める立場から、洞窟と神性との結びつきを考えるならば、地中海圏の神話世界で幼児期のゼウスがクレタ島の、イーデーあるいはディクテーの山域にある洞窟で、ニンフないしは山羊に養われたという伝説が思い浮かべられる。(4) またクレタ島の洞窟で葡萄の神ディオニューソスはアリアドネーを妻に娶った、との報告もある。(5) そのクレタでの神話的伝承の中で登場する女性的形象は、大地の豊饒性と生命力の女性的神格化である地母神の系譜にあるものと、歴史法学者バッハオーフェンは見ている。(6) というのも、ゼウスやディオニューソスという、男性の神はその力の根源を、クレタという地中海文化圏の古層に位置づけられる場所で、女性の神の庇護や結びつきのなかにもつのであり、そうした男性の神に力を付与するより根源的な神性として、女性の神の存在がそこには想定されているからである。弁才天という女性的豊饒性が、洞窟のある江ノ島と結びついたように、洞窟そのものは地中海文化圏の古層においてすでに神性、とりわけ女神と結びつくのである。

三、「母たち」と三

豊饒の女神あるいは地母神としてバッハオーフェンが見立てたのはじつは「母たち」という奇妙な名前で呼ばれる女神たちであり、この伝承はクレタから移住した住民が、シチリアの山域にかつて存在した町エンギュイオンにおいて営んだ神事と係わっている。つまり、クレタにおける女神信仰がシチリアに伝承されて、そこでは女神たちが「母たち」と呼ばれていたというのである。(7) バッハオーフェンはこの「母たち」の数が三であると、マンハイムやマインツの博物館に所蔵される石碑を例に考えているが、それは、祖母から母、そして娘へという、女性のもつ生みなす原理の連続性をこの三という数字に見ようとするためであると考えられる。この連続性は、息子を媒介しては見えなくなる、直接的な血族の系譜を基本とする社会の存在、つまりは母権制社会が、人類史的なレベルでは父権制社会に先行したとの彼の理論を支えるための梃子となっている。それが二十世紀初頭において、ミュンヒェン宇宙論派を代表とするように、ヨーロッパ社会における家父長的なものの考え方を根本から批判するための論拠となるのではあるが、ここでは母権制の議論を離れて、三という数字に着目しておきたい。北条氏の家紋に姿を留める三角形の三は、地中海圏における女性的豊饒神とまた関連をもつと考えられるからである。

今日のキプロスの南西側海岸にはアプロディーテーが誕生したとされる美しい海岸がある。もちろんそこにも洞窟はあるのだが、そこからほど遠からぬ場所にある、海を見

図3　アプロディーテー神殿のご神体。パレパフォス考古学博物館（キプロス）。

下ろすパレパフォスの丘の上にはかつてアプロディーテーの神殿があった。ここは江戸期の厳島がそうであったようにまさしく岡場所であり、神殿娼婦の他にも、未婚の女性が異人に対して女神のつとめを果たす風習があったとされる。[8] アプロディーテーの誕生に関わる神話的伝承としては、紀元前一世紀後半のローマの著述家ヒュギヌスが、天から巨大な卵がユーフラテス川に落下し、魚が岸に運んでから鳩がこれをあたためるとアプロディーテーが誕生し、これが後にシリアの女神アシュタルテーとも呼ばれた、と伝えている。[9] アプロディーテーはどうやら遠くオリエントから渡ってきたのであるが、しかしかの地の神殿のご神体は、三角形を面とする四面体なのである。（**図3**）

父―子―精霊の三位一体、一者―叡智―世界霊の新プラトン主義的発出の原理、隠れたる神性としてのエンソフ――その発出態としての「有る」――イェホヴァをひとつの完成と見るユダヤ神秘主義（**図4**）というように、地中海圏に生まれた世界創出を説明する思弁的な原理は、いずれも三をもって神聖なる創造を説明している。またプラトン学派クセノクラテスによれば神的な存在は正三角形である、とのプルタルコスの報告もある。[10] このような拡がりの中で見るならば、地中海文化圏における三ないしは三角形がもつ、発出に係わる

神性の性格は疑いようがない。

　そこでまた江ノ島を振り返ってみるならば、北条氏の家紋が三角形を組み合わせつつ、全体としてもまた三角形であるのも、それは弁才天がもつ豊饒性を象徴していることになる。北条氏の紋章は関東における弁才天の社で広く使われる紋の中心のデザインとしても流通しているが、それが弁才天に帰依した北条氏にちなむものなのか、あるいは弁才天そのものが、その豊饒性をシンボルの普遍的な相において三として表すものであるのかは、簡単には断言できない。がしかし、弁才天に帰依した北条氏が家紋を三角形でもってあらわしたその判断そのものは、豊饒性と三角形とがやはり密接な関係をもつものであることの、ひとつの証左となると考えられる。

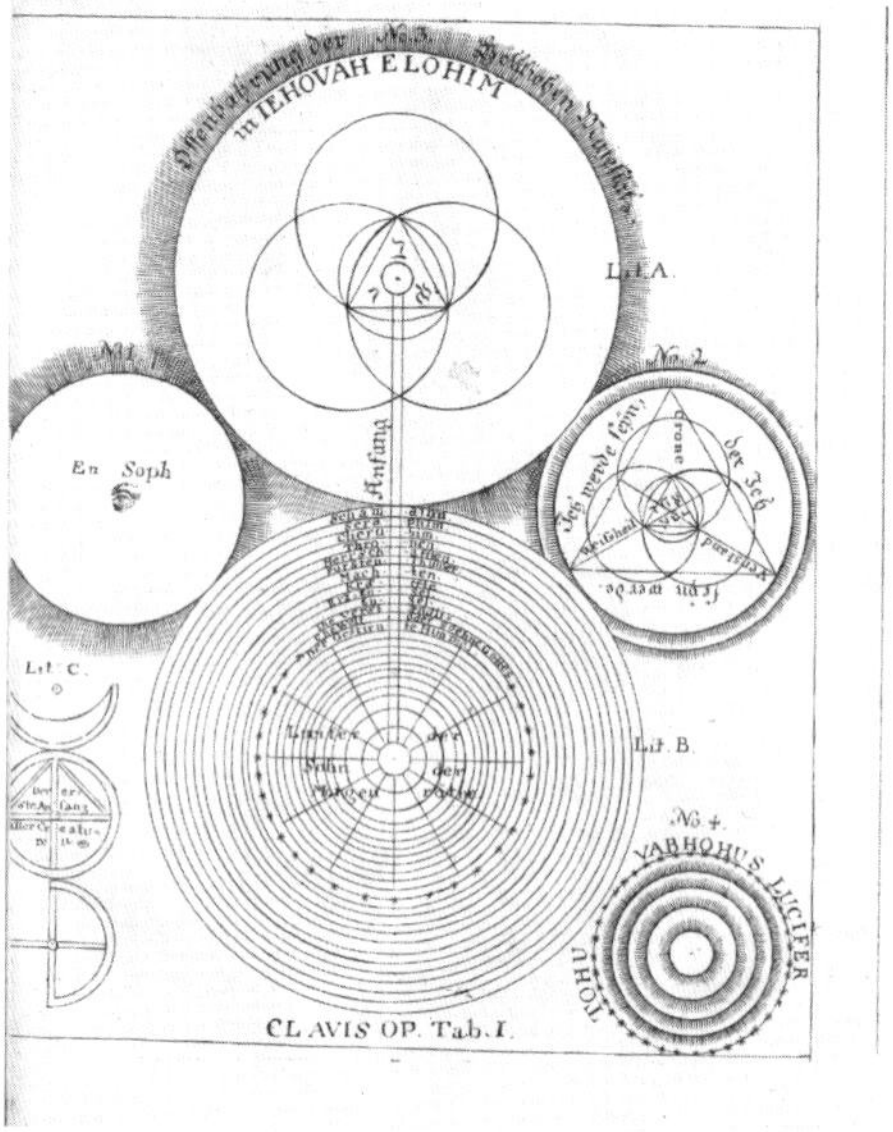

図4　ユダヤ神秘主義における三。ゲオルク・フォン・ヴェリング『魔術・カバラならびに神智学の書』(1735) より。

四、ゲーテ『ファウスト』

　三が神性と係わるというのは、地中海圏で鼎状の形態をした「三脚」が神託を下すために用いられたという点ではより一般性をもっており、三脚はアポロの持ち物として、ここから神託が下された。[11] ゲーテは、この三脚がもつ三ないしは、三角形の意味を豊饒の女神と結びつけて考えた。というのも、『ファウスト』第二部（一八三二年）にてファウストは、傾城の美女ヘレネの像を求めて、時間も場所もない「母たち」のもとに降りゆくが、この「母たち」のそばには、「灼熱している三脚」があり、メフィストに渡された鍵でその三脚に触れるならば（この行為は性的な意味を象徴している）、ファウストは三脚を従えて現世に帰ってきて、そこからあらゆる被造物の形象を呼び出すことができるようになる。「母たち」と「三脚」、これがゲーテによって組み合わされて生まれた詩的なイメージであるのだが、この「母たち」はむろん、シチリア・エンギュイオンにて奉じられたかの女神たちを下敷きとしている。[12] そして一方で、「三脚」の係わる「三角形」のエピソードを、ゲーテはプルタルコスの『倫理集』所収の『託宣の没落について』から得ている。『託宣の没落について』は、なぜに託宣が廃れゆくのか、その理由を対話式に論ずる書であり、その理由として挙げられるのが、一、ギリシアの人口の減少、二、託宣を伝えるダイモーンの死滅あるいは他の宇宙への移動、三、神とダイモーンに由来し、自然的要素であり、また人間の魂もかかわるプネウマの、天変地異などなんらかの自然的理由による変質、である。[13] このうち二番目に挙げられる他の宇宙へのダイモーンの移動を論ずる下りにて、宇宙はいくつ存在するのか、という複数世界論についての議論がなされる。そこで、シチリア出身のピュタゴラス派の哲学者、ヒメラのペトロン（紀元前四〜五世紀）の複数世界論が紹介されるが、それは、一八三の世界（ここでのひとつひとつの世界とは、人間の存在するそれぞれの別々の宇宙世界と解される）が三角形をなしてその辺上を運行しゆく。この三角形の内側がイデアの世界である、というのである。『ファウスト』におけるゲーテの詩的イメージがもつ独創性は、三角形を地中海豊饒神と結びつけた点にあるが、それはまた、三角形が創造と係わるという普遍性を背景にもっているのである。

五、エーゲ海の祭り

『ファウスト』では「母たち」の他にも地中海豊饒神が登場する。第二部第二幕「エーゲ海の岩の入り江」と題された場面では、洞窟も散りばめられる岩礁の、いかにも江ノ島を連想させるような場所で、地中海圏の神々や妖怪たちの年に一度の月夜の祭りが、「古典的ヴァルプルギスの夜」の一場面として催される。セイレーンの合唱のなか、五十人の娘たちの父なるネーレウスのもとには、海で救った船乗りの若者たちを恋人として連れて、娘たちが訪れる。この娘たちのうち最も美しいのがガラテアであり、このガラテアはキプロス島のビーナスの後継者として今は君臨すると劇の中では説明され、女神は海豚たちの引く貝の御輿にのって姿を現す。このガラテアに恋をするのが、溶液の中で結晶化された人造人間のホムンクルスであり、彼は情熱のあまり、貝の御輿の玉座においてみずからの封印されるフラスコを毀ち、ガラテアにみずからを注いで死ぬ、とはつまり、これが新たなる生の始まりとなる。その死の瞬間、ガラテアを中心にしてこの祭りに集うものたちの体は光をはなち、その航跡が波間に描かれ、波はまた光りつつ砕ける。月夜に営まれる生命の神秘を讃えて、セイレーンたちは次のように歌う。

あらゆるものを開始したエロスはかくのごとく支配するがよい、
海よ、波よ、聖なる焔に囲まれて

幸あれ。

水よ、焔よ、そしてたぐい稀なる冒険よ、

幸あれ。

（全員で）やさしくなびく風よ、

神秘の洞窟たちよ、幸あれ、

ここにあるすべてのもの、四大よ

高く讃えられてあれ。(14)

四大はギリシア世界よりヨーロッパに伝わった、万物の構成原理であり、すべては水、焔、風、土の四つの要素からなるとする説である。ゲーテの描くこのエーゲ海の祭りにおいては、水の要素を代表する女神が、人造人間ホムンクルスを死なせつつかつ受け入れ、彼を新たに生命として誕生させるであろう、そうした神秘が描かれている。ゲーテは、あらゆる岩石の生成因は水であるとする水成説の立場にたち、その水が生を生みなしてゆく神秘をここでガラテアに託し、またこの祭りをとおして表現している。

ガラテアがビーナスの跡を継いでおり、ビーナスそのものがここに登場しないのは、十八世紀ゲーテの時代には、ガラテアとアキスの恋の物語がゲーテも愛好するオウィディウスによって伝わって、文学、絵画、オペラと様々な形で取りあげられたことと関係し、またアキスが死んで川に姿を変じるという変身《メタモルフォーゼ》の構図が、ホムンクルスの死と再生の姿と重ねられるからと考えられる。ここで描かれる死と再生への希望は、この物語における主人公ファウストその人の運命の伏線となるが、それが地中海圏の女神の形象を借りて、とりわけ、クレタの地母神文化である洞窟のイメージをも織り込みつつ表現されるのである。

六、豊饒の女神とドイツ・ロマン主義

水の女神ガラテアの姿には、インドを出自としてもとは河の女神サラスバティーである弁才天の姿が容易に重ねられよう。そうした生を与える豊饒神としての共通する性格を両者に認めることができるが、ゲーテの側ではどうしてそれほどまでに、豊饒の女神に拘る必要があったのであろうか。

そこでゲーテの文学世界にもう少し目を向けてみるならば、ゲーテの文学の中で繰り返し取りあげられるテーマが、すでに最初の作品である『若きウェルテルの悩み』（一七七四年）がそうであるように、エロスそのものがもつ抗しがたい力との人間の格闘として浮かび上がる。ゲーテの文学は繰り返し、市民社会の中における――それは十九世紀が進むにかけて大きな変貌を遂げるのであるが――人間の性愛の問題を扱っており、社会契約としての婚姻がもつ意義とあり様をつねに問

い、限られた人生の中で永遠のエロスに対峙する人間のもつ生命力の苦悩を、形を変えて幾度も主題としている。その最後の決算が『ファウスト』となるのであるが、ここには市民的な契約に相応する愛情やこれと関わる責任などが問題とされることはない。あるのは、カントの美の定義（「美は、所有《インテレッセ》とはかかわりなく快いものでなければならない」）[15]とは反対に、男性からみた女性の美の飽くことなき所有の追求であり、この追求は物語の中でファウストが盲目となり、干拓という、大地そのものの征服と所有をめざし、大地から水を遠ざける事業の完成まで終わりを見ることがない。そうしたエロティシズムとの闘いは、またロマン主義期の文学者たちにとっての主要なテーマでもあり、そこでは復活するビーナス、つまり愛欲の女神の虜となる恐怖が繰り返し語られ（アイヒェンドルフ『大理石像』、ハイネ『ビーナスの山』、ブレンターノ『タンホイザー』）、市民生活の中での愛の世界よりは地母神との神秘的合一がやむを得ない衝動の的となり（ホフマン『ファールンの鉱山』）、エロティシズムの姿そのものである水の精たちは人間を惑わせ、また誤らせるのである（フケー『ウンディーネ』）。

　ゲーテが『ファウスト』の中で豊饒の女神をあらわし、それが作品の中で登場する様々な主体の再生の希望に関わるとき、そこでは啓示宗教の枠内であれば求められるような、倫理的なもの、自己を律することを必要とする厳しい道徳への感情は問題となってはいない。事実、ファウストは道徳に照らし合わせるならばこれに反する行為を作品世界の中では重ねて行っている。グレートヒェンは逢瀬のために渡された薬で母を毒殺し、またファウストとの間に生まれた嬰児を殺めるが、これを惹き起こしたファウストの側の苦しみは、作品の第二部冒頭において忘却され、罪の意識は不問に付されれる。また最後の土地干拓事業においても事業の完成には邪魔となる無辜の人々が無残に殺戮されるが、これに暗黙の形で同意を与えるのがファウストである。美なるものをひたすらに追い求めたファウストはもがきつつも無垢の人間であるから、作品の中で救済され再生するのではない。同様にゲーテそのひとも若かりしときに書いた詩『神的なるもの』（一七八三年）の中で、人間世界における応罰を求める道徳意識は、神性のあずかり知るところではない、との見解をあらわしている。とするならば、『ファウスト』において表現される豊饒の女神への帰依からは、この女神への信仰が倫理的な感情とはもともと関係のないものであるするゲーテの立場が読み取れるのである。

　そのようにみるならば、豊饒神信仰とはそもそも、道徳と関係がない、あるいは道徳的な善悪を越えたレベルで人間に関わる、とはつまり、人間が道徳的な負い目なく自らに加護を期待することのできる神性への帰依であることになる。弁才天信仰が普遍的であり、また庶民にとりわけ人気を博する点は、このような道徳感情の彼岸に弁才天が存在することと本質的な関係があるためであろう。

しかしそのような神性こそは、キリスト教よりもより本質的かつ普遍的な性質をもつものであるとゲーテは捉えていた。なぜならばゲーテが、古代世界のピュタゴラス派の思想にまで遡ることで問題にしたのは、複数世界における宗教の問題であったのであり、この問題は、ルネサンスの時代以降の知識人の間で、他の天体の住民が地球上の啓示宗教といかなる関係をもつのか、という異端の問いとして常に躓きの石となっていたからだった。つまり、地球上で啓示を与えた旧約の神は、宇宙に無数にあるはずの他の天体の住民にも同様の振る舞いをするのか。そしてキリストの贖罪は他の天体でも繰り返されるのか、それとも、それらは寓話に過ぎないのか。これに対するひとつの答えとして考えられるのは、啓示宗教であらわれる、根源的な一神ではなく、あまねくそれぞれの宇宙世界に出現可能な女神たちというものであるだろう。男性的な唯一神ではなく、女性的な、生みなす豊饒の神こそは、生と死を限りなく与える存在として、あらゆる天体上で普遍性をもって多様に姿を現すだろうというのが、複数世界における宗教の問題にたいするひとつの答えとして成り立つ。あるいは豊饒の女神は異なる天体の住民の間でも相互に翻訳が可能なすくなくとも一つの神性であると考えられる。生きて死ぬという生命の活動がある限り、これの原因となる神性を知性は想定せざるを得ないが、そうした自然神学的な立場をゲーテは、地中海豊饒神をさまざまに『ファウスト』の中に登場させて代表していると考えられる。

七、「永遠に女性的なるもの」の宇宙

弁才天は、密教の胎蔵界曼荼羅に二臂の妙音弁才天として姿を現すけれども、密教の世界観そのものもまた、三千大千世界の複数世界を前提としている。[16] 須見山を中心に四州があり、その上方に日月があるひとつの世界は、西洋の近代的な世界像にある地球の姿とは異なるけれども、その世界が複数有るという点では、「世界の複数性」という、ヨーロッパ近代において興隆を見た宇宙のイメージを、姿は違いこそすれ、明確に描いている。それでいて空海が説明するように、大日如来が万物の唯一かつ原初的原因であり、[17] また真理が仏として無限に宇宙世界の隅々にまで流出するという考えは、新プ

ラトン主義における全一者の様相の説明とも基本的に重なる。(18) 万物の原因である一者が同時に世界の万物そのものへと流出するという思想は、男性的な一神と複数的かつ遍在的な女神を統一して考えるイシス信仰の教義の核心でもあり、この考えはドイツ近代において、ゲーテが「植物の変身」というイメージによって世界の様態を説明する際に用いる論法ともなる。そのようにして豊饒の女神信仰は、唯一の原因が万物を生み出しゆく理論として古代においてすでに完成され、近代に到るまでヨーロッパにおいては受容されていたが、この哲学的な世界説明の原理とよく似た考えが空海の密教にも読み取れ、またその世界像の中に、豊饒の女神である弁才天も居場所を持つことになる。すなわち地中海圏において新プラトン主義を媒介としてイシス信仰の形に結実するような、豊饒の女神信仰が濃厚にかかわる世界了解の原理が、密教の側にも基本的には確認され、それは胎蔵曼荼羅という、生む原理をあらわす図像にみることができる。その際弁才天のもった生む原理を抽象化したものが、大日如来であるとも解されよう。あるいはそうした生む原理の具体的で、より大衆化した姿が弁才天という、豊饒の女神のひとつの完成形であるとみることができる。

　複数の世界の間でも異なる文化の間でもともに翻訳可能である豊饒の女神は遠方より伝来し、地中海圏でも、江ノ島あるいは水に関わる日本の様々な場所で信仰の場所を得る。それは、ゲーテが『ファウスト』の結末で名指すところの「永遠に女性的なるもの」が、宇宙及び人間の生きる世界を理解するための根本的な真理であり、また豊饒性を約束する現世的なるものとして、生命と知性をもつ存在にとって永遠の信仰の対象となるためだからと、考えられるのである。

注

（1）『太平記』（一）（兵藤裕己校注、岩波書店、二〇一四年）二四六頁参照。

（2）黄龍渾「韓半島先史時代の「性穴」考」（国分直一監修『盃状穴考　その呪術的造形の追跡』所収、慶友社、一九九〇年）参照。

（3）福島金治「鶴岡八幡宮の成立と鎌倉生源寺・江ノ島」（地方史研究協議会編『都市・近郊の信仰と遊山・観光　交流と変容』所収、雄山閣、一九九九年）参照。

（4）Vgl. Dr. Vollmer's Wörterbuch der Mythologie aller Völker. Neu bearbeitet von Dr. W. Binder. Dritte Auflage. Stuttgart 1874, S. 286.

（5）Vgl. Himerii Declamationes et orationes cvm deperditarvm fragmentis, Roma 1951, S. 77.

（6）Vgl. Johann Jakob Bachofen: Das Mutterrecht. Frankfurt am Main 1975, S.119.

（7）プルターク（河野与一訳）『英雄伝』（四）（岩波書店、一九九一年）一六六頁参照。

（8）フレイザー（永橋卓介訳）『金枝篇』（三）（岩波書店、二〇〇二年）二一頁参照。この風習はバビロンにも見られたとフレイザーは述べている。

（9）Vgl. Hyginus：Fabulae. Sagen der Antike. Ausgewählt und übersetzt von Franz Peter Waiblinger. 2. Auflage, München 2008, S.27.

（10）プルタルコス（丸橋裕訳）「神託の衰微について」（『モラリア』5所収、京都大学出版会、二〇〇九年）二六〇頁参照。

（11）Vgl. Dr. Vollmer's Wörterbuch der Mythologie, S. 56.

（12）Vgl. Johann Peter Eckermann: Gespräche mit Goethe in den letzten Jahren seines Lebens. Baden-Baden 1987, S. 359.

（13）プルタルコス「神託の衰微について」二三五頁以下参照。

（14）Johann Wolfgang von Goethe: Faust. In: Goethes Werke Band III. Dramatische Dichtungen I. München 1996, S.256.

（15）Immanuel Kant: Kritik der Urteilskraft. Immanuel Kant Werkausgabe X, Frankfurt am Main 1994, S.193.

（16）空海「秘密曼荼羅十住心論」（『空海コレクション』3、ちくま学芸文庫、二〇一三年）六四頁参照。

（17）空海「即身成仏義」（『空海コレクション』2、ちくま学芸文庫、二〇一三年）一一一頁参照。

（18）プロティノス（水地宗明訳）「エネアス　V・2」（『プロティノス全集』第三巻 中央公論社、一九八七年）三九五頁以下参照。

◎コラム◎

「近世神話」と篤胤

山下久夫

やました・ひさお――金沢学院大学名誉教授。専門は国学思想史・日本文学。主な著書に『秋成の「古代」』（森話社、二〇〇四年）、コレクション日本歌人選『本居宣長』（笠間書院、二〇一二年）、『越境する古事記伝』（山下久夫・斎藤英喜編、森話社、二〇一二年）などがある。

一、「近世神話」の視座

『「神話」を近現代に問う』と題する本書には、緩やかではあるが、「神話」とは何かを問い直し、神話概念を拡大して考えようとする意図があるようだ。正しい試みだと思われる。その試みを共有する形となるが、ここで平田篤胤（一七七六～一八四三）を取り上げ、近世における神話の創造＝「近世神話」という視座の可能性について一言述べたい。

「近世神話」を云々する場合でも、神話概念の拡大は大前提である。神話を太古の昔に発生した神々のお話というだけでなく、各時代や社会・集団の要請するアイデンティティ＝存在の根拠を発見・創造していく知の運動と捉えたい。運動体としてみると、必ずしも神を対象にしなくともよいともいえるが、混乱を避けるために、とりあえずは日本の記紀神話の解釈が、時代や地域の状況にどのように対応し、新たな地平を切り開くための拠りどころ＝知の回路となり得たかを明らかにするところから始めてもよい。ただ、神話を拠りどころにするといえば、国家が神話を利用したドイツのナチズムや日本の戦前の国家神道を想起してしまうが、そうした危うさをリスクとして抱えながらも、あくまで大文字の国家とは異なる、新たな視点からの「神話」の意義を見出すことが重要だ。

二、「地域意識」の覚醒の中で

さて、篤胤の生きた近世後期の中で「近世神話」を考えるとき、「地域意識」の覚醒という動きと連動してくるように思われる。ここでいう「地域」とは、村や町に限らず、藩、日本といった領域に広がる場合もある。そもそも近世は、当初から地域意識と結びついて展開した。朱子学の日本化などといわれてきたが、それは「日本」というまとまった領域に一律に浸透したというわけではなく、各地域＝藩ごとに相応しい形で浸透していったということである。『日本水土考』のいう、各地の水や土＝風土に適合した形である。したがって、日本化は同時に「地域」の覚醒であった。ただ、近世初期の場合、覚醒は藩主導で行われる場合がほとんどである。松尾芭蕉の『おくのほそ道』は、松島や石巻等の歌枕の地を訪れたときの感慨を記すが、そこは伊達藩が自藩の顕彰のために文化的由来の地として政策的に設定しようとした場所であった。芭蕉の感慨は、伊達藩への最大の挨拶でもある。地誌の編纂もまた、藩主導のもとに実施された[(1)]。

だが、十八世紀の名所図会編纂の頃から、様相が少しずつ変わってくる。近世後期では、大きくいえば旅の隆盛や対外危機を契機として、新たな「地域意識」の覚醒に向かったとみてよい。「地域」の捉え直し、とでも呼ぶべき動向である。十八世紀半ば以降、人々の知的衝動は、九州や東北の辺境、あるいは深山幽谷にもおよびはじめた。旅が盛んになる。その際、失われた「古代」を求めることは、辺境へと赴く重要なモチーフとなっていたと思われる。荻生徂徠『南留別志《なるべし》』や本居宣長『玉勝間』などは、古言や古代の風習は移動の激しい大都会では早く失われ、かえって辺鄙な田舎に残っている場合が多いと主張していた。このような趨勢は、近世人の知が、己を取り巻く空間の新たな捉え直し、空間価値の再発見へと向かったことを意味する。中世までの「天竺・震旦・日本」という仏教的な三国観の世界像が崩壊し、各々の地理的・空間的・言語的相違が前景化する状況、さらに「西洋」という外圧がかなりの大きさを以て迫る雰囲気を感じ始めた中でのことである。このような空間価値の再発見によって、近世後期の「地域意識」の覚醒は推進されたと考えられる。だが、それは地域の中に閉鎖しようというものではない。旅人たちが他地域の情報をもたらしてくれることにより、常に他を意識したり比較しながら自域意識を形成し、あらためて「地域」の意味を考えるのだ。

この時代思潮に、神話・古代は大きな意味をもってくる。決して単なる古代回帰、古代憧憬ではない。眼前の場所が神話的由来、伝説・伝承をもつ地であることの証明が、空間価値の再発見につながる。文人たちの旅の盛んになった十八世紀後半、人々は、神代文字や考古学ブームに代表されるように、「神話・古代の痕跡あり。ここにも、あそこにも……!」という形で「古さ」を競い、情報交換に余念がなかった。それは昔に戻るどころか、人々の知を閉鎖的な「おらが村」「おらが町」「おらが藩」から脱却させ、全国的視野（日本）へと向かわせる。一方、地方や辺境は、都会に向けて己の住む空間を全国ルートに乗せたいという願望をもつ。閉鎖性を打破した「地域」となる。橘南谿のベストセラー『東遊記』

『西遊記』などは、地方や辺境の考古学的遺跡や発掘物、神話や伝説・伝承を都会の文人たちの知的好奇心をくすぐるように記述するし、その地の情報を管理する僧侶や文人を確保している。在地の方も、己の土地をベストセラーの書に売り込むのに懸命だ。神話や古代に向かう知の欲求は、単なる懐古趣味以上の、全国的なネットワーク形成と結びついた「地域意識」の覚醒へ向かわせる重要なファクターとなっているのである。こうした知の運動は、まさに「近世神話」と呼ぶべきものだ。

三、地元顕彰意識と篤胤の神話創造

平田篤胤は、こうした「地域意識」に覚醒し始めた近世後期の知の動向を敏感にキャッチし、独自の神話を再構築＝創造した。『古史伝』には、地方文人の情報がいたるところにちりばめられているが、篤胤は、それを生かしながら他に類をみない神話空間を幻出（目にはみえないが実在するものとして描く）する。

明和七年刊の大神貫道《おおがつらみち》『磤馭盧嶋日記《おのごろしまにき》』は、オノゴロシマを胞嶋《えじま》のことだとしつつ、島の美しさをアピールするものであった。貫道は、記紀神話に関する諸注は神跡の実地踏査に基づかず地理を弁《わきま》えていない、と批判する。そして、淡路国の津名郡に属する眼前のオノゴロ島の丸くて玉のように湧出する石に注目し、表を金気で包み裏に土砂を含むこの石は天瓊戈《あめのぬぼこ》に滴りが分散した痕跡だ、とする。天地生成の神話と関係づけてその意義を強調するわけだが、産盥、釜杓子、自然石、島の風景、樹木の葉色、潤澤な岩の形状等を「畫にも書にも著しがたし」と表現する。近くの鶺鴒島《せきれいじま》にある磐樟社《いわくすしゃ》の岩窟や天地大神官も、伊邪那岐・伊邪那美二神、蛭子《ひるこ》を祭る社として紹介される。己と縁のある場所を神話的由来とともに価値を再発見するやり方である。在地顕彰の地元文人の眼といってよい。

『古史伝』二を綴る篤胤は、こうした在地文人の説を情報源として活用すべく引用する。だが、単に引用するのではなく、西洋天文学を介在させつつ新たな次元へと編成し直していることがわかる。篤胤は、天瓊戈の先端は北極へ突き出ているという。そして、これを軸に東西に自転する地球の様子と重ねる。加えて、鉱物学の磁石の原理まで持ちだして、鉄砂が集まり潮が注がれ岩のように固まってオノゴロ島ができる、磁石の機能を持つ天瓊戈でかき回せば鉄砂を含んだ土が凝集するのだ…、と力を込めていう。篤胤は天瓊戈を使った国土生成の神話を、記紀神話と鉱物学をリンクさせた新たな神話として再構築する。地元顕彰の言説を引用しつつも、それを越えた次元の神話を創造しているのだ。

オノゴロ島の場所に関する言説をみると、事態はもっとはっきりするだろう。篤胤がわが国の神話を中国やインドのそれと結びつけようとしたのは周知のことだが、『赤県太古伝』巻之二では、天之御中主神と皇産霊神は上皇太一と元始天王に、伊邪那岐・伊邪那美神二神は天地二皇にあたるなどと熱っぽく語りながら、北九州から瀬戸内海沿岸を経て紀州国に到る一帯を、道教思想が重んじた『十州記』にみられる扶桑国の各所に同定していた。オノゴロシマは「東岳広桑祖州」にあたり、右の神話空間の柱であると明言する。そして、不老不死の薬草を求めて旅をし蓬莱山に入って憩う老子と尹子の道程が、瀬戸内海沿岸を観ながらオノゴロシマに到るあたりを舞台としている…、と語る。その文脈において、『磤馭盧嶋日記』その他が引用されるのである。眼前のオノゴロシマは、単なる記紀神話由来の地に留まらず、神仙界、老子や尹子が憩う蓬莱山にも通じるトポスに変貌したわけだ。そして同様の事情は、小串重威の顕彰する姫島や、西田直養《なおかい》の顕伝する「早鞆の湍門」（記紀神話で伊邪那岐神の禊の段に出てくる場所）等にも及んでいた。つまり、オノゴロシマや姫島、早鞆から紀州一帯が、道教にいう扶桑国なのである。神仙思想を媒介としてグローバルを求める知＝神話知による空間の創造だ。但し、世界の広がりは目にはみえない。あくまで幽界の次元での広がりである。したがって篤胤は、眼前の場所をトポスとして発見するには「古学の眼」が必要だと強調することを忘れない。「地域意識の覚醒」に触発された篤胤が創造しようとした、「近世神話」の一環である。

四、近代主義批判から「近代」の再構築へ

このような「地域意識」の文脈にある「近世神話」からみると、近代はどう描かれるだろう。中央集権体制に編成されることで近世の命脈は尽きた、とみるのは単純すぎる。かといって、国家対民衆といった二項対立の構図では、「近世神話」の水脈を浮かび上がらせることはできない。おそらく、国家神道だって一枚岩ではなく、さまざまな位相があるはずだ。とりあえずは、国家神道、教派神道、近代仏教、古神道等々の枠組みに即するにしても、各々の宗教を相対化して捉え、それぞれがどのような「近代」を創造しようとしたかを明らかにするべきだろう。その近代像が競合するあり様を掬い取る視座が「近世神話」の方法概念ではないか。国家神道対民間宗教といった構図に、安易に落とし込んではならない。ステレオタイプ的な近代主義批判をくり返すよりも、多様な近代像の可能性が競合する時代としての「近代」を再構築する試みに踏み出すことが必要だと思われる。「神話」は、そのときの「現在」を意味づけるべく創造されるものだから。

注

（1）近世初期の「地域意識」に関しては、若尾政希・菊池勇夫編『覚醒する地域意識』（『江戸〈の人と身分〉』5、吉川弘文館、二〇一〇年）を参照した。

願わくは、この試みが広く世に認められんことを

——十八〜十九世紀転換期ドイツにおけるフォルク概念と北欧・アジア神話研究

田口武史

たぐち・たけふみ——長崎外国語大学外国語学部教授。専門はドイツ文化学・ドイツ文学。主な著書・論文に『R. Z. ベッカーの民衆啓蒙運動——近代的フォルク像の源流』（鳥影社、二〇一四年）、「『子供と家庭』に込められたグリム兄弟のメルヒェン観」（大野寿子編『カラー図説　グリムへの扉』勉誠出版、二〇一五年）、「J. H. カンペの旅行記——啓蒙教育家はVolkをどう描いたか」（田口武史編『旅と啓蒙——近代黎明期のドイツ文学における旅の表象とその変遷』日本独文学会研究叢書一一九号、二〇一六年）などがある。

十八世紀末から十九世紀初頭のドイツでは、「フォルク」の名のもとにナショナル・アイデンティティが模索された。その際、ドイツ人の一体性を歴史的かつ普遍的に裏付けるものとして、インド・ゲルマン神話への関心が高まった。この神話が持つ循環連鎖の生命力によって、民族の失われた過去と現在とが有機的につながると考えられたからである。

はじめに

神話とナショナリズムの関係が取りざたされる際、念頭に置かれているのは多くの場合、ナチスを生み出したドイツの事例であろう。ナチスのプロパガンダに利用されたアーリア人イデオロギーは、実際、フォルク（Volk—民族・国民・民衆の意）概念とドイツ・ゲルマン神話ないしインド・ゲルマン神話とが、いびつに結合して生まれたものである。

両者の結びつきを顕在化したのは、ナポレオンのドイツ占領に反発したロマン派の詩人や思想家とされている。しかしフォルクに対する政治文化的関心は、すでにそれ以前に芽生えていた。また、それまで顧みられることのなかったゲルマン神話が重要視されるようになったのも同じ時期である。

そこで本論は、十八世紀末から十九世紀初頭にかけて、フォルクがドイツ国民・民族を表す用語として浮上してきた経緯と、北欧を中心とするゲルマン神話およびインド・アジアの神話の研究がはじめられた経緯を照らし合わせることで、

フォルク概念と神話の結合が持つ意味を検討する。

一、フォルク概念の変化

啓蒙主義の全盛期である一七八〇年代、フォルクという語が指していたのは主として農民や手工業者を中心とする「民衆」であった。ところが四半世紀もたたぬうちに、同じ語が「国民」ないし「民族」の意で用いられるようになった。概念の範疇が、垂直軸（身分）から水平軸（政治的・文化的共同体）に転化したのである。これにともない、フォルクに付着していたかつての否定的なニュアンスが払拭されたばかりか、逆に肯定的なイメージが付与された。

（1）アーデルングの辞典

概念のドラスティックな変化とその背景は、当時の辞書記述によって確認できる。一八〇一年に発行されたJ・Ch・アーデルングによる国語辞典『高地ドイツ語文法的・批判的辞典』第二版第四巻では、フォルクの否定的含意を大きく取り上げた次のような語釈が示されている。

複数の人間からなる総体。ただし狭義では、共通の先祖を持ち、共通の言語によって結ばれた人間集団である。〔……〕この意味でのVolkは、廃れた用法とまでは言えないものの、外国語のNationが同じ意味で導入されて以来、普通の言語使用においては稀になってきている。両語はまず、ある国の、同一の言語を持った、それゆえまた同一の種族から芽生えたと見なされる住人を指している。Das Römische Volkがその一例。Volkが政治的な結びつきを表すこともあり、その場合は（たとえ異なる種族、異なる言語であっても）同一首長の支配下にある人間集団を指す。しかしながら、Volkという語は古代のVölkerに関して使うことが最も多いのに対して、この語を近代のVölkerについて使う場合はごく曖昧な意味でしかない。ローマ人とランゴバルト人は勇敢な、ギリシア人は機知に富んだVolkである、といったように使うが、近代の、とりわけ厳密な標記においてはNationかVölkerschaftを使うのが普通である。これはおそらくVolkという語に付随する軽蔑的な副次概念ゆえであろう。Die Französische NationやDie Franzosenとは言うが、Das Französische Volkとは言わない。ただしDie Französische Völkerschaftは使われる。(1)

本来フォルクは、広義では単に「群衆」を、狭義では「民族」あるいは「国民」を意味する語であった。しかし十八世紀後半においては蔑称として使われるケースが増えたために、民族や国民を標示する機能は失われつつあったという。(2)逆に言えば、フォルクと呼ばれ見下されている民衆が、民族や国民という概念と重なるのを嫌う人が多かったのである。むろん、そのように感じて外来語のナツィオーン（Nation）を導入したのは、知識人にほかならない。知識人たちがナツィオーンとしてイメージしていたのは、ドイツ人の単なる集合体ではなく、もっと積極的な意味を持つ共同体であった。

(2) 国民はいなかった

とはいえ小国分立状態にあった当時のドイツで、実感をもって認識できるような人間集団の単位は、職業や身分などの社会階層による括りか、領邦国家や村落などの小規模な地理的括りだけであった。つまりひとつの政府によって統べられたドイツ国民は、実体としては存在しなかった、もしくは限りなく理念的な存在だった。たしかにドイツ国民の神聖ローマ帝国（Heiliges Römisches Reich teutscher Nation）はかろうじて存続していたが、この統一国家とは言い難い緩やかな国家連合に対し、帰属意識を持つ者はもとより数少なかった。しかもこの時、ナポレオン率いるフランスの侵攻を前に、多くの領邦が帝国に見切りをつけていた。帝国はすでに過去の遺物となっていたのである。

かような状況下であえてドイツのナツィオーンというならば、厳密には、かつてドイツの地に存在していたかもしれない、もしくはやがて成立するかもしれない、可能性としての国民を指すことになる。たしかに地縁血縁とドイツ語によって一つの集合体とみなしうる人々は眼前にいたが、それは十把一絡げにフォルクと呼ばれる烏合の衆にすぎない。苟も「ドイツの」という形容詞が付される国民は、今ある雑多で結束の弱い人間集団から構成されうるものではなく、新しい政治体制を基盤とする統一的共同体として創造されるべきだ、知識人はこのように考えていたと推測されよう――その証拠に、アーデルングの辞典では「ドイツのナツィオーン」という用例はあっても、「ドイツのフォルク」は見あたらない。啓蒙主義の進歩信仰に染められた時代にあっては、旧態依然たるフォルクに積極的な意義を見出す知識人はまだ少数派であった。

もっともアーデルング自身は、けっしてフォルクに対して否定的でなかった。彼はたびたび、フォルクという語に最初から軽蔑的な含意が備わっていたわけではないと注意を促している。また注目すべきことに、同時代に進行していたヘルダーらによる民衆文化再評価の動きにも共感を示し、次のように記している。

最近、作家の幾人かが、国民あるいは市民社会の中で最も人数の多い集団、あるいは最下層の集団という意味におけるVolkの名誉を回復させようと努めた。願わくは、この試みが広く世に認められんことを。国家の中で最も人数が多いが、不当にも最も蔑まれている集団を、公明正大で悪意なく指し示すような単語はないのだから。(3)

ドイツ初の本格的国語辞典で、アーデルングがフォルクという語の否定的含意にこだわったのは、知識人たちの民衆観を暗に批判するためだったのである。

(3)カンペの国語辞典

その十年後、アーデルングの辞典を批判的に継承したJ・H・カンペの『ドイツ語辞典』が世に出た。次に示すごとく、カンペは上層階級の民衆に対する態度をより直接的かつ具体的な表現で弾劾し、フォルク擁護の立場を鮮明にしている。なお、カンペはアーデルングの辞典を批判的に継承して自らの辞典を作成したのであるが、それだけに新たに書き加えられた部分からカンペのフォルク観が明瞭に読み取れる。

一、〔……〕Volkは、しばしば多数の民衆と解される。これは、次項で挙げる〔国民という〕語義とまだ区別して用いている国においてであり、日常生活においてのみ使われ、軽蔑的な副次概念を伴う。〔……〕あるVolk〔国民〕の大多数を占める、より粗野で、より教養に乏しい人々という語義は、Volk〔国民〕のうち卓越した特性によって際立つ人々が現れて以来、成立したものである。そうした人々は、Volk〔民衆〕を見下し、彼らとの付き合いを避け、自分たちのことをVolkよりも上品で上等だと考えたのだ。〔……〕

二、同じ政府と一つの憲法のもとに生活しており、通常は一つの共通言語を話している多くの人々の総体。〔……〕近年、この語はかつてと同じように、軽蔑的な副次概念を——アーデルングによると、軽蔑的な副次概念のためにこの語の使用が憚られ、外来語のNationおよび他の概念も含んでいる語であるVölkerschaftのほうがより好んで使われるようになったらしい——一切含まずに使われることが多くなった。これについては次に挙げる語の組み合わせが十分に証明している。すなわち話し言葉や書き言葉で、ブリテンのVolk、フランスのVolk、スウェーデンのVolk、スペインのVolkといった組み合わせがよく使われるようになったのだ。ただ、残念なことにドイツのVolkという組み合わせは使われない。この組み合わせが、いつかドイツ帝国の廃墟の中から生まれてくるよう望まずにはいられない。(4)

カンペはどうしてもVolkをNationと言い換えたくなかったようである。それは両語を異なる概念と認識していたからではない。両語は等価、同義であるべきなのに、いまだに優劣でとらえられている、その現状に抵抗するためにNationの語を自らの辞典から排除したのである。そもそも外来語全般を可能な限りドイツ語化するのが彼の大方針ではあったが、ドイツの国名としても使われていたNationを見出し語として採用せず、語釈においてもその使用を避けるのは、かなり極端な措置である。「卓越した特性」を持つ人々の独善的な民衆・国民像に対し、彼が――カンペは、後に触れる民衆啓蒙運動の推進者でもあった――いかに強い反感を覚えていたかが推察できよう。

この十年の間に神聖ローマ帝国は名実ともに消滅し、多くの地方がフランスによって占領されるという憂き目にあっていた。一方近隣ヨーロッパ諸国では、民衆たるフォルクが国家を構成する要素として認められ、国民の地位を得ていた。むろん史実に照らすと、この時点でブリテンやフランスが実際に国民国家を確立していたとは言い難いかもしれないが、それはここでは重要ではない。同時代のドイツ人の目にはそう映っていたからこそ、(アーデルングの辞典ではまだ違和感のある組み合わせとされていた)近代国家とフォルクを結びつけた用例が増えていったのである。ドイツにおける近代化の遅れは、フォルクに正当な地位を与えようとしない上層階級の姿勢に起因すると、カンペは考えていた。

二、市民階級の「我々」意識

民衆に対する差別感情がフォルクという語に否定的な響きを与え、使用される範囲を限定してきたが、政治状況の急激な推移にともなって一転その復権が希求されるようになった様を、二つの辞書記述をとおして確認した。ここで留意しておかねばならないのは、「多数の民衆」という基本的な指示対象そのものは変わっていないという点である。変わったのは、民衆に向けられるまなざしである。より正確に言えば、(辞書記述の典拠である)知識人や作家の言説における民衆像に肯定的要素が増え、それに連動してフォルクという語のイメージも好転したということになろう。

そうであるならば、知識人や作家はなぜ民衆を肯定的に描くようになったのであろうか。彼らの多くは、身分的には市民階級に、思想的には啓蒙主義に属していた。進取の気性に富む啓蒙市民として、イギリスやフランスの進んだ合理的・科学的思想とそれに基づく学説に接し、近代的な人権意識と市民社会のあり方を知ったことが、従来からの民衆観に反省を促したことは想像に難くない。とはいえ彼らは、ドイツの中ではあくまでも被支配階級であり、社会制度を劇的に変革する権力は持ち合わせていなかった。フランスのように、第三身分のオピニオンリーダーとして革命という手段に訴えることもできたかもしれないが、ドイツの場合、市民階級のある者はむしろ貴族のお近づきになることで地位向上を狙い、ある者は役人として領邦国家の統治機構に組み込まれており、身動きがとりづらかった。民衆の側に立つことは、ともすると啓蒙市民の社会的立場を危うくしかねない行為だった。[5]

(1) 民衆啓蒙運動 (Volksaufklärung)

しかし、市民たちはただ現状を黙認していたわけではない。一七八〇年をひとつの境として、民衆に対する関心と議論は高まり続けていたのである。契機となったのは、啓蒙専制君主フリードリヒ大王が自ら指定した、プロイセン・アカデミーの懸賞論文課題「民衆が欺かれることは有用なのか」である。[6] 依然として迷信的世界に取り残されていた民衆を今後どう扱うべきかが、いわば王からの諮問として知識人たちに投げかけられたのである。多くの人民を導く方針という、本来は為政者と教会の専権事項である案件について、市民階級に属する私人が公然と議論できる——厳然たる身分制が存在する中、これは画期的な出来事であった。

しかもこの権威ある懸賞の一等に選ばれたのが、まったく無名の家庭教師R・Z・ベッカー(一七五二〜一八二二)であったことも、世の関心を集める一因となった。民衆の啓蒙は民衆自身のみならず国家にも有益である、そればかりか為政者の責務であるという彼の単刀直入な主張は、言論界に大きな反響を呼んだ。ほとんど知られていないことだが、ドイツ啓蒙主義末期に第一級の知識人たちが多く関わった「啓蒙とは何か」の議論——なかでもカントの論文「啓蒙とは何かという問いへの回答」(Beantwortung der Frage: Was ist Aufklärung? 1784) は有名である——も、この懸賞論文を一つの契機として始まった。[7] エリート中心に進行してきたドイツの啓蒙主義において、民衆の啓蒙は、啓蒙の本義を問い直す必要があるほど根本的な課題として受け止められたのである。

その後ベッカーは、一方で万人啓蒙と社会福祉という人道的理想を実現するため、他方で民衆に実践的知識と市民としての生活倫理を植え付け有能な国民とするために、精力的な言論活動を展開した。自身の啓蒙観をまとめた著書『農民啓蒙試論』(一七八五年) には、次のような民衆像が示されている。

> 我々のもとでは大多数を占める人々、すなわち農民階級がまだかなり粗野で無知という元来の状態にある。農民階級は現在、これまでそうでなかった地域でもほぼ全面的に国家市民 (Staatsbürger) となっている。そして、他

階級が贅沢をして衰弱を進行させたのに対し、農民階級はその損失を補填してくれている。農民階級に真の啓蒙を広めることは、学識者や高位の人々にそれを広めるよりも簡単に違いない。なぜなら、農民階級には先に片付けておくべきガラクタが少なく、また未使用の諸力が温存されているからである。人間の尊厳に対する感受性も磨耗しておらず、ただ未発達にすぎない。したがって、一つのきっかけと幾ばくかの導きさえ与えてやれば、次第に完成への衝動がそれまでの束縛から自らを解放してゆくことになるであろう。(8)

ベッカーは農民・民衆を、国家社会の一員として国力減衰を食い止める働きをしていると評価した。そればかりか、民衆の野蛮状態を「未発達」と読み替え、啓蒙の可能性という点では上層階級に勝るとさえ言明している。無知で未洗練な民衆に人間の原初的で無垢な姿を発見し、その素朴な生命力に現状打破の可能性を期待する、このベッカーの民衆観は、啓蒙主義というよりもむしろ十九世紀初頭のロマン主義に特徴的な思考パターンである。啓蒙思想の普遍妥当性と広範な実践を訴えるために提示された農民像・民衆像は、期せずして、次世代のフォルク像を先取りしていたのである。いや、この大胆なフォルク像がひとつの起爆剤となって、ドイツ人の国民意識が変わり始めたというべきであろう。

(2) 市民階級主導の国民形成

啓蒙された市民階級にとって国民とは、自分たちのエートスを共有する人々でなければならなかった。しかし周囲にいたのは圧倒的多数の粗野な民衆、フォルクである。彼らに市民的価値観・倫理観を植え付け——それが市民階級による啓蒙運動の内実であった——ともに国家を支える国民に育成する必要があった。

そこに登場したのが民衆啓蒙運動である。ベッカーはこの思想運動の担い手として市民階級の協力を仰いだのであるが、彼の主著『農民のための救難便覧』(一七八八年)の予約注文者リストを見ると、実際に多くの市民たちがこれに応えたことがわかる。民衆を対象にしたこの生活指南書は、民衆ではなく市民を中心とする中層・上層階級に属する人々によって大量に購入され、周囲の民衆に無料配布された。その結果、本書は文字どおり桁違いのベストセラーとなった。しかも売り上げが急激に伸びたのは、フランス革命以降である。市民たちはドイツの国難を救う方策として、啓蒙によるフォルクの国民化という構想を支持したのである。

一七九〇年代前半、フランス革命の影響がドイツに波及するにしたがって、ベッカーの言論活動は政治色を強めてゆく。

啓蒙に代わって、人々の結束と秩序維持が主張の中心を占めるようになったのである。自身が編集発行していた愛国的新聞「皇帝勅許帝国報知」（一七九四年）には、ベッカーによる次のような注目すべき発言がある。

> ドイツ帝国の奇妙な政治体制においては、政治的威信と権力に関する意識が、我々を結び付け一つのVolkにする紐帯となりえていない。これに対し我々の連帯は、はるかに気高く道徳的な国益を有しうる。いや、部分的には現に有している。すなわち、卓越した文化と、公益に資する諸学問・技芸の普及を。(9)

呼び掛けの対象は市民階級の組織する各種公益団体である。この知的な市民たちに向かって、農民・民衆を指す蔑称に等しいフォルクの名のもとに団結せよというのである。普通に考えればナツィオーンを持ち出すのが無難なところだが、ベッカーはあえてフォルクを旗印とした。民衆啓蒙運動は、被支配階級である市民の知的労働と農民の肉体的労働こそが実質的に国家を支えているという自負の表れである。労働する農民の社会的価値を市民が評価しえたのは、その営みに自分たちとの共通点を見出したからにほかならない。労働に基づく相互扶助と仲間意識で市民と農民が自律的共同体を形成するのであれば、それは為政者による統治機構を前提とするナツィオーンよりも、労働者のイメージを喚起するフォルクと呼ぶほうがふさわしかったのである。

「皇帝勅許帝国報知」が、「情報提供と自発的な投稿をとおして、ドイツの全公衆が集う場となった」(10)ことに鑑みると、フォルク像と融合したベッカーの「我々」意識は、公衆の中核をなす市民階級の見解を代弁するものであったと推測されよう。ドイツ国民の実体化を求めるこのような世論の流れが、国語辞典におけるフォルクの項目に反映されたのである。

三、北欧・インド神話に対する関心の高まり

ここまで民衆啓蒙運動を中心に、実社会におけるフォルクの復権を跡付けてきたが、アーデルングの辞典でも指摘されていたとおり、フォルクが伝承してきた文学と文化を評価する試みも同時進行していた。この二つの動きは、当然、相互に影響し合っていたと推測されよう。ところが民衆啓蒙運動においては、民衆の空想的な文学（暦物語、民衆本、メールヒェン、伝説等々）はむしろ強い批判の対象となっており、これを一掃するために、もっと合理的かつ実用的な読み物を民衆に提供すべきであるとの主張が繰り返されていた。ベッカーの『農民のための救難便覧』にもそうした狙いがあった。ギリシア神話に対する批判は見あたらないのだが、それも、

教養のない民衆には縁遠い文学だったからにすぎない。民間伝承に対する冷淡な態度は、民衆啓蒙運動がナショナリズムに傾斜してゆく過程においても変わらなかった。

これに対し、啓蒙主義陣営には属さない作家たちは、従来から創作の源泉とされてきたギリシア神話に加え、まず北欧の神話に、そしてインドの神話に関心を向けるようになった。ドイツとゲルマンを結びつけることによって、民間伝承としてのフォルクの文学に正当な歴史的意義を認めることが、彼らの目標であった。

(1)ヘルダーの北欧・ゲルマン神話論

ドイツ人がゲルマンという単位を強く意識したのは、十五世紀半ば、ローマ人タキトゥスの記した『ゲルマーニア』(一世紀頃)が再発見されて以来である。創世神話を持たぬドイツ人は、この作品に記された実直で生命力に満ちた古代ゲルマン人に失われた先祖の姿を重ね合わせ、特に、堕落したローマ・カトリックに対する一連の反抗《プロテスト》における精神的拠り所とした。

その後長い間、『ゲルマーニア』はドイツ人が自らのルーツを窺い知るほとんど唯一のよすがであったが、十八世紀になるとデンマーク語に翻訳されたアイスランドの『エッダ』をとおしてゲルマン神話の全容が知られるようになり、また北欧でキリスト教化以前の遺物が多く発見されたことも相まって、ゲルマン人の祖国としての北欧と北欧神話が一躍脚光を浴びることとなった。[11]

ギリシア神話一辺倒だった知識人が、北欧神話に目覚めたことを示す重要な事例として、J・G・ヘルダーの小品「イドゥーナあるいは若返りのリンゴ」(一七九六年)が挙げられる。[12] シラーの編纂する雑誌「ホーレン」(Horen)に掲載されたこの作品においてヘルダーは、若返りのリンゴを司る女神イドゥーナにことよせて、北欧神話の積極的活用によりドイツ文学に新たな精気を吹き込むことを提案する。

> 数年前、パルナッソス山〔文壇〕の麓では、山上で幾人かのドイツの詩人たちが、我々の国民と言語のためにギリシア神話を使うのを止めにして、かわりにアイスランドの神話を導入したらよいと主張しているという噂が流れた。〔……〕この〔北欧アイスランドの〕神話がなんであるか、どこから来て、我々とどれくらい関係があり、どの点で我々の役に立ちうるかをといった事々を明らかにすることは、苦労のしがいがあることではなかったか。これらの問いは、諸国民全体に、人間の創作と言語と思考の宝に関わるのであるから。(「イドゥーナ」S.483f.)

詩人クロップシュトックによる北欧神話再評価の試みを示

唆するこの冒頭部に続けて、[13] 北欧神話の導入に前向きなアルフレートが、慎重な態度を示すフライを説得するかたちで、北欧神話の意義とドイツ文学に与えうるメリットが提示されてゆく。作品の末尾で、アルフレートに「ギリシア神話は世界で最も洗練されていると思う」(「イドゥーナ」S.501) と発言させたように、ヘルダーは決してギリシア神話の価値を否定しようとしたのではないが、それはやはり異国の、外国語で語られる神話であり、ドイツ文学を活性化させるには不十分だと考えていた。

アルフレート「君もこう思わないかい、フライ、国民が神話を持たねばならないとするならば、それは国民固有の思考法と言語のうちに芽生えた神話であることが肝要なのだと。そうすると神話の観念世界は、子供の時分からもっと身近で、親しみやすくなるのだ」

(「イドゥーナ」S.484)

シェイクスピアの優れた作品が、自民族であるブリテンの民間伝承を創作の素材としているように、人々の心情に深く働きかけ、真に理解されるのは民族の母語に根差した文学であるというのがアルフレートの主張である。ところが、ドイツ語で語られたドイツ民族に固有な神話はすでに消え去っている。そこで彼は「同じドイツ系である隣の Volk〔民族〕の神話から、さながら我々の言語のために生まれたように強い繋がりを持った代用物が我々の許にやってくるというのであれば、そしてその物語としての洗練度を高めれば、誰がこれを突っぱねたりするものか」(「イドゥーナ」S.488) と、北欧神話を移入し、それを洗練させることでドイツ文学の活力源とするというアイディアを披露する。

アルフレートに仮託したヘルダーの発言は、アイスランドの民族がドイツ民族と同系であるという前提に基づいている。しかしながら言語の類似性と地理上の近さはあっても、それは両民族が同じ神話を持っていたことの十分な証拠にはならない。ドイツ神話の存在が推測の域を出ないことを意識していたからこそ、ヘルダーはアイスランドに伝わる『エッダ』をドイツ神話の「代用物」と呼んだのである。さらにまたフライに、「しかしこれら〔北欧神話〕の情景が我々ドイツ人にとって、どのような点で、なぜ土着のものだと言えるのかい。寓話のある部分は、おそろしく北極的だよ」(「イドゥーナ」S.491) と問わせ、想定される批判に対してあらかじめ防御線を引く。これにアルフレートは「エッダの萌芽は、すべての神話と寓話の祖国、つまりアジアに発するのだ」(「イドゥーナ」S.493) と前置きし、次のように説明する。

アルフレート「〔……〕どうやらこの神話は一箇所でい

ちどきに成立したのではない。広い世界のあちこちで、数世紀もの長い期間をかけてできたのだ。〔……〕北欧神話の生まれた場所が、フリギュアのイダ山であれ、黒海であれ、コーカサスであれ、北極であれ、どうでもい い。北欧神話は、真の、純粋な、ドイツ語の祖先である言語を保存しているのであり、それだからこそ我々は、北欧神話のなにがしかを我がものとしたいと願うのだ。チュートンの諸民族は、はるか遠くにまで盛んに繰り出して行った。アフリカの地へと消えていった民族さえいるほどだ。我々は、我々の役に立つものを、それを見つけた所で選び取るのだ」

（「イドゥーナ」S.493）

ヘルダーは神話の多元的起源と多方面への移動を指摘し、北欧神話のオリジナリティーには拘泥しない姿勢を示す。彼によってより重要なのは、北欧神話にドイツ語の祖型が残っており、それがドイツ文学の若返りに寄与しうるという点である。フォルクの出自探しではなく、北欧神話を手掛かりにドイツ語の無垢な姿を取り戻し、そこからドイツのフォルクに固有な文学をもう一度生み出すこと、すなわちフォルクの存立基盤を語るドイツ神話の、現代の詩人による再創造が、この作品で彼が呼びかけたことである。(14)

（2）ゲレスのアジア神話論

さて、あらゆる神話の起源がアジアにあるという推測をめぐっては、フリードリヒ・フォン・シュレーゲルの『インド人の言語と英知について』（Über die Sprache und Weisheit der Inder, 1808）を皮切りに、ドイツにおいて継続的に議論されることとなる。ここでは、ロマン派による民衆文学称揚において先導役を務めたヨーゼフ・ゲレスに着目したい。彼は、中世の神秘主義やヘルダーの思想、さらにハイデルベルク・ロマン派の僚友である神話学者フリードリヒ・クロイツァーの影響下で、一八一〇年『アジア世界の神話史』を発表した。(15)

本書で彼が提示したのはしかし、アジアの歴史というよりも、世界の、人類全体の歴史であった。ゲレスは人類が唯一の根源に発すると想定し、それをインド北部、中央アジアに求めた。古代のアジアにドイツ人のルーツがあるとする考えには、当時始まったばかりの比較言語学の影響が伺える。比較言語学は、十八世紀末に植民地インドで、サンスクリット語とギリシア語、ラテン語の語根レベルでの共通性を見出したイギリス人ウィリアム・ジョーンズに遡る。この発見は、ヨーロッパに限定された時空の観念を大きく広げることとなった。

ただし、いうまでもなく非ヨーロッパ世界の存在自体は、はるか昔から自明なことであり、具体的な知識も蓄積されていた。啓蒙主義時代には、南洋や極東に関する著作も次々に出版され、ヨーロッパを相対的に眺めることも一般的になっていたはずである。したがって比較言語学とそれを応用した比較神話学が、ようやく十八世紀~十九世紀の世紀転換期に誕生した理由は、インドにおける「発見」だけでは説明できない。要するに、ヨーロッパ中心の単一史観が、なぜこの時期に相対化したのかを問わねばならない。

そのひとつの答えを、ゲレスの語り口から洞察したい。なお、『神話史』は六六〇ページに及ぶ大著であるが、章立てがなく、しかも過剰なまでに象徴的な表現に満ちているため、当時の書評においても非学問的かつ難解にすぎると批判されている。これを包括的に論じることは論者の力量をはるかに超えているため、ここでは内容のエッセンスをまとめた冒頭と末尾を取り上げることとする。

オケアノスは、光と炎から星々のマントを織っては、周囲に広げていった。黙々と勤勉にこれを織り進めたのは芸術の神プロテウスである。雷が、すなわち杼が、上へ下へと音を立て飛び交い、その間にしばしば、けたたましい雷鳴がした。そうして岩石が固まった。また彼は、網目模様の金属と色とりどりの明るい宝石飾りを巧みに織り込み、その上に澄んだ水を流し入れ、豊かな織物を広げたのである。水の上には、金の岩礁から生え出でた樫の木が枝を広げた。この樫の木からは今度は人間の子らが、ミツバチの群れのようなざわめきをたてながら外へと出てきた。人間の子らはずっと昔から、木の洞のなかで巣を作り、小部屋を作り、町を作り、王国を織ってきた。彼らは甘い蜜を、すなわち地上の喜びを求めて、汗をかき苦労して、不安と憂慮を抱え、歴史を織りなしてきたのだ。

(『神話史』S.IIIf.)

ここに描かれているのは、神と人間が手仕事で織り上げた始源世界である。ロゴスによる世界創造を記す聖書や、それを神の出産として表現するギリシア神話とはまるで異なり、自然と人間の営みを象徴的に物語ったようである。ゲレスの用いた表象がどの神話に基づくのかは定かではない。木の中から人類が生まれたとするあたりは北欧神話を想起させるところではあるが、登場するのはギリシア神話の神である。このようにゲレスは、ヨーロッパ各地の神話もアジアの神話も、儒教も仏教も、キリスト教もイスラム教もすべて綯い交ぜにして、目もくらむようなスケールのひとつの大きな流れとして歴史を描く。人類は宗教と文化の違いで別々に生活しているが、本来はひとつの源泉に発し、ひとつの宗教に基づいて生き、連綿と歴史を継承してきたというのである。諸宗教はその伝達手段でしかない。さらに『神話史』を総括する箇所にも、この根源的統一が強調されている。

以上、我々が最初に予測として述べたことが、あらゆる面で真実であると証明された。すなわち、ただひとつの神のみが万有に働きかけていること、またただひとつの宗教だけが万有を統べていること、ひとつの行いと世界観が根源にあり、すべてを貫いてひとつの掟とひとつの聖典があること、しかしその聖典とは生きている本であり、諸種族と同じく成長し、永遠に若いことが。すべての預言者は、ひとりの預言者のようにひとつの口から語り、様々な方言になっているとはいえ、ひとつの言語でのみ話した。偉大な自然の諸要素があらゆる場所で同じであるように、水がどんなところでも同じ波を立てて流れるように、火が同じ炎を上げて燃えるように、風がどんな地方へも同じように吹くように、偉大な神話の諸要素もどんなところでも同じである。まさにそれが、自然の諸要素の上に成り立っているからであろう。おそらく豊穣をもたらす萌芽が地上にまかれ、それがきわめて多様な植物として芽吹き、それぞれの場所で固有の花を咲かせたのである。

(『神話史』S.649)

ゲレスの神話論は、反復し、産み出し続ける豊かな自然のイメージを基調としている。バッハオーフェンの『母権論』やニーチェの永劫回帰の思想に影響を与えたとされるところからも、これがゲレスの提示した宇宙的神話論の特性とみて間違いないであろう。聖書からもギリシア神話からも得られない、この自然な生の営みと重なり合った有機的な歴史像、あるいはゲレスなりの新しい神話を描くために必要だったのが、アジアの肥沃な大地という舞台だったのである。

天は包み、与え、本質的に火のように激しく、男性的な原理である。地はしかし、抱きしめ、受けとめ、暗く、湿った、女性的な原理である。この二つが結びつくことによって万物が生まれ出てきたのである。(『神話史』S.24)

以上のように、近代ドイツの神話研究においては、ドイツ人の真の起源と原初の純粋なドイツ語が追求された。その動機となっていたのが、聖書やギリシア神話に基づいた世界観、歴史観を克服して、ドイツ人としてのアイデンティティを確立したいという願いである。それゆえドイツ人のルーツ探しは、聖書やギリシア神話で描かれる世界を空間的にも時間的にも超える場所へ、すなわちインド・アジアやキリスト教化以前の北欧に向かうこととなったのである。

四、新しいフォルク像と北欧・アジア神話研究

まとめとしてNationからVolkへの推移を、啓蒙主義からロマン主義への移行期における神話研究の傾向と重ね合わせてみよう。

ドイツにはまだ存在しない国民（Nation）の確立を求める動きの中で、フォルク（Volk）という有機的・文化的単位が発見され、やがてVolkをNationの座に据えることが啓蒙市民の政治文化的プログラムとなった。しかしこのフォルクは、そもそも彼らが農民・民衆に自分たちのある種の理想を投影した幻像にすぎなかった――事実、民衆啓蒙運動は農民の啓蒙および国民化には完全に失敗し、市民階級と農民をフォルクとしての統合する構想も机上の空論に終わった。

これに対しヘルダーおよびゲレスは、フォルクを実体化するために、民間で伝承されてきた文学の発掘と再生に精力を傾けるとともに、ドイツ人の過去・現在・未来を結び付けるものを神話の中に探ろうとした。その際、手元にある聖書やギリシア神話には、自分たちとの有機的な連関も、フォルクを永続させるために不可欠な生命力も見いだせなかったがゆえに、言語の共通性を頼りに、北欧の神話とインドの神話に期待をかけたのである。

最後に、国家の枠組みを超える神話世界の観念が、ナショナリズム的思考においていかに機能したかについて、若干付言したい。

北欧をゲルマン族の一部とみなすのも、インド・ヨーロッパ語族あるいは人類全体を一つの起源をもつ集団とみなすのも、客観的根拠に乏しい推測であり、牽強付会である。その強引さが、ナチスのアーリア人イデオロギーにつながったと批判されても、無理はないであろう。ただし、本論で取り上げたヘルダーとゲレスのテクストは、それらの地域を政治的に統合することなど、まったく想定していない。それどころか、ドイツ国家の枠組みでさえほとんど意識されていないように思われる。彼らにとってさしあたり重要であったのは、フォルクを成立せしめる人々の紐帯である。その意味で、彼らの神話研究は今日用いるような意味でのナショナリスティックな志向に動かされていたのではない。

問題はしかし、この紐帯を示そうとしたとき、彼らが神話に頼らざるをえなかった点である。存在が歴史的かつ物理的に実証できない国民や民族の共同体を、かつてあった、そして現在もあるはずのものとして表現する媒体として、神話は決定的な役割を果たした。万人啓蒙、すなわち身分を超えて

一体となったドイツ国民を創り出そうとする過程で見出されたフォルクが、結果的に神話に取り込まれてしまったのが必然であるならば、そこに我々は神話の底知れぬ恐ろしさをみることになるだろう。

注

（1） Johan Christoph Adelung, *Grammatisch-kritisches Wörterbuch der Hochdeutschen Mundart, mit beständiger Vergleichung der übrigen Mundarten, besonders aber der Oberdeutschen. Zweite vermehrte und verbesserte Ausgabe.* Bd.4. Leipzig: Breitkopf und Härtel, 1801, Sp.1225f.（Neudruck: Hildesheim/Zürich/New York: Georg Olms Verlag, 1990） 初版は一七七四〜一七八六年に全五巻で発行された。副題「他の諸方言、特に上部ドイツ語と常に比較しつつ」が示すように、この辞典は、中東部ドイツの方言を基盤に標準ドイツ語を作り上げることを目的としており、ドイツ語国語辞典の先駆として重要な意味を持つ。根本道也『ドイツの標準語――その生い立ちと辞書の個性』（同学社、二〇〇八年）一三五―一三七頁参照。なお、VolkとNationおよびそれらの関連語は必要に応じて原語で表記する。

（2） 同事典のNationの項目でも、同様の説明がある。「ある国に生まれた居住民、共通の出自を持ち、共通の言葉を話す居住民である。Nationは通常一つの国家を成すが、複数の国家に分かれていることもある。〔……〕この語をラテン語から借用する前は、Nationの代わりにVolkを使っていた。古いNationen〔諸国民〕については、今もVolkの語が通用する。しかしVolkという語が多義的であるために、この〔Nationの〕意味で使うVolkは、概ね廃止されている」Adelung, a.a.O., Sp.439f.

（3） Adelung, a.a.O., Sp.1225.

（4） Joachim Heinrich Campe, *Wörterbuch der deutschen Sprache.* Bd.5, Braunschweig: Schulbuchhandlung 1811, S.433.

（5） 民衆啓蒙主義とベッカーの業績の詳細については、拙著『R.Z.ベッカーの民衆啓蒙運動――近代的フォルク像の源流』鳥影社、二〇一四年を参照されたい。

（6） 懸賞論文課題は正式には「民衆が欺かれることは有用なのか――民衆を新たな誤謬へ導くのであれ、彼らが持っている誤謬を黙認するのであれ」であった。フリードリヒ大王は、文通していたダランベールの勧めに応じてこの課題を設定した。その際、やはり大王との関係の深かったヴォルテールが一七六三年に発表した『寛容論』の第二〇章「民衆には迷信を信じさせておくのが有益か」を念頭に置いていたのは確実であろう。Vgl. Hans Adler (Hg.), *Nützt es dem Volke, betrogen zu werden? Est-il utile au Peuple d'être trompé? Die Preisfrage der Preußischen Akademie für 1780.* Bd.1, 2. 1, Stuttgart/Bad Cannstatt: frommann-holzboog, 2007.

（7） Vgl. Rudolf Vierhaus, *Was war Aufklärung?* Göttingen: Wallstein 1995.

（8） Rudolph Zacharias Becker, *Versuch über die Aufklärung des Landmannes. Nebst Ankündigung eines für ihn bestimmten Handbuchs.* Dessau und Leipzig 1785.（Neudruck der Erstausgabe, mit einem Nachwort von Reinhart Siegert. Stuttgart/Bad Cannstatt: frommann-holzboog, 2001, S.5ff.）

（9） [Becker], *Vorschlag einer Verbindung sämtlicher Gelehrten- Oeconomischen- und Industrie- Gesellschaften deutscher Nation zu gemeinschaftlicher Wirksamkeit.* In: R. Z. Becker (Hg.), *Kaiserlich privilegierte Reichsanzeiger*. Jg.1794. Bd.1, Sp.250.（ドイツ国の学識者・経済・産業協会の協働に向けた包括的連携に関する提案）

（10） Joachim von Schwarzkopf, *Ueber politische Zeitungen und Intelligenzblätter in Sachsen, Thüringen, Hessen und einigen angränzenden Gebieten*. Gotha: Ettingische Buchhandlung, 1802, S.34. 歴史家オットー・ダンもこの新聞を「ドイツにおけるすべての愛国的結社の結集のための機関誌」と評している（オットー・ダン『ドイツ国民とナショナリズム』末川清他訳、名古屋大学出版会、一九九九年、四一頁）。

（11） Vgl. Klaus von See, *Deutsche Germanische Ideologie. Vom Humanismus bis zur Gegenwart*. Frankfurt a.M: Athenäum Verlag, 1970. レオン・ポアリフ『アーリア神話　ヨーロッパにおける人種主義と民族主義の源泉』（アーリア主義研究会訳、法政大学出版局、一九九二年）九四—一四〇頁および佐々木博光「出自神話で見るドイツ史」（京都大学人文科学研究所『人文學報』七一号、一九九二年）九七—一三三頁参照。

（12） Johann Gottfried Herder, *Iduna, oder der Apfel der Verjüngung*. In: ders, *Sämtliche Werke*. Hg. von Bernhard Suphan. Bd.XVIII. Hildesheim: Georg Olms Verlag, 1981.（Zweite Nachdruckauflage. Reprografischer Nachdruck der Ausgabe Berlin: Weidemann Verlag, 1883.） 以下この作品を『イドゥーナ』と略記し、引用箇所直後の括弧内に頁数を示す。なお、作品の解釈にあたって、次の論文から多くの示唆を得た。松山雄三「シラーとヘルダー——ヘルダーの論文『イドゥーナ、あるいは若返りの林檎』をめぐって」（日本ヘルダー学会『ヘルダー研究』第三号、一九九七年）三二—五二頁。

（13） ギリシア神話をテーマに頌歌を発表して来たクロップシュトックは、一七六六～六八年のコペンハーゲン滞在を機に、北欧神話へと転向した。

（14） この点を詳細に論じた研究として、濱田真『ヘルダーのビルドゥング思想』（鳥影社、二〇一四年、一八七—二一二頁）を参照されたい。

（15） Joseph von Görres, *Mythengeschichte der asiatischen Welt*. Heidelberg: Mohr und Zimmer, 1810. 以下この作品を『神話史』と略記し、引用箇所直後の括弧内に頁数を示す。

謝辞　本研究はJSPS17K02633の助成を受けたものです。

「伝説」と「メルヒェン」にみる「神話」
――ドイツ神話学派のジャンル定義を通して

馬場綾香

ドイツ神話学派の研究者は伝承を蒐集し刊行したが、その中で伝説とメルヒェンというジャンルを分けた。その分類は師グリム兄弟のジャンル定義を継承したものである。神話学派は伝説とメルヒェンを分けることでそれぞれに真実性と物語性という性質を担わせ、異なる角度から失われた神話に迫ろうとした。

ばば・あやか――神戸大学大学院国際文化学研究科博士後期課程。専門はドイツ伝承文学。主な論文に「『中世末期ドイツの民間信仰』における〈エルベ〉――ヴィル＝エーリッヒ・ポイカートの〈ァルベ〉概念」（神戸大学国際文化学研究科『国際文化学』第28号、二〇一五年）、「ヴィル＝エーリッヒ・ポイカートの〈エルベ〉概念」（説話・伝承学会『説話・伝承学』第24号、二〇一六年）などがある。

はじめに

本稿では「神話」（Mythos）を伝承文学のジャンルのひとつとして論じる。「神話」と「伝説」（Sage）及び「メルヒェン」（Märchen）を別のジャンルとして分ける発想は比較的新しいものである。『メルヒェン百科事典』の「ジャンル問題」Gattungsprobleme の項を参照すると、伝承文学のジャンルの始まりは十九世紀にグリム兄弟が「神話」と「伝説」と「メルヒェン」に区別を与えたことであったという(1)。しかし、グリムの門下生にあたる十九世紀ドイツ語圏の伝承研究者はこの区別を継承しつつも、実際に伝承を蒐集する中で「神話」というジャンルのテクストを提示してはいないように見受けられる。それでは、門下生達が編纂した伝承集の中にグリムの「神話」定義は適用されなかったのだろうか。本稿ではグリムのジャンル定義について見た上で、それらの定義がグリムの後継者とされる「ドイツ神話学派」の伝承集のジャンル区分に如何に継承されたかを検証したい。

ドイツの民俗学者ヘルゲ・ゲルントによると、十九世紀以前のドイツ語において「伝説」という言葉は特定のジャンルを指す用語ではなく「メルヒェン」や「寓話」(Fabel)の同義語として用いられており、何れもその物語が信じるに足りない内容であることを示す言葉であった。[2]

「神話」も同様に不明瞭な言葉であった。Mythosの語史を調査した独文学者の天沼春樹によると、十八世紀の後半までこの言葉は作り事めいた物語を指すに過ぎず、またこのために否定的な価値判断を含んでいたという。十八世紀末から十九世紀にかけて「神話」という語に対するこの価値判断は肯定的なものへと転換した。[3]

「神話」や「伝説」への関心が高まると同時に、これらの言葉が個別のジャンルを指すものとして意識され始めたと考えられる。十九世紀には伝承文学、即ち語り伝えられた物語を蒐集した伝承集がドイツ語圏で述べ七〇〇冊余り刊行されたが、その中には収録テクストを「伝説」「メルヒェン」等と仕分けしたものが存在する。そうした文献において編者はこれらの名称を同義語としてではなく個々に識別して用いるようになったことが窺える。

ジャンルの分類を試みた十九世紀の伝承集編者は如何なる目的を持ち、また如何なる根拠によってジャンルを区分するに至ったのか。分類によって得られた利点があるはずだが、それは神話学とどのように関係していたのだろうか。

一、フォルクの文学としての「伝承文学」

本稿で論じているのは伝説やメルヒェンなどの語り伝えられた物語、つまり「伝承文学」であるが、これは狭義の「文学」(Literatur)とは異なる範疇を指す。伝承文学とは即ち「フォルクの文学」(Volksdichtung)である。グリム兄弟やその後を継いだ研究者が伝承文学に関心を抱いた理由はこれがフォルクの文学であるという点に立脚している。

現代ドイツ語において「フォルク」(Volk)という単語はふたつの意味を持つ。ひとつは社会的地位の低い人々を指す「民衆」であり、もうひとつは「言語、文化、歴史によって結びつく人々の総体」つまり「民族」である。[4]独文学者の田口武史によると、フォルクという概念はそれまで民衆即ち下層民の意味において軽蔑的評価を含んでいたが、十八世紀末の民衆啓蒙運動の中で価値を一転させ、ロマン主義に至って民族の意味の比重が高まったこともありその精神性を肯定的に評価されることとなったという。[5]ロマン主義の思想的系譜を汲むドイツ語圏の神話学においてフォルクと記述のある時、そこには「ドイツ民族」の意味と民衆の意味が同時に含まれている。

田口によると、伝承文学とはフォルクによって生み出された、もしくはフォルクによって受容された文学のことと定義されてきた。これに対し狭義の「文学」とは、特定の作者とその権威に結びつき不可変の「正典」として扱われるテクストのことを指すという。[6] 留意しなければならないのは、このように伝承文学を定義する文脈でのフォルクとは必ずしも現実の人間集団を指さない点である。殊にフォルクによって生み出された文学として伝承文学を考える立場において、伝承文学の創作者としてのフォルクは特定の時代の特定の地域に存在した集団ではなく理念上の存在となる。

グリム兄弟、殊に兄のヤーコプが伝承文学を蒐集・研究した目的とは、フォルクの伝承の中に失われた古い神話の欠片を発見することであった。[7] 古い神話はドイツのフォルク（民族）が本来持っていたはずのものだが、それを保存し得たのは教養ある上層人と違って純朴な精神性を保っているフォルク（民衆）だとグリムは考えたのである。独文学者の川原美江は「ヤーコプ・グリムは文学史を起源に向けて遡及する。教養人が作る創作文学との対立図式のなかで、彼は歴史と文学が一体となった古代を見いだす。古代的空間はフォルクという存在が担う時間軸上に描き出され、（中略）文学という領域自体が、実体のないフォルクを表象する」[8] と述べている。この「実体のないフォルク」が担うという時間軸上の「起源」、即ち「歴史と文学が一体となった古代」とは、民俗学者ヘルマン・バウジンガーによれば「歴史の始まり」[9] であり、それまでになかった歴史という意識が人間の中に芽生えた時のことを指す。バウジンガーによれば「ヤーコプ・グリムはまだ生きている古い神話を掴み復活させることを常に求めていた」[10] という。グリムは歴史意識のなかった時代から受け継がれてきた神話の名残を探し求め、これを再構築しようとしていた。グリムのジャンル定義もこの前提を踏まえて読まなければならないだろう。

二、グリム兄弟『ドイツ伝説集』における定義

（1）伝説の具体性とメルヒェンの物語性

伝承文学におけるジャンル定義の源を辿るとグリム兄弟が『ドイツ伝説集』（一八一六／一八一八年）第一巻の序文において伝説とメルヒェンに与えた区分に行き着くとされる。次のような文章である。

メルヒェンはより詩的であり、伝説はより史的である。メルヒェンはそれ自体でしっかりと立っており、自身の中で花を咲かせ完結する。伝説は、色彩の豊かさは劣るが、以下のような特殊性を具えている。伝説はよく知ら

れているもの、よく理解されているものに結びつく。それはある場所であり、ないしは歴史上の有名な名前である。伝説はこの結びつきのためにメルヒェンと異なり、どの家でも知られているということはなく、ある条件を満たした場所で知られる。条件を満たさぬ場所ではきちんと知られず、不完全な形でのみ存在する。(11)

まず、メルヒェンが「自身の中で完結する」とは、メルヒェンの物語としての完成度のことを述べている。伝説が往々にして断片的であるのに対し、メルヒェンは起承転結を持ちひとつの物語として完成しているということを指す。

次に、伝説には出来事の具体的な場所や時が明示される傾向があり、メルヒェンはこれを示さないと述べられている。メルヒェンはいつかのどこかで起きた物語であり、その時空間は現実の時空間から切り離されている。この性質上、メルヒェンはどこでも語られることが可能だが、伝説はその具体的な場所を認識し得る範囲内でのみ語られるために分布に差が生じるという。

ジャンルを論じる際に頻繁に引用されるのは冒頭の一文であるが、「詩的」(poetisch)と「史的」(historisch)の意味するところはこの部分だけでは分かりにくい。これに続く文章には次のように書かれている。

メルヒェンは言うなれば一息に、古い文学のまとまった塊を我々に届ける。驚くことに、物語式のフォルクの歌謡はメルヒェンよりも伝説に一致する。他方メルヒェンはその内容において最も早期のポエジー(詩情)を、現存するいにしえの長編歌謡よりも純粋かつ力強く保持している。(中略)メルヒェンはひとつには外的な分布の故に、ひとつには内的な本質の故に、子どものような世界観察による純粋な思考を掴み取るように定められている。(12)

ポエジーとは文学を生み出す源泉、ないしは芸術形式としての文学そのもののことを指す。土地に縛られる伝説と異なりメルヒェンは広範囲に分布し、また物語としてまとまっているために「最も早期のポエジー」をグリムの時代まで純粋なまま保存し得たのだという。その「古い文学」とは内容に加え、「子どものように」無邪気な態度で世界を観察し描くという「詩的」な精神性のことなのである。

グリムが古い神話を求めて伝承文学に携わったということを鑑みると、このくだりで言われる古いポエジーとは即ち神話を指すと考えられる。メルヒェンと伝説とは、それぞれに異なる形で神話をグリムの時代まで伝えるジャンルとして定義されたのである。

（2）伝説の具体性と「歴史性」との関係

子どもの純粋な目線と言っても、メルヒェンは空想的で伝説は史実に近いという意味ではなかった。「子どもはメルヒェンの真実性を信じているが、フォルクもまた伝説を信じることを止めたわけではない」(13)とあるように、グリムは伝説を信じるフォルクの純朴な精神性を子どもになぞらえて理解している。

伝説の内容が事実であるか否かという問題について、『メルヒェン百科事典』の「伝説」の項には「グリム兄弟は〈史的〉という記述で一義的に歴史性を意図したわけではない。彼らの時代の価値観に合わせて、過去あるいはフォルクの思考における〈いにしえ〉の出来事が作り話のような形で表れることを意図していた」(14)とあり、民俗学者のザイデンシュピナーは「伝説の歴史性とは何かよく知られているもの、よく理解されているもの、ある場所や名前に結びつくということを言っている」(15)に過ぎないと断じた。グリム自身も次のように述べている。

> 伝説とメルヒェンは、感覚的に自然で把握可能なものを把握不可能なものと混ぜる点において歴史とは逆である。歴史は、我々の教養に堪えるような歴史ならば、そのようなものを叙述に含むことを拒み、自身から完全に切り離して観察し敬うことを知っている。(16)

ゲルントによれば、十八世紀末には資料批判的歴史学が発展し、学問の場においては史実とそうでない逸話との峻別が可能になっていた。(17)その中で歴史から切り落とされた作り話のような逸話、それでいてフォルクには信じられる物語が伝説というジャンルであるということをここでグリムは述べている。それは、続く次の説明からも明らかである。

> フォルクは真実であるものとそうでないものをあまり分けない。伝説はフォルクにとって、与えられた証明書によって十分に証明されている。つまりその証明書が否定すべくもない身近で確かな実在であるために、それに結びついた不思議への疑いを凌駕するのである。(18)

この引用に示唆された「証明書」こそが、伝説が結びつくという場所や人名であると考えられる。この点において固有名詞の有無と伝説の「史的」性質は連動する。グリム兄弟のジャンル概念において、伝説は少なくともフォルクにとって作り話ではないということになる。何故ならば彼らの知る場所や名称がその事実性を証明しているからである。

三、グリム兄弟の後継者ドイツ神話学派について

上のようなグリムの伝説とメルヒェンの定義は次の世代にどのように引き継がれたか。十九世紀ドイツ語圏では伝承集が盛んに刊行されたが、多くは娯楽読み物としての性質が強く忠実な蒐集・記録よりも面白さに重点を置いて手を加えられたテクストであるため、研究資料として活用できるものとはならなかった。これに対して学術研究の対象として伝承を蒐集し、資料的価値の高い伝承集を刊行した編者もいた。

その内の数名は「神話学派」(Mythologische Schule)[19]と呼ばれる。グリム兄弟は一八四一年からベルリン大学で教鞭を執っており、その門下生を中心とする一群の研究者である。グリム兄弟は伝承の蒐集について、個々の伝説を比較分析することによって新種の植物を観察するような発見があると述べ、「故に伝説の内実は細部に至るまで損なわれてはならず、事柄や状況は偽りなく集められねばならない」と主張した。[20]ドイツ神話学派はこの姿勢を継承して伝承蒐集にあたっては典拠や採集元を逐一記し、テクストの加工を極力避けると表明している。

ドイツ神話学派の研究の特色とは、伝説やメルヒェン、歌謡(Lied)をはじめとする伝承文学、並びに祭事や習俗といった伝承を古い神話の名残として読み解くところにある。[21]その解釈手法には往々にして牽強付会な面が見られ批判されるべき点も多いことは民俗学者の河野眞や独文学者の横道誠が既に指摘するところである。[22]とは言えロシアやヨーロッパ諸地域をはじめとして伝承研究及び神話学への影響は大きく、何よりも伝承を学術研究の俎上に載せたという点においてその功績は無視し得ない。[23]

学派の研究者の手による伝承集の内、はじめに述べたジャンルに基づいてテクストを仕分けしている伝承集として、カール・ミュレンホッフ『シュレースヴィヒ、ホルシュタイン、ラウエンブルク諸公領の伝説、メルヒェン、歌謡』(一八四五)、エミール・ゾンマー『ザクセンとテューリンゲンにおける伝説、メルヒェン、習俗』(一八四六)、アダルバート・クーン『マルクの伝説とメルヒェン』(一八四三)がある。何れの編者もグリムから直接の指導を受けており、神話学派の萌芽期にあたる世代である。これらの伝承集の中で仕分けが如何なる基準によってなされたかを検証することで、グリムのジャンル定義がどのように継承されたのかを実例から見ることができるだろう。

ミュレンホッフはキール大学、その後ベルリン大学でドイ

ツ語ドイツ文学（ゲルマン学）と神話学を教え多数の学者を輩出した人物である。クーンは比較言語学者でもあり、神話や言語の類似性からインド＝ゲルマン文化圏という大きな構想を打ち出した。また比較神話学及び自然神話学説の創始者として知られ、あらゆる神話は自然の諸現象を象徴的に語ったものとする解釈は殊に反響をもたらした。ゾンマーはハレ大学でドイツ文学を教えているが、伝承集を出した翌年に夭折したためこの伝承集が最も大きな業績と言えよう。

四、ドイツ神話学派の伝承集における伝説とメルヒェンの区別

それでは、実際に伝承集に収録されたテクストの分類から、ドイツ神話学派におけるジャンルの区分について見てみよう。クーンの伝承集には伝説が二四三話、メルヒェンが十六話収録されている。伝説は採集地域に従って区分され、メルヒェンは内容に従って並べられている。ゾンマーの伝承集には七十話の伝説と十一話のメルヒェンが収められており、何れも内容の近似性に応じて配列されている。ミュレンホッフの伝承集は四巻構成となっており、第一巻から第三巻に伝説が六〇五話、第四巻にメルヒェンが二十八話、謎かけや韻文のテクストが二十八話収められ、何れも内容に従って配列されている。

三者ともテクスト掲載の様式は一致しており、各話の小見出しの下に典拠を記し、そしてテクスト本文を載せる形になっている。典拠には口承と書承があり、ここにジャンルによる差異は見受けられなかった。[24]

三者に共通し、最も目につきやすい伝説というジャンルの指標は具体性である。伝説として収録されたテクスト中には数件の例外を除きほぼ必ず地名の記述があった。「シュテンダル市はかつて小さな村に過ぎなかったと言われる」[25]のような書き出しで始まっており、実在する土地について語るものが伝説であると規定されたようである。[26]

これに対してメルヒェンとして収録されたテクストには地名や時代に関する記述がなく、「昔、ひとりの王様がありました」[27]のような書き出しで始まっている。この王様とは特定の国における特定の君主ではなく、実在したのか否か定かではないどこかの王様であり、いうなれば王様という抽象的キャラクターである。「昔」という言葉も歴史上の特定の時代を指すものではない。

次にグリムがメルヒェンについて述べた物語としての完成性であるが、これも三冊全てに見受けられた。伝説として収録されたテクストには数行で終わるものも多いのに対し、メ

ルヒェンとして収録されたテクストは必ず複数頁を要し複雑な構成を持つ。

　こうした要素を見る限り、グリムのジャンル定義はドイツ神話学派の伝承集にそのまま継承されたように思われる。物語としての完結性／断片性、場所や時間・人名に関する具体性／抽象性は確かに区分の指標となっていた。

五、ドイツ神話学派の伝承集における伝説の「信憑性」と実状

　ミュレンホッフ、ゾンマー、クーンの伝承集では伝説というジャンルの指標として場所や人名に関する具体性が見受けられ、これはグリムの論において、その物語がフォルクに信じられていることの「証明書」であった。この信じられているという定義に関しても、ドイツ神話学派に踏襲されたことが彼らの言説から確認できる。

　クーンとミュレンホッフは伝承集に序文として詳細な論考を添えている。それによると、まずミュレンホッフは伝説とメルヒェンについて次のように述べている。

> 　真の伝説というものは何れも信じられており、あるいは信じられようとしている。何故ならば伝説は常に実際に起きたことを物語ろうと意図するためである。真の伝説とは神話に他ならない。
> 　メルヒェンは、これが真実であるか、あるいは詩か夢であるかを問わないという点において推奨されるだろう。伝説にとっては信頼の置ける権威の仕事としてのみ可能であるが、メルヒェンにとって魔法は誰にでも思いのままである。(28)

　伝説は「実際に起きたことを物語ろうと意図する」故に「信じられており、あるいは信じられようとしている」が、これに対してメルヒェンは「真実であるか、あるいは詩か夢であるかを問わない」という。この文章は明らかに信憑性の有無というグリムのジャンル定義を踏襲している。

　クーンもまた伝説の「真実性」について、「歴史上の事象が客観的真実性を持って描かれることはない」が、一方で「主観的真実性」を有すると述べている。(29) 伝説に客観的な実証性を求めることは困難でも、主観、つまり伝説の語り手たるフォルク自身は真実として語っているということである。

　更に、ゾンマーが前書きで「既に他の地域で報告されている伝説とメルヒェンを収録したからと言って責めるにはあたるまい。伝説については少なくともここにも存在することを知るために、既知のメルヒェンについてはご覧の通り、幾らか目新しい特徴があって」(30)有益なので収録したと断っている

ことも注目に値する。他の地域で採集された物語に類似した伝説が「ここにも存在する」ことは、メルヒェンのように「目新しい特徴」がなくとも各地で報告される必要があった。それはその伝説が当地に根ざしている、つまりは信じられている証明でもあったのである。こうした論説を見る限り、信じられている話という伝説のジャンル定義は理念上グリムから継承されている。

ところが、実際のテクストにこの理念は反映されているだろうか。民俗学者ルッツ・レーリヒは「フォルクの信仰における巨人はとうの昔に死んでいる。後にはこびとがまずこれに続いた。最も息の長いのは魔女であり、魔女信仰は今日でも尚、各地で生きている」[31]と述べ、このように「フォルクの信仰」には偏差があるので、「伝説」は須らく信じられているものとまとめてしまうよりも個々のテクストを文脈に基づいて判断するべしと提案した。

レーリヒが挙げた巨人や魔女、こびとに関する伝説はドイツ神話学派の伝承集の中に等しく並べられ、これらの信憑性に差異があるようには読めない。伝承集に収録されている情報とは上に述べたように小見出し、本文、典拠である。これらの情報からどの物語が信じられているかということは判断し得ないように思われる。何故ならばそこには語りの文脈に関する情報がないためである。

伝承が集められひとつの書籍として刊行されるにあたり、テクストは「生きた」語りの文脈からは一度切り離されることとなる。個々のテクストに対する語り手の態度、あるいは如何なる場面において語られたものかはそこから読み取ることができない。伝説として分類されたテクストには確かに地名や年代の表記があるが、これは必ずしも信じられている証左とはなり得ないのではないだろうか。

それにも拘わらず、ドイツ神話学派の伝承集には理念上信じられている物語として伝説というジャンルがメルヒェンと区別して置かれている。これは、彼らが伝承に携わるそもそもの動機である「神話」のためではないかと考えられる。

六、失われた神話と生きている伝説・メルヒェン

ミュレンホッフは伝承集序文において伝説とメルヒェンの差異について述べていたが、これは「ドイツのフォルクのポエジー」[32]の変遷史を描き出す中で言及されたものである。グリムがそうであったように、このポエジーとは神話を指すと考えられる。ミュレンホッフによると、ポエジー＝神話の最も古いあり方とは次のようなものである。

戦いに赴く時、あるいは敬虔な供犠の際に、集団は皆で歌った。歌謡は故に叙事詩的な内容を含み、賛美歌のような様式を持ち、神々への崇拝としっかり結びついていた。この直接的な証拠から次のことが確かである。神々の神話（Mythen der Götter）は毎年の聖なる祭事や仕事と、特に戦と直に結びついていた。(33)

ミュレンホッフは集団で歌われる歌謡こそが原始的な神話であると捉えており、故に神話は儀式や行事と不可分であったとする。また、歌われるという使い方から導き出される本来の神話のあり方とは韻文である。歌われる内容についてこの直前には「ドイツ人はその歴史の始まりから既に神々と、そして民族や氏族の神的祖先を讃える歌謡を持っていた」(34)とあり、この原始の時代における「神話」が神々に加えて神的な祖先に関する内容であったと想定されていることが分かる。

時代が下るとまずこの内容に変化が起き、民族大移動の時代には「古い神々や半神の神話のみが歌の主題ではなく、直接的な現在とその大きな体験を扱う」(35)ようになる。その結果歌われるようになった主題とは個々の地域における英雄や王侯である。また職業的な詩人が登場したことにより「歌謡は自由になり、閉鎖的に群衆だけが歌うものではなくなり、古くから伝わる歌のみならず新たに創作されるようになった」(36)という。

続いてカール大帝の時代、更にミンネザングや職匠歌の繁栄、宗教改革などを経てフォルクのポエジーは隆盛と沈降を繰り返し、「時に打ち負かされたように見えても詩は即座に再び新たに迸る力に満ちて常に同等の新鮮さでもって立ち上がる」(37)のだが、その隆盛も中世末期の十六世紀が最後であったという。

然るに神話は後になって歴史的な叙事詩へと移行し、叙事詩とこれに付き従うもの、つまりフォルクの伝説は、歴史的な散文へと取り込まれた。だがフォルクの中で感覚的に生きた物事の解釈が優る限り、叙事詩と伝説は散文になることはない。新時代の到来がこの解釈を直ちに追いやる道を進めてしまった。伝説とフォルクの総体的ポエジーの沈降はこうして免れなかったのである。(38)

ここでは本来の神話とは散文でなく歌謡であったはずだという冒頭の定義が繰り返されており、これが歴史的叙事詩、フォルクの伝説、そして歴史的な散文へと移り変わる過程がまとめられている。そこから伝説とメルヒェンとの区分の話題につながっている。

ミュレンホッフの描き出したポエジーの変遷史から読み取れることは、神話というジャンルが「歴史の始まり」と称される古い時代には確かに存在したが、時代経過と共に変形したという説である。これはドイツ神話学派の伝承集において、伝説とメルヒェンは収録されているが神話というジャンルのテクストが納められていない理由を説明している。十九世紀ドイツ語圏のフォルクから伝説とメルヒェンは採集し得るが神話は入手し得なかった。何故ならばミュレンホッフがいにしえの祖先に想定したような「神々の神話」は既に崩れてしまっているからである。現存するのは神話の欠片としての伝説やメルヒェンであり、それらを集めて再構築することを神話学派は目指していた。ドイツ神話学派にとって、伝説とメルヒェンは現存するジャンルだが、神話はそれらの背後にのみ読み取れる「失われた」ジャンルだったのである。

おわりに

物語としての完成性や地名などに関する具体性において、ドイツ神話学派の伝承集における伝説とメルヒェンの区分はグリム兄弟が『ドイツ伝説集』に述べた定義を踏襲していた。一方で、グリムが伝説の性質として述べたフォルクに信じられているという点については伝承集のテクストからは読み取ることができない。具体的な地名が文中に挙げられることは、語りの文脈から切り離された伝承集という文献の中では信じられている証左としての役割を必ずしも果たしていない。

しかし、これはドイツ神話学派の伝承集が師グリムの理論を表層的にしか継承しなかったということを意味するわけではない。グリムとドイツ神話学派のジャンル定義は、何れも神話との関係性の中で捉えられるという点において通底している。

ミュレンホッフが序文で記述したのは「伝説とは〜である」「メルヒェンとは〜である」といった一般規則的ジャンル定義ではなく、神話が崩れて伝説やメルヒェンになるというジャンルの歴史である。ミュレンホッフはジャンルを静的な定義ではなく動的なあり方として捉えた。この把握はドイツ神話学派の伝承文学に臨む姿勢を如実に象徴している。ドイツ神話学派とは名称の通り、伝承の中に神話の痕跡を探すことを目標として蒐集・研究を行った学派である。故にメルヒェンも伝説も、それが如何なる形で神話を現在に伝えるものであるかという観点から定義されている。

ジャンルを分けることによってドイツ神話学派が得た効果とは、神話の生命力を保証することではなかっただろうか。メルヒェンは信憑性を保証しないが、その内容を解釈することにより神話の内容についての知見が得られる。そして伝説はメルヒェンほどの複雑な内容を含まないが、実在の地名や人名に結びつくことで信憑性を担保すると見なされる。両者を組み合わせることにより、ドイツ神話学派は「今もフォルクの中に生きている神話」を導き出そうとしたのではないだろうか。この効果は上に見たように、伝承を蒐集し編纂するという神話学派自身の営為の中で事実上は失われている。しかしそれ故に一層理論を固め、その理念に従ったテクストの分類を実践してみせたのではないだろうか。

注

（1） Lauri Honko, "Gattungsprobleme," *Enzyklopädie des Märchens*. Bd. 5(1987), pp744-769, p746. 同事典によると今日も尚ジャンルを巡る議論は続いている。

（2） Helge Gerndt, "Sagen und Sagenforschung im Spannungsfeld von Mündlichkeit und Schriftlichkeit" *Fabula*, Bd. 29(1988)pp1-20.

（3） 天沼春樹「神話概念の変遷Ⅰ：Mythosの語史に関して（上）」（城西大学『城西人文研究』第十五巻第二号、一九八七年）一二三―一三四頁。

（4） *Duden Etymologie: Herkunftswörterbuch der deutschen Sprache*, Mannheim: Duden, 1989, pp71.

（5） 田口武史『R・Z・ベッカーの民衆啓蒙運動――近代的フォルク像の源流』（鳥影社、二〇一四年）。

（6） 田口（二〇一四）一八三―一九二頁。

（7） Hermann Bausinger, *Formen der „Volkspoesie"*, Berlin: Erich Schmidt, 1968, p28.

（8）・川原美江「〈フォルク〉のいない文学――ヘルダーからグリム兄弟にいたる民衆文学の構築」（日本独文学会『ドイツ文学』第一四八号、二〇一三年）一四〇―一五七、一五二頁。

（9） Hermann Bausinger, *Volkskunde. Von der Altertumsforschung zur Kulturanalyse*, Unveränderter Nachdruck der Ausgabe 1971. Darmstadt: Carl Habel, 1987, p43.

（10） Bausinger 1987, p42.

（11） Brüder Grimm, *Deutsche Sagen. Vollständige Ausgabe, nach dem Text der dritten Auflage von 1891, mit der Vorrede der Brüder Grimm zur ersten Auflage 1816 und 1818 und mit einer Vorbemerkung von Herman Grimm*, Berlin: Rütten u. Loening, 1956, p11.

（12） Brüder Grimm 1956, pp11.

（13） Brüder Grimm 1956, p12.

（14） Rolf Wilhelm Brednich, "Sage," *Enzyklopädie des Märchens*. Bd. 11,(1999)pp1017-1049, p1018.

（15） Wolfgang Seidenspinner, "Sage und Geschichte. Zur Problematik Grimmscher Konzeptionen und was wir daraus lernen können," *Fabula*. Bd. 33.(1992), pp14-38. p 15.

（16） Brüder Grimm 1956, p12.

（17） Gerndt 1988, p2.

（18） Brüder Grimm 1956, pp12.

（19） 本稿では後のウィーン神話学派と区別するためドイツ神話学派と記す。

（20） Brüder Grimm 1956, p5.

（21） Kathrin Pöge-Alder, "Mythologische Schule," *Enzyklopädie des Märchens*, Bd. 9(1999)pp1086-1092.

（22） 河野眞『ドイツ民俗学とナチズム』（創土社、二〇〇五年）五二五―五四一頁。横道誠「〈マンハルト派の理論〉についての史的批判的記述――ドイツ神話学派（ヤーコプ・グリム、ヴィルヘルム・マンハルト）の学問的系譜とJ・G・フレイザー、ケンブリッジ典礼学派、文学的モダニズムの著作におけるその受容」（『京都府立大学学術報告』第六七号、二〇一五）三一―七六頁。

（23）Pöge-Alder, 1999.

（24）cf. Adalbert Kuhn, *Märkische Sagen und Märchen. Nebst einem Anhange von Gebräuchen und Aberglauben*, Berlin 1843, pXIV.

（25）Kuhn 1843, p3.

（26）Kuhn 1843, p289. 例外もある。たとえばクーンのメルヒェン第十一話「勇敢なちびの仕立て屋」は冒頭が「昔、ベルリンとベルナウの間に一頭の熊が住んでいた」から始まっており、時代は定かでないものの地名は明示されている。同様の事例はゾンマーのメルヒェン第三話「マンスフェルト湖の水妖」にも見られ、またミュレンホッフの伝説第三七九話「地下の人の創造」は地名も年代もないが伝説に分類されたテクストである。地名や時代についての言及は伝説というジャンルの分かりやすい指標でもあるが、伝承の過程で偶然その情報が抜け落ちること、あるいはその逆が起こり得る。cf. Friedrich Ranke, “Sage und Märchen,” *Volkssagenforschung. Vorträge und Aufsätze*, Breslau: Maruschke u. Berendt, 1935, pp11-25.

（27）Kuhn 1843, p263. Emil Sommer, *Sagen, Märchen und Gebräuche aus Sachsen und Thüringen*, Halle: Anton, 1846, p82. u. a. m.

（28）Karl Müllenhoff, *Sagen, Märchen und Lieder der Herzogtümer Schleswig, Holstein und Lauenburg*, Kiel: Schwersche Buchhandlung, 1845, ppXXXIX, pXLII.

（29）Kuhn 1843, pIII, IV.

（30）Sommer 1846, pIV.

（31）Lutz Röhrich, “Die deutsche Volkssage. Ein methodischer Abriß,” 1958, *Vergleichende Sagenforschung*, Hrsg. von Leander Petzoldt, Darmstadt: Wissenschaftliche Buchgesellschaft, 1969, pp217-286, p218.

（32）Müllenhoff 1845, pXLIII.

（33）Müllenhoff 1845, pVIII.

（34）loc. cit.

（35）Müllenhoff 1845, pIX.

（36）loc. cit.

（37）Müllenhoff 1845, pXXXIX.

（38）Müllenhoff 1845, ppXL.

近代以降における中国神話の研究史概観

――一八四〇年代から一九三〇年代を中心に

潘　寧

ハン・ネイ――吉林大学外国語学院日本語学科専任講師。専門は日本文化、説話文学。主な論文に「牛と冥界からやってきた使者――『日本霊異記』中巻第二十四縁を中心に」（『説話・伝承学会』、二〇一三年三月）、「『日本霊異記』と『冥報記』――中巻第二十四縁を中心に」（『日本文化論年報』、二〇一六年三月）などがある。

本稿は十九世紀半ばから一九三〇年代までの約一〇〇年間に近い神話研究の歴史に注目し、神話学の誕生及びそれぞれの時期の研究動向を概観した。それで、以下のことが明らかになった。まず、清朝末期、救国の風潮が高まる中、知識人は民族の優位性を証明するために、神話に目を向け、民族の起源などに関心を持っていた。次に、魯迅の神話学における貢献は神話の概念や特徴などを説明するほか、神話の素材を利用し、再創作したことにもある。茅盾は中国神話学ないし比較研究学の確立に重要な役割を果たしていた。

はじめに

中国の神話は早くも『山海経』(1)、『淮南子』(2)などの文献に見られる。神話は二〇〇〇年以上の歴史があるものの、それをめぐる本格的な研究が始まったのはここ数十年のことに過ぎない。一八四〇年アヘン戦争の勃発がきっかけで、清朝時代末期から「救国思想」が高揚し、激動した社会の中、文人らが神話に答えを求め、国を救う方法の模索を初めて試みた。

アヘン戦争は中国近代史の開幕を告げる。そこから一九三〇年代までの約一〇〇年間は中国近代史にとって、暗黒の時代であり、中国の行方をめぐる新旧思想の論争が最も活発化した時代でもある。中国にとっては、正に「転換期」とも言うべき時期である。その一〇〇年の間、戦争敗北に伴い、領土の譲渡や賠償金の支払いが要求される一連の条約が調印され、清朝政府の支配を揺がす民衆の闘争が相次いだ。戊戌の政変や義和団事件や辛亥革命などを経て、清朝政府の支配がついに終焉を迎える。そういった社会情勢の中、当時の知識人は西欧または日本から新しい思想を取り入れ、社会運動の中で、重要な担い手となった。彼等は自らの優れた民族性を証明するためにまず目を向けたのが神話であった。

先述した通り、中国神話が誕生した歴史に比べ、神話研究の歴史がさほど長いとは言えない。しかし、この言い方は厳密性に欠けている。袁珂氏は神話の収集と整理を神話研究の営みとしている。そうだとすれば、神話研究の歴史は孔子の時代にまで遡ることができる。(3) 袁珂氏は広義の意味での神話研究史の時間範疇を定義しており、それ以降の神話研究に大きな示唆を与えた。しかし、本稿で言う神話研究の歴史は主に狭義の意味での研究史であり、神話の概念の導入や神話学が確立された時期から計算したものである。それをまず断っておきたい。

近代以降、とりわけアヘン戦争が勃発してから、一九三〇年代までの神話研究の諸問題を取り上げた研究には、袁珂氏の『中国神話史』が代表的なものとしてよく挙げられる。袁珂氏は中国神話の歴史区分を提起したのみならず、少数民族の神話の概容にも言及している。また、潜明滋氏は中国神話学の歴史を振り返った上で、魯迅や茅盾や聞一多などの文人らの神話研究における貢献を紹介した。(4) その他、葉舒憲氏の『中国神話哲学』(5) や武世珍氏の『神話学綱論』(6)、謝選駿氏の「中国神話体系簡論」(7) などが見られる。これらの研究は中国神話の意味を問うほか、古代神話の近代に入ってからの変貌や、神話の類型や個々の神話についての分析などを内容とするものが殆どである。五〇年代からの二十年間は神話研究の低迷期であり、七〇年代以降に入ると、全面的な開花を迎えた。

以上の研究成果を踏まえ、本稿は十九世紀半ばから一九三〇年代までの約一〇〇年間ほどの神話研究の歴史を整理し、中国歴史の転換期に当たるこの時期において、神話学がどのように確立されたのか、その過程にアプローチしたい。また、神話研究の代表的な人物、魯迅に焦点を当てながら、彼の神話研究における貢献を紹介することで、当時の文人らによる神話創作及び比較神話研究の一端を垣間見ることを試みる。

一、中国神話学が確立された背景

(1) 時代背景

中国の神話学がいつ誕生したかについて、多くの学者は近代、とりわけ一九二〇年代以降と解釈している。(8) ここで、「近代」の概念をまず確認しておきたい。本稿で使う「近代」

とは、すなわち、アヘン戦争が勃発してから、一九一九年に起きた五四運動までの時期を指す。十九世紀に入ると、清朝政府の鎖国政策により、中国の国力が次第に衰え、アヘン戦争を初めとする欧米列強との戦いの中で、中国は連続して敗北し、領土割譲や賠償金の請求を強いられる条約が次々と調印された。また国内には、農民らによる太平天国運動が蜂起し、結局鎮圧されることで終わったが、清朝政府の支配に大きな打撃を与えた。国内外の厳しい情勢の中、支配に危機感を覚えたのはまず清朝政府の官僚たちであった。一八六〇年代から、彼らは西洋技術の導入による富国強兵を目的とする洋務運動を推進し、清国の経済や軍事や外交などの実力の向上を目指していた。要するに、清国の勢力を挽回する狙いであった。約三十年間持続した洋務運動は李鴻章が代表する洋務派の支持のもとで大いに展開され、当時の中国社会に多大な影響を与えていた。ところが、洋務派が求める「救国」はついに実現できなかった。一八九四年に日清戦争が勃発し、清朝官僚たちの努力が台無しになってしまった。戦争中、下関条約が調印されることにより、多くの領土権が失われた。そのため、日清戦争は中国の半植民地化社会への道を加速化した戦争とも言われている。日清戦争の敗北や洋務運動の失敗により、施策の転換を迫られた清国は「強国」という目標を掲げ、康有為と梁啓超を中心に明治維新を模範に、立憲君主制を目指す変法運動を展開した。彼らの主張は当時の光緒皇帝の支持を得たが、西太后が代表する保守派から嫌悪感をもたれた。一八九八年に「変革」を目指そうとして展開された戊戌の変法はついに西太后らから弾圧を受けて失敗した。それは即ち歴史上の有名な「戊戌の政変」である。その結果、光緒皇帝が幽閉され、関与者の多くが処刑されただけでなく、義和団事件を招くこととなった。国内外の紛争が相次ぐ中、康有為と梁啓超と共に歴史舞台に登場したのは「革命派」の孫文であった。十九世紀末、日本に亡命した孫文は何度も中国国内の蜂起を企てるが、失敗してしまった。一九〇五年、日本で中国同盟会を結成し、三民主義を提唱することで、中国国内の有力者から大いに支持を得た。一九一一年に、清朝政府を倒し、共和制の実現を目指した辛亥革命により、二〇〇〇年以上続いた君主制はついに終焉を迎え、中華民国という新しい政権が樹立された。社会情勢が激動する中、特に日清戦争以降、民族独立思想が高まり、救国という熱望を持つ当時の知識人がブルジョア民主主義運動に参加し、政治と思想、更に中国文化の発展に積極的な役割を果たしていた。例えば、康有為は孔子を尊敬し、儒教を変らぬ精神の柱と見なしている。一方、孫文は西欧的な民権の確立を目指し、中国の民主運動の方法を探ることに苦心していた。当時の知識人の間には西洋に真理を求めるという思想が流行し、西洋思想を吸収すると同時に、中国を独立させる方法を考案する傾向があった。その代表的な人物は章炳麟である。彼が主張する種族革命は当時の中国社会や知識人の中で大きな反響を呼んだ。

(2) 種族革命の勃発

章炳麟は清朝末期の政治的混乱の中、進歩思想を求める知識人として、富国強兵を目的とする強学会に参加していたが、次第に儒教思想を尊重する、康有為を中心とする変法派に違和感を感じた。その後、戊戌の変法が起こり、西太后が代表する保守派からも厳しく排斥され、日本へ亡命した。西欧思想を吸収した章炳麟は種族革命を主張し、満州人の代わりに漢民族が革命の担い手になるべきとした。一九〇三年、章炳麟は「康有為を駁して革命を論ずる書」[9]を発表し、「民族主義は本能である」意を述べる。当時、「改革か革命」をめぐる論争が知識人の中で大いに行われていた。上記の文章の中で、康有為の改革の観点に対して、章炳麟は全く反対の意見を示した。清朝政府打倒の意思をはっきりと表明し、変法派から革命派へと変った。先述した通り、戊戌の政変の後、章炳麟は日本に亡命した。日本で三宅雪嶺らに接触し、他の多くの知識人と同様、明治の日本を媒介として、西欧の思想を積極的に吸収した。社会進化論思想の影響を受けて、種族間の競争で勝ち抜くために、自分の種族の国粋を誇りに思い、団結しなければならないということを意識した。日本から帰国した彼はついに種族革命を実行する。[10]そのために、漢民族の歴史の優位性、つまり漢民族は支配されるべきではないという根拠を示すことが要求される。そこで彼らが求めたのは先祖起源神話である。

故埃及人信蝙蝠、亜拉伯人信海麻。海麻者、梟一種也。皆因其翔舞墓地、以為祖父神霊所託。(中略)其近而隣中夏者、蒙古、満州、推本其祖、一自以為狼、鹿、一自以為朱果、籍其寵神久矣。中国雖文明、古者母系未廃、契之子姓自玄鳦名、禹之姒姓自薏苡名、知其母呑食、而不為祖、亦就草昧之緒風也。(『訄書詳注』[11]序種姓上第十七)

(そのため、エジプト人は蝙蝠を信じて、アラビア人は海麻を信仰する。海麻とは、ふくろうの一種である。それは墓地の辺りを飛んでいるため、祖父の霊魂を託すものだとされる。(中略)その近くで中国に隣接する国、例えば、蒙古と満州。その祖先を類推すれば、一つ(蒙古)は狼、鹿としている。もう一つ(満州)は朱果としている。神を崇拝する歴史が長いことが記されている。中国は文明国であるが、昔からの母系制度がまだ廃れておらず、契の「子」という苗字は玄鳦の名前に由来するもので、一方、禹の「姒」という苗字は薏苡から来たのである。母親がそれを飲むことを知るものの、それを祖先として信仰しないことは開化していない名残のようである。[12]

以上は章炳麟の『訄書』から抜粋した部分である。本書の中で、章炳麟は民族によって、信仰対象が異なるため、それぞれの祖先神があり、また、各民族の祖先神神話の比較を通して、母系社会の存在を証明している。彼は西欧のトーテミズムの思想を利用し、中国原始社会の母系制度を解釈している。その理由を根本的に言えば、満州族による清朝の支配に反発しようとするためである。

上記の文章には「朱果」という表現が出ており、それは満州族の祖先であると説明されている。そこには満州族の起源神話が見られる。神話の粗筋を確認しておきたい。長白山の麓には湖があり、天女の三姉妹がそこで水浴びをしていると、神の使いであるカササギが赤い実を運んで来た。末の娘・仏庫倫がその実を口に入れると、たちまち身ごもり、布庫里雍順という男子を産んだ。布庫里雍順は容姿端麗にして聡明であり、成長すると川を下り、争っていた三つの部族を治めて満州族の始祖となったという話である。

各民族の祖先神は動物や植物であることという章炳麟の論説に対して、一部の学者はそれに疑いの意を示した。例えば、陳去病は『清秘史』[13]の中で、祖先神話の目的について、

推其究竟、乃莫非籠絡愚民之計。
（その原因は国民を愚かにするための謀にほかならない。）

と述べている。それでも、人種の起源が知識人の間で大いに関心を集めた。特に漢民族の起源が議論の中心となった。民族意識の覚醒で民族歴史の見直しが要求されるようになる。

（3）神話学理論の伝来と中国神話学の萌芽

神話学は中国本土で生まれた学問ではなく、西欧から直接あるいは日本を媒介として間接的に伝来したものである。王増永氏は『中国神話学概論』[14]で「西欧の現代神話学の中国伝来は二十世紀初頭である。当時の担い手は主に日本にいた中国人留学生であった。彼らは日本で始めて西欧神話学の様々な理論を学習し、それを中国神話に結び付けた上で、分析を加えている。一九二〇年代、神話学は漸く中国の特色を示す系統になった」と述べている。以上の指摘から中国神話学の発生は西欧神話理論の導入を前提としているものであることが分かる。

漢籍には「神話」という概念が元々存在せず、日本から輸入した言葉である。一八六〇年代以降、日本は中国に先立って神話学研究を行った。一九〇四年に、高木敏雄は西欧の神

話研究の理論や流派などを日本に紹介し、日本神話研究だけでなく、中国の盤古神話の分類や比較研究について所見を述べた。更に、盤古神話のインド由来説を提出した。[15]高木氏の論点は中国の神話研究のほか、民俗学や人類学研究にも大きな影響を与えていた。西欧の神話研究の理論などが流行っている日本は中国の知識人にとって、神話に関する専門知識を得るための絶好の媒介となった。日本語の「shinwa」という言葉を借用し、神話研究に関する成果を翻訳し、それを中国に紹介したのは日本にいた中国人留学生であった。梁啓超や章炳麟や魯迅が代表的な人物となる。先行研究によれば、初めて「神話」という言葉を中国の学界に紹介したのは蒋観雲氏であった。蒋観雲は戊戌の変法に参加し、改革派を支持した人物である。一九〇二年に日本に留学した彼は西欧の思想を吸収した。西欧文化と進化論思想を紹介するために、『海上観雲集』という大作を完成させた。作品には、人類学や民俗学の文章が数多く収められている。一九〇三年、蒋観雲は「神話歴史養成之人物」という文章を発表し、文章の中で「神話」という言葉を始めて使用した。また、「一国之神話与一国之歴史、皆於人心上有莫大之影響」[16]（一国の神話と歴史は人の精神に莫大な影響を与える効果がある）と述べ、神話の効果と重要性を指摘した。そこから、彼の神話への理解が窺える。即ち民衆を啓蒙し、教化する効果があるということである。また、漢民族の由来が注目される中、一九二九年に著した『中国人種考』[17]の中で、『史記』や『漢書』や『山海経』に載せられた神話を引用しながら、「崑崙山はヒマラヤ山であり、西王母は黄種の氏族」を論証し、漢民族の西方由来説を主張している。

蒋観雲以来、当時翻訳された日本人学者の著作には「神話」または「比較神話学」などの用語の使用が確認できる。それ以来、神話に関する論著が次々と中国の知識人、特に日本留学の経験のある文人らによって、中国に紹介されるようになった。「神話とは何か」、「神話と宗教との関係」が注目されていたが、中国神話を本格的に研究するものはまだ出ていない。しかし、留学生が紹介した西欧または日本の神話研究の理論と方法は当時「救国」という志を持ち、漢民族の優位性を証明しようとする知識人に有力な理論的な根拠を提供した。それと同時に、一八九五年に厳復は『天演論』を翻訳し、進化論思想を中国に紹介した。彼が訳した多くの作品には神話の性質や神話と宗教の関係について論じるものが見られ、紹介された理論はそれ以降の神話研究に大きく貢献した。また、周作人を始めとして、茅盾、謝六逸、黄石等の研究者は西欧から翻訳された神話研究の理論を熱心に学習していた。

その神話研究理論には人類学学派のものが含まれる。中国人研究者のうち、人類学学派の神話理論を積極的に取り入れようとしたのは茅盾であった。一九二八年に完成した「人類学派神話起源の解釈」という文章にはその理論についての詳細な紹介が見られる。[18]また、一九二九年に出版された『中国神話研究ABC』の中で「本書の目的はいわゆる人類学の方法と存続説の理論を用いて、系列化していない中国の神話を分析しようとするものである」と述べており、人類学の研究理論の影響を確実に受けたことを明示している。西欧から翻訳された著作は中国の知識人に豊富な栄養を与えていた。神話研究に関する翻訳作品の流行という背景の中で、中国の神話学が芽生えてきた。

(4)神話と民族歴史の関係について

神話の論著が流行する中、中国の知識人は人種の起源に関心を寄せた。先述した通り、当時の民族主義者は漢民族の優位性を証明するために、まず目を向けたのが神話であった。彼らが特に注目したのが漢民族の由来であった。民族意識の覚醒で、自分の民族の歴史を見直すことが迫られる。そのため、潜明滋氏の研究によれば、神話と歴史の関係をめぐる論争がまず知識人の中で行われたようである。数多くの歴史書の中で、「漢民族の祖先は黄帝である」[19]と記されている。しかし、黄帝はどこから来たのかは謎である。知識人たちはその謎を解くため、『荘子』や『山海経』などに答えを求めようとした。

黄帝遊乎赤水之北、等乎崑崙之丘西南望、還帰、遺其玄珠。(『荘子』[20]天地)

(黄帝はある時、赤水の川を遡ってその北に旅をして、崑崙の丘に登ってはるか南方を見渡した。さて、還ってみると、持ち物の玄い珠を落としていた。)

以上の他、『山海経』にも黄帝に関する記述が見られる。

海内崑崙之虚、在西北、帝之下都。(『山海経』[21]海内西経)

(海内の崑崙の丘が西北にある。地上における天帝の都である。)

崑崙山の位置は定説がないが、『山海経』に記された「西北」にあるという一説がある。文献に記されたとおり、崑崙と黄帝が一緒に出てくることが多い。従って、黄帝一族は崑崙山が位置する西北から来て、他の集団に打ち破って、中原あたりに定住したのではないと推測される。[22]一方、歴史学派「疑古派」の創始者である顧頡剛氏は「中国神話には二つの系統がある。一つは崑崙系であり、もう一つは蓬萊系である」[23]と述べている。顧頡剛氏の論考では、前者は中国西部に起源し、東部沿岸部の蓬萊に伝わって、蓬萊神話に変わった。

その後、二つの系統が融合し、新たな神話世界を形成したと述べている。

顧頡剛氏の結論の正確性はさておき、以上からは清朝末期の学者には神話の中から漢民族の起源を探る試みがあったことが分かる。神話を利用し、人種の起源を論証することは西欧では既に行われたが、中国では新しい試みである。今から見れば、学術の論理として未熟な部分も少なくないが、彼等の試行が神話または神話学研究を促進する原動力になったことに違いない。

神話と民族歴史の関係が注目される中、清朝末期の学者は神話を歴史化しようとする古史資料の信憑性を疑い始め、名作と信奉された経典を批判するようになった。神話は改変された歴史であるという理論は中国で「神話の歴史化」と称され、長い間中国の神話研究に大きく影響を及ぼした。黄石氏は「神話の歴史化」及び「歴史の神話化」について、「『神話に登場した人物は全て歴史人物である』とか『神話は完全に歴史上の噂話である』とかいう、いわゆる歴史派の観点には賛成できないが、一部の神話は確かに歴史の流転であることは否定できない」[24]と述べている。神の観念が強い古代社会において、歴史伝説には多かれ少なかれ、神話的な要素が交わっている。人種起源を探る研究ならば、必ず歴史研究が不可欠となる。すると、神話と歴史関係の研究も次第に流行ってきた。ブルジョア啓蒙思想家はある程度、神話伝説と古史の混合関係を認めていることが黄石の論説から分かる。

神話と社会、特に懐妊神話と母系社会の関係について、清朝末期の思想家は進化論思想とブルジョア階級の社会学学説で説明しようと試みた。西欧の哲学や社会科学著作の翻訳ブームが巻き起こる中、社会で大きな反響を呼んだのは厳復によって翻訳されたトマス・ヘンリー・ハクスリーの『進化と原理』であり、中国語で『天演論』と名付けられた著作である。それは初めて中国で西欧の進化論思想を紹介する書物である。「優勝劣敗」、「適者生存」の理論は滅亡の危機に陥った清朝政府がなぜ列強に支配されたかということをうまく解釈した。進化論思想が中国で紹介されてから、すぐに当時の知識人に利用された。梁啓超は旧来の歴史学を一新させ、「史学革命」という目標を掲げた。特に、一九一九年に起きた五四運動以降、進化論思想は若者に大いに支持され、茅盾などの研究に多大な影響を与えていた。清朝末期の学者は翻訳書籍から進化論思想や社会学の知識を積極的に吸収しようとしていたが、それは厳密には学術研究とは言えない。「救国」という思想の影響下、彼らは政治の要求に応えるために、神話と歴史の関係に着目したのであろう。

清朝末期になると、社会の改革に伴い、文学の改革も迫られてきた。その中で、改革の最前線に置かれたのは小説である。それまでは小説の評価はさほど高くなかった。しかし、政治理念を宣伝するため、小説を創作する風潮が高まった。小説が読者に馴染みやすいため、古代神話が小説の部分的な内容の素材として使われる傾向があった。

近代に入ってから、自分の民族の神話や伝説などを利用して、自身の文化を宣伝することはヨーロッパの学者や作家の中で重要視されてきた。ギリシャ神話、グリム童話などは民衆を教化するための重要な手段となった。[25]中国のブルジョア階級もそれと同様、封建社会と抗争する中、ヨーロッパの文化を吸収しながら、中国の古代神話や伝説の英雄人物を利用し、自らの民主主義革命の精神をアピールしなければならない。それは民族性を誇示する目的以外に、文化素質と国民教養を培う目的も見られる。

国民性を改造し、民族意識を覚醒させるために、神話を利用する風潮が当時の文人たちの中で高まった。その旗手ともいうべき人物は魯迅である。

二、魯迅の神話学における貢献

(一) 神話の概念について

魯迅の本名は周樹人で、字は豫才である。若い頃、厳復が翻訳した『天演論』を読んで、進化論思想の影響を受けていた。一九〇二年に日本に留学した彼は、最初は医学専門であったが、愚痴な国民を救うために、医学の勉強を断念し、小説家への道を選んだ。日本に留学している一九〇七年から一九〇八年までの間は「人間の歴史」[26]、「科学史教篇」[27]、「摩羅詩力説」[28]、「破悪声論」[29]を完成させ、いずれも魯迅の早期の神話観を表すものである。しかし、内容から見れば、神話を紹介するものが殆どで、具体的な問題を取り上げるものではなかった。従って、神話または神話学についての断片的な紹介にとどまるだけで、本格的な研究とは言えない。一九二〇年代に入ると、魯迅は『中国小説史略』(「神話と伝説」)及び『中国小説の歴史の変遷』(「神話から神仙伝へ」)の中で、再び神話に言及している。同時代の文人よりも、魯迅は神話の発生から変化や分類、神話の特徴など、神話全般を取り上げており、文学史上における神話の位置づけなどの問題を意識している。この段階では、彼は神話学についての重要な論述を数多く完成させた。彼の神話学における貢献は主に神話論理

への着目及び神話伝説の再創作の二点にある。(30)

神話とは何か、それを定義することに困難がある。民族や文化、更に定義する人の研究分野によって、その中身がそれぞれ異なる。中国人研究者の楊利慧氏が定義した神話の概念は次のようである。(31)

神話は即ち神祇、始祖、英雄または聖なる動物やそれにまつわる話である。宇宙や人類及び文化の起源、現在の世界の秩序の基礎を説明するものである。

一九八〇年代、神話研究者の袁珂氏は「広義の意味での神話の概念」を打ち出した。(32)それはつまり神話の範疇を上古や古代だけに限定せず、今日まで拡大しなければならないということである。その学説が出されて以来、神話研究界で大いに議論されていた。様々な条件に制限され、現在、研究者に多く取り上げられているのはやはり楊利慧氏が出したような狭義の意味での神話であろう。一九〇八年、魯迅は「破悪声論」の中で始めて神話を定義してみた。

夫神話之作、本於古民、睹天物之奇觚、則逞神思而施以人化、想出古異、俶詭可観、雖信之失当、而嘲之則大惑也。太古之民、神思如是、為后人者、当若何驚異瑰大之（「破悪声論」）(33)

（神話というものはそもそも古代の人々が奇怪な物事を目の当たりにした後、「神思」をしながら、人間の手を加えて加工するものである。話筋は不思議で奇怪である。完全に信じてしまうと、妥当ではないが、大げさだと信じて、嘲ってしまうと、困る。上古の人々の「神思」はそのようなものであるが、後世の人たちならもっと驚くべきだろう。）

魯迅が定義した神話の概念には「神思」という言葉が使われている。それは文学的想像力のことを指すと推測される。南朝時代の劉勰の『文心彫龍』（神思）には「神思」について、次のように説明している。

古人云「形在江海之上、心存魏闕之下、神思之謂也。文之思也、其神遠矣」。（『文心彫龍』(34)神思）

（昔の人が言うには、「身は遠い田舎に居ながら、心ははるか遠い朝廷のことを考える。」とある。神思とは、いわばこのようなものである。文学的想像力はこれと同じように神妙不思議なものだ。）

昔の人々は人間の精神構造が分かるものではない。魯迅は初めて「神思」という術語を使って、心理的な構造の視点から神話の発生原理を解釈してみた。魯迅は神話研究の専門家とは言えないが、清朝末期の学者と異なり、客観的で科学的な知識を用いて、神話の発生を捉えようとした。「人間社会が一定の段階に発展しなければ、神や神話が出てこない」それは当時の社会においてはとても進歩的な思想である。
魯迅は神話の概念を定義するほか、神話の特徴についても指摘した。清朝末期から西欧の進化人類学理論が中国に伝わった。一九〇二年に、有賀長雄の『家族進化論』（『族制進化論』）が中国語に翻訳された。その翌年、ハーバート・スペンサーが著した『社会学研究』が厳復によって翻訳された。更に、一九〇四年に蔣智由の『中国人種考』が完成し、学界で大きな反響を呼んだ。魯迅はその影響を受けて、神話と宗教の起源の視点から両者の関係を探ってみることに踏み出した。神話で人類の起源を解釈するのは「巫」の営みだと解釈し、当時の中国や西欧神話の創世神話と人類起源神話が科学性に欠けていることを説明した。[35]一九二〇年代、『中国小説史略』[36]で神話は「文章の源」とされ、文学史の始まりだと主張した。しかも、神話の特徴について、以下のように纏めた。

昔者初民、見天地万物、変異不常、其諸現象、又出於人力所能以上、則自造衆説以解釈之、凡所解釈、今謂之神話。

（「神話與伝説」）

（昔の人々は天地万物の変化や通常と異なる様々な現象を目にし、その現象が人間の能力を遥かに超えてできたものだから、自ら多くの逸話を作って、説明としたのである。全ての説明というのは即ち現在言う神話そのものである。）

その他、魯迅は神話の範疇にも目を向けた。先述した通り、神話には狭義の神話と広義の神話がある。前者は原始社会から、封建社会に入るまでの時期を指す。後者の場合は、狭義の神話の外、伝説や物語や志怪小説なども含む。魯迅は神話の範疇について次のように説明した。

中国之鬼神談、似至秦漢方士而一変、故鄙意以為当先搜集至六朝（或唐）為止群書、且有析為三期、第一期自上古（夏紀元前二二一以前）至周末（紀元前一〇四六―）之書、これ根柢在巫、多含古神話。第二期秦漢（紀元前二三〇）之書、其根柢亦在巫、但稍為変為「鬼道」、又雑有方士之説、第三期六朝之書、則神仙之説多矣。今集神話、自不応雑入神仙談、但在両可之間者、亦只得存之。

（「魯迅書信」[37]一九二五年三月）

（中国の鬼神の話は秦漢の時代に入ると、一変した。私は六朝時代（或いは唐の時代）に至るまでの全ての書籍から集めるものだと思う。考えてみれば、それを三つの時期に分けるべきである。第一期は上古から周の末期に至るまでの書籍である。この時期の書籍は「巫」を基本としていて、古い神話を含む。第二期は秦漢の書籍に注目すべきである。それも「巫」を基本としているが、鬼道に転向していて、方術のものが混ざっている。第三期は六朝の書籍である。神仙のものが多くなる。神話を集める際、神仙の話を入れるべきではない。どちらに入れてもいいようなものなら、残すべきである。）

以上からは、古代宗教の「巫」と神話が結び付けられることが多いということが分かる。魯迅は周の時代まで「巫」と関連する書籍には「古神話」が含まれると考えていたようである。一方、秦漢の時代、「巫」と関連する書籍には神話が見られても、その神話には既に神仙の方術が入っているものが殆どであると述べている。その記述から見れば、魯迅が考えている神話の範囲には限界があって、歴史上の全ての奇異の話を神話として認めるものではないことが明らかである。

(2) 神話の再創作

魯迅の神話学における貢献は神話の概念や範疇、特徴を説明しただけではない。自らの文学創作にも見られる。

二十世紀初頭から約三十年の間、魯迅の文学創作の際、神話に取材するものが多かった。例えば、「補天」、「奔月」、「鋳剣」などである。『淮南子』（覧冥訓）には「女媧補天」の話が載っている。女媧が穴開いた天を五色の石で修復するような話であった。一方、『淮南子』（天文訓）には「共工怒って、不周山にぶつかる」話が収められている。粗筋を確認しておきたい。共工（水神）は即位したばかりの顓頊の天地管理の方法に不満を持ち、共工が諸々の神をリードして、顓頊に戦争を宣告した。不周山で戦う。疲れ果てて、負けそうな共工は怒って、不周山にぶつかる。そのとき、天が崩れ、地面が裂ける。すると、西北の空が傾いて、日月星が西方に沈む。一方、東南の地面もバランスが崩れ、河が東南へ流れる。一見して、「女媧」とは全く関係のない話であるが、魯迅が再創作するとき、両者の因果関係を強調した。共工の戦いのせいで、天地が崩れ、女媧が天を補う必要が出てくる。なぜこの神話を取り上げたかについては、天地混沌の神話を利用し、この先が見えない中国社会は正に神話に出てくる天地混沌の状態と同様であり、社会を修復しなければならないという意図があるのではないかと推測される。

また、魯迅は既にあった古い伝説や神話に新たな意味を賦与する試みも行った。一九二五年五月三十日に、上海で帝国主義反対運動に対して、警察が発砲し、学生や労働者を射殺した事件（五三〇事件）、つまり五卅運動が起こった。その翌年、一九二六年三月に軍閥戦争の間、日本軍が国民軍を襲撃した事件があった。日本軍を追い払ったが、日本政府はイギリスやアメリカと連名で、中国政府に国防設備を撤去するよう、要求した。それを背景にし、北京の庶民が集まり、抗議したが、当時の段政府が民衆を射撃する事件が発生した。連続した事件の発生を背景にし、魯迅は『奔月』を完成した。

それは元々中国の「羿が太陽を射落とした話」や「嫦娥奔月の話」に由来するものである。昔の伝承には、妻の嫦娥が行ってしまった後、羿は大変がっかりしたように描かれていた。しかし、神話と違うのは、魯迅の作品の中に「羿」は裏切られても、落ち込むこともなく、運命に屈することもない英雄像に描かれている。時代背景を勘案すれば、その改変には国民を教化し、鼓舞する意図が隠れていたのではないかと思われる。他に、「鋳剣」や「理水」などの作品も中国昔の神話を再利用し、新たに創り上げられた作品である。

全体的に見れば、魯迅の神話観念には清朝末期の文人の遺風が見られるが、中国社会の変貌に伴って、魯迅の神話観念も次第に変化した。神話への理解は同時期の他の学者よりは進歩していると言えよう。魯迅はそれ以前の知識人と異なり、彼は民主主義的立場ではなく、漢民族の優位性を宣伝するものでもない。いわゆる国民性を改造するという志がある。

魯迅の他、周作人、謝六逸、黄石もこの時代の代表的な研究者である。彼等は西欧の神話学理論を紹介すると同時に、神話研究の著書を数多く完成した。その意味では、二十世紀初頭から三〇年代半ばに至るまでの間、魯迅を中心として彼等は共に中国神話学の基礎を作り上げたと言えよう。

三、比較神話学の確立と茅盾

(1) 比較神話学の萌芽

中国のブルジョア階級が歴史の舞台に登場して以来、中国と世界との文化交流が強まった。その中で、中国神話と世界の他民族の神話を比較する研究が次第に誕生した。進化論思想や社会学思想を取り入れようとした文人らは比較研究にそれほど詳しいとは言えない。彼等は古代の文化を新しい眼差しから見直そうとした。すると、国や民族が異なるにもかかわらず、神話には類似するところが数多くあることに気づいた。例えば、洪水神話である。

女媧錬五色石以補蒼天、断鰲足以立四極、殺黒龍以済冀州、積蘆灰以止淫水。(『淮南子』覧冥訓)[38]

(女媧は、五色の石を錬りそれをつかって天を補修し、大亀の足で四柱に代え、黒竜の体で土地を修復し、芦草の灰で洪水を抑えた。)

女媧が天下を補修した神話がある。古代、天を支える四極の柱が傾いて、世界が裂けた。天は上空からズレてしまい、地もすべてを載せたままでいられなくなった。火災や洪水が止まず、猛獣どもが人を襲い食う破滅的な状態となったという内容である。清朝末期の学者は洪水神話について、様々な学説を出した。「世界は洪水の後で生まれたものだ」と言っている学者もいれば、ギリシャ、ユダヤ、バビロンに由来すると見る人もいる。洪水神話が作られた原因は管見の限りでは定説がない。明治維新の後、日本は中国よりも早くヨーロッパ文化を取り入れた。それに、中国の歴史や文化に詳しい日本人学者がいた。日本にいる中国人留学生も相当数が多かった。そういった交流は中国の比較神話研究を芽生えさせた原因の一つになるだろう。当時、比較の方法を取り入れた学者たちは地域によって文化も異なる面を示していることに気づいた。例えば、劉師培氏の「南北学術（学派）不同論」が代表的なものである。彼は『詩経』を例として、南北の詩の趣の相違を語っていた。梁啓超の「論中国学術思想変遷之大勢」にも同じような論説が成されている。比較研究にしても、伝承研究にしても、清朝末期には大きな影響力を持つ研究方法や学派がまだ整っていない。現在考えられて比較神話学とやや距離感を感じている。しかし、十九世紀半ばから一九二〇年代までは正に神話学、比較神話研究が芽生えた時期であり、中国神話学の型作りの転換期とも言うべき時期である。その背景の下で、神話研究の分野で活躍した人物は茅盾である。

（2）茅盾の貢献

茅盾の神話論著は主に二〇年代に集中している。神話を研究する動機はヨーロッパ文学を勉強するためであった。ギリシャ神話の研究を通して、彼は中国神話研究の重要性に意識し始めて、比較研究を始めた。彼は神話と伝説、神話と寓話の違いを指摘した。彼の言うには、「神話に登場する神は人間以上の行動がある、自然現象を解釈するものもあれば、自然を支配する神もいる。伝説は古代英雄、民族祖先の話が多い」ことである。また、神話と寓話の区別はつまり、寓話には教訓性、作者がある、創作目的があるという特徴を持つ一方、神話は作者がない、民衆の智恵であることにある。また神話の定義について、茅盾が思うのは神話というのは昔の人々の智恵の積み重ねである。彼らの宇宙観や宗教思想や道徳規準、民族の歴史などを反映している。

茅盾の神話研究は一九二五年に「中国神話研究」[39]という論文を発表したのがきっかけである。その後、「楚辞と中国神話」[40]、「中国神話について」[41]、『北欧神話ABC』[42]などを続々と発表した。その中で、最も評価されたのは『中国神話研究ABC』[43]であった。本書では、神話の宇宙観や幽冥の世界や自然界の神話などの問題に触れており、西欧の神話学理論を詳細且つ全面的に紹介した。『中国神話研究ABC』の出版は中国神話学の確立を意味すると評価されている。茅盾の影響の下、中国の神話学及び比較神話が確立した。

おわりに

本稿は十九世紀半ばから一九三〇年代までの約一〇〇年間に近い神話研究の歴史に注目し、中国歴史の転換期に当たるこの時期において、神話学の誕生及びそれぞれの時期の研究動向を概観した。それで、以下のことを明らかにした。

まず、清朝末期、日清戦争などの一連の戦争に敗北し、清朝の支配が揺らぐ中、満州族に代わって、漢民族が支配をすべきだと主張する知識人がいた。章炳麟を中心とした知識人は漢民族の優位性を証明するために、民族歴史を見直し、種族革命を起こした。

漢民族の起源、由来を明かすため、知識たちは神話に目を向けた。当時、中国には神話の概念がなかったが、日本を媒介として、西欧の進化論思想を翻訳した書物が輸入され、中国の神話理論の形成に大きな影響を与えていた。漢民族の由来を探るために、自分の民族の歴史を見直す必要性が当然生まれてくる。神話と歴史の関係をめぐる論争がまず知識人の中で行われた。

神話と歴史、神話と社会の関係が注目される中で、西欧の進化論思想を紹介する書物が次々と翻訳され、当時の知識人で大きな反響を呼んだ。進化論思想で民族の優劣勢を見直す風潮が高まった。

中国のブルジョア階級は封建社会と抗争する中、ヨーロッパの文化を吸収しながら、中国の古代神話や伝説の英雄人物を利用し、自らの民主主義革命の精神をアピールしなければならないことに意識し始めた。国民性を改造し、民族意識を覚醒させるために、神話を利用する風潮が当時の文人たちの中で高まった。魯迅はその代表的な人物と言える。魯迅の神話学における貢献は神話の概念や特徴、範疇を説明しただけでなく、神話の素材を利用し、再創作したことにもある。魯迅は中国神話学の基礎を作り上げたと言っても過言ではない。

国際交流が進む中、民族や文化によって、神話には異なる部分があると同時に、共通する部分があることが知識人に意識され、比較神話研究が芽生えた。その中で、茅盾は『中国神話研究ＡＢＣ』を初めとする一連の神話研究の論著を出しており、中国神話学ないし比較研究学の確立に重要な役割を果たした。

このように、十九世紀半ばから一九三〇年代までは中国歴史史上の転換期だけでなく、神話研究史においても、基礎が固まる重要な段階だと言えよう。

注

（1）袁珂訳注『山海経訳注』（華東師範大学出版社、二〇一七年）。
（2）張双棣選『淮南子校釈』上（北京大学出版社）。
（3）袁珂『中国神話史』（北京連合出版公司、二〇一五年）三二七頁。
（4）潜明滋『中国神話学』（上海人民出版社、二〇〇八年）。
（5）葉舒憲『中国神話哲学』（陝西人民出版社、二〇〇五年）。
（6）武世珍『神話学綱論』（敦煌文芸出版社、一九九三年）。
（7）謝選駿「中国神話体系簡論」（『民間文学論壇』五、一九八五年）。
（8）前掲　潜明滋『中国神話学』（三頁）において、潜明滋氏は「中国神話学が正式的に確立されたのは一九二〇年代から四〇年代まで間」と説明している。
（9）一九〇三年六月上海の「蘇報」に発表したものである。『中国文明選一五　革命論集』（朝日新聞社、一九七二年）所収。
（10）小林武『章炳麟と明治思潮——もうひとつの近代』（研文選書　九七、研文出版、二〇〇六年）。
（11）章炳麟著　徐復注『訄書詳注』（上海古籍出版社、二〇〇〇年）二一七頁。
（12）本稿の訳文は特記がない限り、全て筆者によって訳すものである。なお、簡単字、旧体字などを通用のものに改めた。
（13）陳去病「清秘史」は郭長海ら『陳去病詩文集』（社会文献出版社、二〇〇九年）による。
（14）王増永『中国神話学概論』（北京中国社会科学出版社、二〇〇七年）。
（15）高木敏雄『比較神話学』（東京博文館、一九〇四年）。
（16）蒋観雲「神話歴史養成之人物」（『新民叢報』第三六号、一九〇三年）。
（17）蒋智由『中国人種考』（華通書局、一九二九年）。
（18）馬昌儀「人類学派と中国近代神話学」（『民間文芸集刊』一上海文芸出版社、一九八一年）。
（19）範文瀾氏は「記載古帝世系、無論如何分岐難弁、溯源到黄帝却是一致的」（訳：古代帝王の系図を記載するものは如何に多岐に渡っていても、黄帝にまで遡ることができることは一致している）（『中国通史簡編』商務印書館、二〇一〇年）と記し、祖先は黄帝であることが殆どの歴史書で認められている意を述べている。
（20）靖林著『荘子釈義』（新華出版社、二〇一六年）二三六頁。
（21）前掲注1書、一五六頁。
（22）前掲注4書、四頁。
（23）顧頡剛「荘子と楚辞に見られる崑崙と蓬莱二つの神話系統の融合」（『中華文史論叢』二（上海古籍出版社、一九七九年）。
（24）黄石「神話研究」（『民国叢書』四・五九、上海文芸出版社、一九八八年）。
（25）前掲注4書、一一頁。
（26）『文芸研究』第一号（一九八六年）掲載。
（27）「墳」（『魯迅全集』第一巻、人民文学出版社、二〇〇五年）所収。
（28）「墳」（前掲『魯迅全集』第一巻）所収。
（29）「集外集拾遺」（前掲『魯迅全集』第八巻）所収。
（30）前掲注4書。
（31）楊利慧『神話と神話学』（北京師範大学出版社、二〇〇九年）。

（32）袁珂「再論広義神話」（『民間文学論壇』三、一九八四年）。
（33）「集外集拾遺」（前掲『魯迅全集』第八巻）三二頁。
（34）龍必鋸訳注『文心彫龍』（貴州人民出版社、二〇〇八年）二六七頁。
（35）前掲注4書、二八頁。
（36）前掲『魯迅全集』第九巻、一九頁。
（37）「魯迅書信」（前掲『魯迅全集』第十一巻）四六三頁。
（38）前掲注2書、六八八頁。
（39）『文学週報』五、一九二八年。
（40）『文学週報』六、一九二八年。
（41）『大江月刊』十二、一九二八年。
（42）世界書局、一九三〇年。
（43）世界書局、一九三〇年。

幕末維新期における後醍醐天皇像と「政治的神話」

戸田靖久

とだ・やすひさ――大阪産業大学非常勤講師。専門は日本近世史。主な論文に「近世・近代の「怪異」と国家／社会」（東アジア怪異学会編『怪異学の可能性』角川書店、二〇〇九年）、「水無瀬御影堂の宗教的運営体制――「供僧」の分析を通して」（『人文論究』五九―四、二〇一〇年）、「西宮社「年中神事」に見る近世西宮町の様相」（『年報都市史研究』二一、二〇一四年）などがある。

本稿は幕末維新期の後醍醐天皇像を考察する。攘夷問題の停滞と後醍醐陵で起きた異常現象により、人々は後醍醐神霊の顕現と『太平記』の物語を想起し、彼を「天皇親征」の象徴として肯定的に意識する。また彼の物語を「神話」として政治利用する者が現れるなど、建武新政の失敗で定着したとされる「不徳の君」観は、当時の時代状況を踏まえた修正の必要があると論じた。

はじめに

慶応三年（一八六七）十月十四日の大政奉還と、同十二月九日に発布された「王政復古の大号令」により、七〇〇年近く続いた武家の政権は幕を閉じた。そして新たに成立した維新政府は「諸事神武創業之始ニ原」づく王政復古構想を打ち立てた。新国家建設を急ぐ政府が『古事記』や『日本書紀』に何の記載もない神武天皇の治世を標榜したことは、日本政治の基本原則である先例主義を封印する有効な手段だった(1)。

しかし王政復古における「神武創業」への志向は、長い年月や議論を経たものではなかった。国学者の玉松操が岩倉具視に対し、王政復古の基本理念として「神武創業」を提言したのは、大号令発布のわずか数ヶ月前とされる。従って当時の人々が抱く王政復古のイメージとは異なっていた。

では幕末維新期に最も受容されていた王政復古のイメージとは何か。それは後醍醐天皇による「建武中興」とみて間違いない。実際、有力な公家の間では慶応三年九月段階まで

「建武中興ノ制度ヲ採酌シ官職ヲ建定セン」と構想され、岩倉自身も玉松に「後醍醐天皇ノ中興ノ偉業ニ復セントスルノ宿望アル」と語っていた。(2) なお玉松の提言を聞いた岩倉は「初メテ夢ノ醒ムル心地」になったと言い、岩倉でさえ「建武中興」を半ば自明のものと考えていたことが分かる。

そうした中、「建武中興」に基づく政権構想が結局不採用になったことや、近世思想家の言説に着目した岩井忠熊氏は、幕末維新期の後醍醐天皇は一般的に極めて否定すべき存在と認知され、彼の存在価値が一気に高まったのは明治以降とする見解を示している。(3) 確かに岩井氏が取り上げた思想家は、「建武中興」を自ら破綻させた後醍醐の政治姿勢に厳しい筆誅を加えている。しかし、そのような思想家の言説を当時の人々の共通認識と考えるには、いま少し議論の積み重ねが必要である。

そこで本稿は幕末維新期の後醍醐天皇がどのような存在だったのかを改めて検討し、後醍醐像の歴史的変遷を明らかにする。これにより「建武中興」が注目された理由と同時に、新政府の政権構想として採用されなかった理由がより見えてくるだろう。

その際、分析するのは文久年間に発生した後醍醐の神霊にまつわる事件である。神仏の影響力が大きかった時代、個人の神霊（または怨霊）の実在も当然視され、生前に持っていた個性が神霊にも投影された。従って後醍醐神霊に対する人々の受け止め方を考察することは、後醍醐像の検討に重要な手がかりを与えてくれる。

また後醍醐神霊のあり方を規定したのは、『太平記』に代表される後醍醐の事跡を描いた物語である。人々は後醍醐神霊の背景に彼の物語を強く想起することになり、その意味で「神話」と似た性質を持つ。そして混乱する幕末社会の中で、後醍醐神霊や彼の物語が政治的に利用される事例が登場し、幕末政治史に少なからぬ影響を与えることになる。よって本稿は、こうした現実政治の中で語られる神霊と物語との繋がりを「政治的神話」と捉え、幕末維新期において「政治的神話」が果たした機能も検討したい。(4)

一、少壮公家の京都出奔事件にみる後醍醐天皇像

(1)「不徳の君」としての後醍醐

最初に、江戸時代に見られる後醍醐天皇像について岩井氏の論考を基に確認しよう。(5) 岩井氏が取り上げた思想家は新井白石・安積澹泊・頼山陽・会沢正志斎・豊田天功らで、彼らの著作に記された後醍醐への批判的言説を紹介している。

例えば『大日本史』編纂に主導的役割を果たした安積澹泊は、建武中興自体は高く評価するものの、朝廷の綱紀の乱れを招いた寵妃阿野廉子の政治干渉を許すなど、中興以後の後醍醐は天資の才能が陰に隠れ、忠臣と佞臣の区別ができなくなったと批判している。(6)

また『日本政記』に「中興の政は失するか」との問いを立てた頼山陽は、中興以後の後醍醐の女色と政治的無関心を指摘し、「人主の心」を失ったと厳しく糾弾している。(7)

そして後期水戸学の代表的論者である豊田天功は、本来ならば必ず中興の業を成し遂げたはずの後醍醐は、不徳にして賢才を活用できず、政策自体も時宜に適わなかった為に治世が壊乱したと強く批判し、後醍醐不徳説を明確に主張している。(8)

以上の言説を基に「建武「中興」における後醍醐天皇ははなはだ評判が悪かった」と岩井氏は総括する。その悪評の原因は、近世思想家が後醍醐の事跡を検証する場合、彼への批判的記述が少なくない『太平記』や『増鏡』等を参照するしかなく、彼らの思索は史料的な制約によって規定されたと指摘している。確かに後醍醐の急進的かつ非現実的な政治運営は、当時から保守的な公家社会の反発を招いており、新政の失敗こそ朝廷の衰微を決定づけたとする言説が後醍醐不徳説の源流にあったと思われる。(9)

一方、岩井氏と同じく江戸時代の後醍醐像を論じた鈴木彰氏は、豊田天功と同じ水戸学に属しながらも、後醍醐を「英明の君」と称揚した藤田東湖の『弘道館記述義』に注目する。(10)同書は後期水戸学の尊皇攘夷論を代表する著作だが、鈴木氏はこれを「後醍醐賞賛言説の系譜」と位置づけ、「執政の資質に欠けた不徳の君」ばかりが当時の後醍醐像ではないと指摘している。

ただ岩井氏も江戸中期以降の南朝正統論を参照した上で「幕末維新期に、「建武中興」と後醍醐天皇への追慕がまったくなかったといえば、言い過ぎになる」と述べる。しかし、そうした追慕の情も「道徳的裁断であり、また「南朝の悲歌」に対する感傷であり、後醍醐天皇や楠木正成の悲劇的最期に対する詩的共感」と断じ、あくまでも「不徳の君」像が幕末維新期の主流だったと結論づけている。

だが岩井氏や鈴木氏の議論には重大な欠落がある。即ち両氏が論考で取り上げた思想家の著作は、すべて嘉永六年（一八五三）の「黒船来航」以前に書かれたものなのである。つまり日本列島が深刻な内憂外患の政治状況に陥り、誰もが国家存亡の危機を自覚した、本当の意味での幕末維新期における後醍醐像が論じられていない。

そこで当時期の後醍醐像を把握する上で注目したいのが、文久三年（一八六三）に二人の若き公家が起こした事件である。

（2）後醍醐天皇陵参拝計画

文久三年五月二十八日、朝廷は侍従の滋野井公寿と西四辻公業に対して外出禁止を言い渡した。(11)理由は二人が朝廷に無断で京都を出奔したことだった。

滋野井公寿は当時二十二歳、父は正四位下左中将の実在、家格は羽林家である。(12)公寿は安政三年（一八五六）に元服し、後に従四位上侍従に任じられるが、年齢の問題もあってか事件以前の経歴は分からない。ただ「廷臣八十八卿列参事件」等の攘夷派の示威活動に参加し、急進的な攘夷政策を建言した父実在の存在は、公寿の政治思想に大きな影響を与えたと思われる。

また西四辻公業は当時二十七歳、父は正三位の公恪、家格は同じく羽林家である。(13)嘉永六年（一八五三）年に元服後、父公恪や滋野井実在らと「八十八卿列参」に名を連ね、尊攘派公家として積極的に活動していた。公寿と公業が行動を共にするようになった経緯は不明だが、攘夷を求める朝廷内の活動を通して交流を深めていったのだろう。

そんな二人が禁を犯して向かおうとしたのは大和国吉野郡にある後醍醐天皇陵だという。その動機を彼らが朝廷に提出した弁明書で確認すると、(14)緊迫した社会情勢や進展しない攘夷問題に苦悩する孝明天皇を慮り、互いに示し合わせて吉野へ向かう。そして後醍醐陵の前で攘夷決行の吉凶を占った後、後醍醐の尊像を奉戴しながら京都へ帰り、「後醍醐天皇之御歎願」と称して孝明天皇に攘夷親征を奏上する。たとえすぐに親征が叶わなくとも、天下の人民が「後醍醐天皇醜夷御征罰」の意思を強く持てば、攘夷は必ず成就できると考えていたらしいのである。

また別の史料によると、二人以外に西四辻の家臣（居候とも）の植田主殿なる人物も一緒に出奔したという。(15)植田は楠木正成の子孫と自称し、今回の計画も彼が二人をそそのかし、後醍醐陵で三〇〇人の仲間と共に「暴発」する予定だったらしい。(16)このように彼らの出奔を巡っては物騒な噂も飛び交い、朝廷内でも相当話題となっていたようだ。

ただ彼らの計画が本当に実行されたのか、また実行しようと思っていたのか、全くその場しのぎの虚構だったのかは判断が難しい。しかし京都出奔の罪状で処分されたのは事実である。では抑も彼らはなぜ朝廷の取り調べを受けることになったのか。それは出奔翌日に起きた姉小路公知の暗殺事件に、二人の関与が疑われたからであった。

（3）後醍醐天皇の神霊と「攘夷親征」

文久三年（一八六三）五月二十日の夜、禁裏朔平門外で公家の姉小路公知が三人の刺客に襲われた。[17] 姉小路は朝議を終えて自邸に帰る途中だった。彼の従者は瀕死の主人を邸宅に運び込んだが、翌日未明に二十六歳で卒去した。三条実美と並ぶ急進的攘夷派の若きリーダーとして衆望を集めていた姉小路の暗殺は、朝廷社会に大きな衝撃と動揺を与えた。

「朔平門外の変」と呼ばれる当事件を詳細に分析した町田明広氏は、暗殺の背景に姉小路の政治主張の劇的な変化を指摘する。[18] 当時朝廷内で圧倒的な発言力を持っていた姉小路は、暗殺の一ヶ月前にあった勝義邦（海舟）との対話を期に、通商条約の容認や即時攘夷の延期など従来とは真逆の主張を唱える。そんな実力者の突然の「変節」に、条約破棄・即時攘夷派の人々は強烈な危機感と敵愾心を抱くようになる。ここで父の代から急進的な攘夷運動に関わってきた滋野井と西四辻が有力な容疑者として浮上する。

実は二人の犯行説は事件直後から噂され、姉小路に深い遺恨ありとの話も相当流布しており、町田氏は彼らの関与をほぼ間違いないとみる。ただ事件の数日後に彼らの家臣二名が逐電した記録があるので、実行犯はその家臣二名と、現場の遺留品から判明した薩摩藩士田中新兵衛の三名で、滋野井らはあくまでも黒幕的な関与と指摘している。

すると問題は京都出奔後の動向だが、町田氏も離京自体は否定しないものの、弁明書で示した計画は暗殺実行時のアリバイ工作とし、それ以上の言及はない。確かにこの問題も実証できる史料がないので留保せざるをえない。

だがはっきりしているのは、朝廷への公的な弁明書の中で、二人は後醍醐天皇の存在と孝明天皇の攘夷親征を関連づけていることである。即ちここに見られるのは、天皇自ら兵を率いて朝敵や夷賊を討伐する「天皇親征」の象徴的存在、いわば「戦う天皇」としての後醍醐像である。

また孝明天皇に攘夷親征を迫るために「後醍醐天皇之御歎願」なる「神意」を持ち出す構図は、このような「神意」の利用が決して非現実的な発想ではなく、かつ「戦う天皇」としての後醍醐に政治的価値が見いだされていた証左である。

そして姉小路の「変節」以後、攘夷強硬論の後退が懸念されていた朝廷社会で、後醍醐と彼の「神意」が想起された事実は、歴史上の単なる一天皇ではなく、近世思想家が指弾する「不徳の君」でもなく、幕末維新期の政治情勢と密接に結びついた後醍醐像の存在を示しているのである。

以上、文久三年に起きた少壮公家の京都出奔事件を通して、幕末維新期の後醍醐像に関する注目すべき一面を指摘した。

ただ幕末史において後醍醐に注目が集まったのは、この事件が最初ではなかった。実は事件の約半年前、ある異常現象とともに後醍醐の神霊が幕末社会に〝顕現〟していた。その場所とは滋野井らが参拝し、後醍醐の「神意」を問おうとした後醍醐陵だった。従って半年前に後醍醐陵で起きた異常現象が、彼らの計画のみならず、人々の後醍醐像に大きな影響を与えた可能性が考えられるのである。

そこで次章では、後醍醐陵での異常現象に関する記事を分析し、この時期の後醍醐神霊のあり方についてより詳しく検討していこう。

二、幕末朝廷社会の後醍醐天皇像

(1)「鳴動」する後醍醐陵

文久二年(一八六二)十一月十三日、ある異常現象の発生を知らせる書状が朝廷に届いた。[19] 差出人は戸田和三郎という人物で、書状には次のように記されていた。

吉野塔之尾山如意輪寺境内ニ御座候後醍醐天皇御陵、先月十八日朝五ツ時頃より翌十九日暁七時比迄存外鳴動仕、則御陵前ニ御座候石鳥居形戸開付并左右瑞籬拾本・石花立弐本打倒れ相損候、此外御陵何事も相変候儀無御座、右体鳴動ニ而相損候儀希代之珍事に御座候間、此段御届申上候、以上

十一月十三日　　戸田和三郎

書状が届く一ヵ月前の十月十八日から十九日にかけて、吉野の塔尾山如意輪寺境内にある後醍醐天皇陵が激しく「鳴動」した。陵墓本体は無傷だが、陵前に敷設された鳥居・瑞籬・花立が倒壊する被害が生じた。この事態を「希代之珍事」と重く受け止めた戸田が朝廷に報告したのである。

鳴動とは「ある場所や建造物が鳴り動く」現象を指す。地震とは区別され、平安時代以降、公家の日記や武家、寺社家の記録類に数多く書き留められている。

そして戸田が驚いて報告したように、鳴動は怪異現象として怖れられた。[20] 鳴動が単なる自然現象ではなく、発生した場所や建造物と関係する霊的存在(神霊)の意思と考えられていたからである。しかも決して好意的な意思ではなく、神霊が時の為政者に発した政治的な警告と解釈されていた。

例えば後鳥羽上皇を祀る水無瀬御影堂(現・水無瀬神宮)は鳴動の頻発地だった。鳴動の発生を報告された天皇や将軍は、後鳥羽の神霊が自分の治世に不満を抱いていると解釈し、すぐに謝罪の使者を御影堂へ派遣している。他にも神社や寺院、天皇陵などで発生記録があり、同様の対応が取られる場合が少なくない。従って今回の事例でも、鳴動発生を知った人々

は後醍醐の神霊を強烈に意識したのは間違いないだろう。

また鳴動が起きた文久二年十月当時は、「文久の修陵」と呼ばれる歴代天皇の修覆事業が本格的に始まり、天皇陵に対する関心が非常に高まっていた時期だった。[21]

江戸期の天皇陵は多くが荒廃し、陵の上に庶民の墓が建てられたり、陵の所在地が分からない天皇もいた。[22] 幕府は何度か奈良奉行に陵墓の調査・修覆を行わせたが、[23] 事業の規模は小さく、抜本的な解決には至らなかった。

一方、後醍醐陵は如意輪寺が陵寺的な役割を担っていたため、元禄年間には陵周囲に石瑞籬が廻らされ、木の鳥居と石扉・石燈籠が設けられていた。[24] 陵周囲の樹木も寺用以外の伐採が禁じられ、陵域環境はある程度保護されていたようだ。

しかし約一〇〇年後に吉野を訪れた本居宣長は、『菅笠日記』に「こだかくつきたるをかの、木どもおひしげり、つくりめぐらしたる石の御垣も、かたはうちゆがみ、かけそこなはれなど、さびしく物あはれなる所也」と記している。[25] つまり十八世紀後半には如意輪寺の管理体制も弛み、後醍醐陵も相当荒れていたことが想像できる。

そのような天皇陵をめぐる状況が大きく変化したのが幕末期である。天皇の権威が急激に高まる中、天皇や朝廷と良好な関係を維持したい幕府が、尊皇の姿勢と公武一和の精神を具現化する事業として採用したのが歴代天皇陵の所在調査と修覆だった。元々この事業は譜代宇都宮藩の建白に依るものだが、計画の立案、藩論の調整、幕府への建白、朝幕との交渉など、すべての事項を取り仕切ったのが藩主家出身の戸田和三郎忠至である。

文久二年閏八月十三日に幕府は修陵事業を認可し、戸田は十月十四日に統括責任者として上京する。朝廷は彼を山陵奉行に補任し、幕府が御用金五〇〇〇両を宇都宮藩に交付した十月十八日、吉野では後醍醐陵が鳴動していた。ただ現地からの報告はなく、陵墓巡検のため大和に下向した戸田が、吉野に入って初めて事件を把握したのだろう。山陵奉行としては後醍醐陵の異変を看過できず、急いで朝廷に報告したと考えられる。

（2）朝廷社会の反応

朝廷は後醍醐陵鳴動をどのように受け止めたのだろうか。天皇に近侍する議奏の役務日誌には次のように記されている。[26]

> 後醍醐天皇陵去月十八日朝五時ヨリ翌十九日暁七時迄鳴動候由、戸田和三郎先不取敢以書状申上候ニ付、中山殿殿下（近衛忠熙…引用者註）へ御申入、雖御神事中被及言上、且御伺ニテ直御返答ニ相成

戸田の書状は山陵修補御用掛の中山忠能に届けられた。中

山はすぐに関白近衛忠熙に申し入れ、近衛は神事中の孝明天皇に奏上した。普段神事中は奏上を控えていたようだが、近衛はその通例を無視すべき異常事態と捉えていたようだ。

そして孝明天皇は「希代之儀深恐入」と深刻に受け止め、戸田に後醍醐陵の修覆を命じ、自らは深く謹慎するとの沙汰があった。(27) 幕末政治の最前面に立たされる孝明天皇にとって、後醍醐の警告対象は自分自身であり、到底無視することはできなかったのだろう。なお孝明天皇の沙汰は武家伝奏や京都所司代にも即日通達された。こうして後醍醐陵鳴動の事実と孝明天皇の強い懸念は、朝幕双方の上層部の知るところとなる。

次に修陵事業の推進者の一人、正親町三条実愛は戸田に送った書状に「後醍醐院山陵仮ニ先御修復置之事、是又差当御苦労ニ存候、御請之趣猶可令披露候、右一件も甚恐慄寒心候事ニ候、尚又御聞及之分申越可被下候」と記し、鳴動発生に偽らざる恐怖心を吐露している。(28)

また急進的な尊攘派公家として知られる八条隆祐も日記に「過日吉野座王堂トカニ奉安置後醍醐天皇御廟終日鳴動ニテ及破壊候由言上有之之由也、可恐謹事歟」と記す。(29) 陵の場所は間違っているが、孝明天皇や正親町三条と同様に、鳴動を恐れ謹むべき出来事と認識していたことが分かる。

さらに堂上衆だけではなく、朝議の事務を担う地下方にも鳴動は伝わっていた。蔵人方地下官人を束ねる平田家の当主職修は、出仕中に下級役人から鳴動の話を聞き、「後醍醐天皇山陵去月十六日ヨリ十九日迄鳴動、石ノ玉垣・石の花立転倒、恐思召候、右之通御沙汰被仰出候也、天咄也」と日記に綴っている。(30) 鳴動の一件が下級役人の間にも広がっていた事実も重要だが、最後に八条が「天咄」と表現している点が興味深い。

『日本国語大辞典』によれば「咄」は「話す・噺」に通じて「会話やおしゃべり」を意味するが、他に「不満、注意、驚きなどの気持ちを込めて発することば。舌打ちの音を表す語」の意味もある。鳴動の歴史的な解釈を考えると、平田は「咄」を後者の意味で用い、「天」即ち後醍醐の警告と理解した可能性は高いだろう。

また平田は陵墓鳴動の先例を日記に列挙しているが、そこに後醍醐陵の記載はない。(31) なお管見の限り、朝廷関係の史料に同陵での事例は確認できない。元禄期に行われた陵墓調査の記録には「此御陵折々鳴動、寺中ニテ不知、外ニテシレルヨシ」とあり、(32) 元禄頃の現地周辺では鳴動を承知していたらしい。しかし如意輪寺は把握しておらず、今回の事例は朝廷社会が初めて実体験した後醍醐陵の異常現象だった。

(3)「戦う天皇」後醍醐

それゆえに事件が与えた衝撃は大きく、同時に「天皇親征」という日本の政治史上非常に特異な歴史的性格をもつ天皇・後醍醐が、攘夷問題に悩む孝明天皇や朝廷に強く意識される契機となっただろう。

なお承久の乱を起こした後鳥羽上皇も「天皇親征」の先例に連なるが、後鳥羽は鎌倉幕府に敗れて隠岐に流され、後醍醐は勝利して「建武中興」を成し遂げた。かかる結果の差は決定的と言え、後醍醐が「天皇親征」の象徴として語られていく。

そして、こうした後醍醐像が表出した事例の一つが、滋野井らが立てた後醍醐陵参拝計画であり、計画の背景に後醍醐陵鳴動があった可能性は高い。なぜなら半年前に初めて同陵の鳴動を経験し、後醍醐神霊に直面した朝廷社会だからこそ、彼の「神意(後醍醐天皇之御歎願)」を利用する計画が大きな説得力を持ち得るからである。

以上、後醍醐の神霊が幕末維新期の朝廷社会で存在感を高めていく過程を確認した。ある者は鳴動を「神意」の発露として畏れ、ある者は政治的主張のために「神意」を利用した。彼らが仰ぎ見た後醍醐とは、日本が対外危機を抱える時代に登場し、「天皇親征」という「神話」を持つ「神」であった。従って「人間」的な不徳説は陰を潜め、「戦う天皇」としての後醍醐像が朝廷社会で共有されていくのである。

では幕末政治史を動かしたもうひとりの主役である志士たちは、後醍醐をどのように受け止めていたのか。実は本章で取り上げた後醍醐陵の鳴動を、非常に興味深い視点で「目撃」していた人物がいる。彼の名前は分からない。しかし彼が語る目撃談は、幕末志士たちの後醍醐像と、そのイメージが何によって形成されたのかを検証する上で重要な示唆を与えてくれる。次章では彼の目撃談の分析を通して、幕末維新期における後醍醐像の社会的展開を確認したい。

三、幕末志士たちの後醍醐天皇像

(1)後醍醐陵鳴動の「目撃談」

戸田和三郎が鳴動を朝廷に報告した数日後、岡山藩の国事探索周旋方・野呂久左衛門に一通の書状が届いた。[33] 国事探索周旋方は京都を中心とする情報収集や、藩と朝廷との交渉を世話する役目であり、差出人の野呂善六は久左衛門の配下であろう。

以寸楮啓上云々、元弘帝御陵不怪(ママ)鳴動有之、御陵辺も破損之由、戸田和三郎殿御届書之通云々、近来有志之人有之、江戸より彼御陵に参拝し、責ては御掃除なりともと申其辺に仮の草庵を建候て、暫し御宮仕へ居申候人有之、何か承り居申候、其人の話に深夜に出御にて供奉之人を御催促被遊候様之趣ニ彷彿、右を相考候ては此度は出御々親征之叡慮とも乍恐拙考候事に御坐候、御高考如何被思召候哉云々

霜月廿五日　　　　同善六

野呂久左衛門様御取次中

始めに善六は後醍醐天皇（元弘帝）の陵墓が鳴動し、陵周辺が破損したのは「戸田和三郎殿御届書」の通りと記している。戸田報告が朝廷に届いたのは十一月十三日なので、数日の内に岡山藩の情報網が捕捉していたことになる。恐らく後醍醐陵鳴動の話は京都で相当広まっており、久左衛門は確認のために善六を吉野へ向かわせたと思われる。(34)

そして善六は現地で、後醍醐陵への参拝目的で最近江戸から来ていた「有志之人」の話を聞く。所謂「草莽の志士」に類する彼は、参拝だけではなく、陵の近くに草庵を建てて掃除奉仕もしていたらしい。それを「御宮仕へ」として近侍する行動に、後醍醐への深い敬慕を読み取れるが、彼は鳴動があった夜に不思議な光景を目撃したという。

即ち十八日の深夜に陵の中から後醍醐の神霊が出現し、供回りの者を呼びつける姿がはっきり見えたと証言している。その上で自分が見た光景を「出御々親征之叡慮」、つまり孝明天皇が攘夷親征を決断したのではないかと解釈しているのである。

彼の目撃談の真偽は一旦置くとして、内容は【陵墓鳴動】【後醍醐出現】【供奉催促】で構成されている。特に陵墓の鳴動が後醍醐の神霊を想起させ、それを攘夷親征と結びつけている点は、後醍醐陵で後醍醐の神意を受けて、孝明天皇に攘夷親征を迫る滋野井らの発想とほぼ共通しており、「戦う天皇」としての後醍醐像の社会的な広がりを示している。

（2）後醍醐陵鳴動と『太平記』

しかし彼の目撃談を読み返した時、別の物語に描かれた光景を連想させる。その物語とは『太平記』巻三十四の「吉野御廟神霊事付諸国軍勢還京都事」（以下「吉野御廟神霊事」と略す）である。

「吉野御廟神霊事」の物語は、長年南朝方で戦ってきた某武士が味方の敗色濃厚を受け、出家を決意して吉野山を訪れる場面から始まる。出家前に亡き主君後醍醐に暇を請うため陵まで来たが、陵の周辺は掃除もされずに荒れ放題だった。その荒廃ぶりに驚いた彼は、夜を通して陵前に畏まり、臣下が君主を犯しても天が罰せず、天皇の神霊も子孫を守らない現世の不条理に嘆き悲しみ、いつしか泣き疲れて眠り込んで

しまう。その夢の中で不思議な光景を目撃する。

余リニ気クタビレテ、頭ヲウナ低テ少シ目睡タル夢ノ中ニ、御廟ノ震動スル事良久シ。暫有テ円丘ノ中ヨリ誠ニケタカキ御声ニテ、「人ヤアル〳〵。」ト召レケレバ、東西ノ山ノ峯ヨリ、「俊基・資朝是ニ候。」トテ参リタリ。(35)

彼が見たのは後醍醐陵（御廟）が震動した後、陵の中から供奉の者を呼び出す気高き声と、その声に応じて現れた後醍醐股肱の家臣・日野俊基と日野資朝の亡霊だった。

そして陵の石扉が開く。

其後円丘ノ石ノ扉ヲ排ク音シケレバ遙ニ向上タルニ、先帝衮龍ノ御衣ヲ召レ、宝劔ヲ抜テ右ノ御手ニ提ゲ、玉扆ノ上ニ坐シ給フ。此御容モ昔ノ龍顔ニハ替テ、忿レル御眸逆ニ裂、御鬚左右へ分レテ、只夜叉羅刹ノ如也。誠ニ苦シ気ナル御息ヲツガセ給フ度毎ニ、御口ヨリ焔ハツト燃出テ、黒烟天ニ立上ル。

陵の中から出てきたのは帝王だけが着られる衮龍の御衣を身にまとい、憤怒の形相をした後醍醐の怨霊だった。そして後醍醐は俊基らと軍議を開き、楠木正成・新田義興ら南朝亡将の布陣を協議した後、「サラバ年号ノ替ラヌ先ニ、疾々退治セヨ」と言い残して再び陵の中に帰っていく。目を覚した武士は、これは夢のお告げだと人々に伝えたが誰も信用しなかった。しかし実際に北朝方の軍勢が退却したので、疑っていた人々も夢のお告げに望みを懸けるようになった——。

以上が「吉野御廟神霊事」のあらましだが、内容的に【陵墓震動（鳴動）】【供奉催促】【後醍醐出現】で構成され、しかも吉野に侵攻する北朝方を迎え撃つ軍議を、後醍醐の怨霊が主宰する「天皇親征」の姿も描かれている。つまり「有志之人」の目撃談とは「吉野御廟神霊事」の後醍醐陵震動の場面を基に、彼が創作した物語とみて間違いない。また陵墓鳴動を「天皇親征」と結びつける解釈も、その解釈を他者に伝える行動も「吉野御廟神霊事」の文脈に沿ったものであった。このことは志士たちの後醍醐像と『太平記』の物語との関係を考える上で非常に重要な示唆を与えてくれる。

(3) 読み替えられる『太平記』

南北朝時代を舞台に、後醍醐の即位から約五十年にわたる公武の歴史を叙述した『太平記』の存在は、室町時代以降「太平記よみ」と呼ばれる活動によって日本社会に広まった。(36)江戸時代には歌舞伎・講談等の題材や初学者の教科書等に用いられた。

一方、江戸初期には『太平記』の記述に独自の論評と別伝を加えた注釈書が多く作られた。注釈書の特徴は、楠木正成を理想的な明君と位置づけ、武士としての彼の能力と忠誠心を高く評価し、その言動から武士階級に相応しい行動規範を抽出している点にある。戦士から為政者や官僚への転換を求められた武士達はこぞって注釈書を読み、治政の助けとした。また注釈書は『太平記』に頻出する怨霊譚や怪異話を迷信妄説として否定する。これは朱子学的理知主義の観点から、迷信妄説の流布を禁じる幕府の政策と一致している。

つまり『太平記』は幕藩体制の支配論理に合わせる形で読み替えられ、その読み替えられた物語が「太平記よみ」の活動を通して社会各層に受容されていったのである。こうした中で楠木正成の忠臣像が確立する一方、彼のような忠臣を重用しきれず、「建武中興」の崩壊を招いた後醍醐の不徳説が逆に強調されていくのである。

しかし、こうした『太平記』受容のあり方と「有志之人」が語った目撃談は、明らかに位相を異にしている。後醍醐の怨霊譚と攘夷親征を絡めて他者に語りかける彼は、意図的に読み替えられた注釈書ではなく、後醍醐主従の戦いの歴史を描く『太平記』本文に、より価値を見いだしていたのではないか。即ち『太平記』は〈徳川の平和〉における理想的な君主像・武士像を提示する訓導書ではなく、「天皇親征」の歴史的過程を綴った、本来の軍記物語に再び読み直されたのではないか。そのきっかけは欧米列強の日本進出であり、「外敵」の出現に動揺する幕末期の現実政治と、武家政権（鎌倉幕府）という「外敵」に対抗する『太平記』の物語世界との間に共通性が生じたことで、天皇や国家の危機に志士たる者が取るべき行動を示す「先例の書」として『太平記』が受容された可能性を指摘したい。

（4）「交差」する二つの世界

そんな折に突如発生した後醍醐陵の鳴動は、『太平記』の愛読者にとって、後醍醐神霊の顕現を知らせる〈号令〉だった。志士の中には「吉野御廟神霊事」の場面を想起した者も少なくなったであろう。また「有志之人」同様に攘夷親征を予感した者もいたかもしれない。重要なのは物語上の出来事だった後醍醐陵の鳴動が、現実の世界で起きてしまったことであり、物語と現実の「交差」とも言うべき状況が、志士の行動にも少なからぬ影響を与えた。

例えば鳴動の四ヶ月後の文久三年二月二十二日、京都等持院に安置されていた足利三将軍（尊氏・義詮・義満）の木像の首と位牌が盗み出され、弾劾文と共に三条河原に晒される事件が起きた。[37] 犯人は国学者平田鉄胤の門人十数名で、足利将軍に擬似的な天誅を加えることで社会全体の尊攘意識を喚起し、世論を攘夷決戦に誘導する目的があったとされる。実に芝居がかった犯行だが、後醍醐の逆臣足利尊氏らの梟首は

『太平記』の逆的再現であり、自身を天皇の忠臣に擬え、後醍醐の無念を現実の世界で雪辱しようとする意識がうかがえる。

また犯人の一味に、後醍醐陵鳴動の現地調査を命じた野呂久左衛門がいたことは注目に値する。[38] 野呂も平田鉄胤に国学を学び、事件では弾劾文の作成を担当した。事件に加わった動機や関与の程度は不明である。ただ「有志之人」の目撃談を知っている彼が、のちに後醍醐が関係する政治事件に参加した事実は、後醍醐顕現の〈号令〉を受け取り、物語と現実との「交差」の中で奔走する、幕末志士のあり方の一端を示している。

尤も彼らの行動が充分練られた計画か、衝動的な暴走なのかは判断できない。しかし、どのような形で攘夷決戦を訴えれば、人々の耳目を集められるかは当然考えただろう。そこで後醍醐との因縁浅からぬ足利将軍を選択したことは、彼らにある後醍醐と攘夷問題との強い結びつきが読み取れる。

一方、事件に激怒した幕府は彼らをすぐに捕縛し、遠島や追放・入牢などの厳しい処分を決めたが、実際は多くの者が諸藩預かりとなって刑罰は執行されなかった。[39] 実はこの時、朝廷側から情状酌量の要請があり、幕府は渋々受け入れていたのである。[40] 恐らく当時の朝廷は彼らの目的を理解したからこそ、幕府の裁きに介入したと思われる。

つまり後醍醐と攘夷問題を結び付ける意識は、朝廷や志士と呼ばれる人々にも共有されていた。滋野井と西四辻の「攘夷親征」計画はその延長線上に位置づけられ、二人の同志である植田主殿や彼の仲間三〇〇人も志士であり、「天皇親征」に連なる後醍醐像は大きな社会的広がりを持っていた。そしてこの植田が「楠ノ子孫」を自称していたことは、彼もまた物語と現実との「交差」を生きる一人だったと言えよう。

(5) 転換する後醍醐像と「政治的神話」

このように『太平記』の物語は、幕末維新期に政治的な価値を見いだされていた。特に「戦う天皇」としての後醍醐像は、幕府の不作為が招いた攘夷問題の停滞を打開するシンボルとなった。その時、偶然発生した後醍醐陵の異常現象は、人々に後醍醐神霊の顕現を意識させ、神霊の背後にある『太平記』の物語を想起させた。ここに後醍醐の「政治的神話」が登場し、かかる後醍醐像も一層強固となって、孝明天皇に攘夷親征を迫る切り札となった。

但し、この時期に近世思想家が主張していた後醍醐不徳説が消滅していたわけではない。

例えば文久二年頃、伊藤梓という草莽の志士が三条実美に提出した建白書には、後醍醐を神武（東征）・景行（熊襲討伐）・仲哀（三韓征討）の三天皇に並ぶ「戦う天皇」と位置づける。[41]そして「能ク自ラ武将トナリ、公卿ヲ武臣トナシ、苦ヲ嘗メ、難ヲ冒シテ天業ヲ経綸シ給ヘリ」と評価した上で、孝明天皇に攘夷親征を勧めるよう訴えている。文久二年の段階で攘夷親征の言説が見られる点は非常に興味深いが、同じ文中に「建武中興」に触れた部分があり、失政の原因に当時の信賞必罰の乱れを挙げ、名指しはしないものの後醍醐の政治責任をほのめかしている。

つまり伊藤は「天皇親征」の側面と、後醍醐のもう一つの特質である「天皇親政」も視野に入れ、彼の失政を問い質す不徳論の枠組みでも後醍醐を捉えていた。即ち伊藤の中では「戦う天皇」と「統治する天皇」の二つの後醍醐像が意識されていたのである。

しかし朝廷社会や志士は攘夷問題を背景に「天皇親征」の性質をより重視し、それに引っ張られる形で「建武中興」を肯定的に捉えた。その結果、冒頭で述べた通り、大政奉還直前の慶応三年九月の段階までは、朝廷上層部の王政復古のイメージは「建武中興」が大勢を占めることになる。だが最終的に採用されたのは「神武創業」であり、記録のない神武天皇の治世が新国家建設の基本理念となった。ここにおいて再び後醍醐像の大きな転換が訪れるのである。

おわりに

ではなぜ「建武中興」は落選したのか。その理由は、「統治する天皇」としての後醍醐の事跡が、近世思想家と同じ目線で問題視され、失敗に終わった彼の親政を否定すべき先例と位置づけたからであろう。また後醍醐像転換の主因と言える攘夷問題が、国際政治上既に実行不可能となる中、「神武東征」の建国神話を持つ神武天皇と比べた場合、どちらが新国家に相応しい「戦う天皇」像と見られたかは明らかである。

つまり来たるべき孝明天皇を頂点とする新国家構想においては、後醍醐天皇の政治的、軍事的な存在価値はもはや薄れ、幕末維新期に彼が担った役割は神武天皇が回収することになった。その意味で幕末維新期の後醍醐像とは、この時期における理想的な天皇像を指していた。刻々と変化する幕末政治史の流れの中で、公家や志士達が孝明天皇に期待し、切望していた為政者としての役割を反映したものであり、彼らは後醍醐像の先に孝明天皇を見ていたのだ。従って時代状況に応じた多様な後醍醐像を想定しなければならない。

そして幕末社会に後醍醐の存在価値を知らしめた「政治的神話」もその役割を一旦終える一方、同じ『太平記』に基づく別の「政治的神話」に脚光が集まる。それは楠木正成・正行父子や新田義貞・北畠親房・名和長年一族など南朝忠臣の物語であり、「天皇への忠義」が彼らの「政治的神話」の存在価値である。

尤も楠木正成のように南朝忠臣の物語は従前から重視されていたが、近代天皇制国家において「天皇への忠義」が持つ政治的意義は、それ以前と比べて遥かに大きい。明治政府が南朝忠臣に神格を授与し、国家祭祀の対象としたことはその表れといえよう。(42)また後醍醐の「政治的神話」は、あるべき天皇像に関わる物語だったが、南朝忠臣の「政治的神話」は天皇ではなく臣民全体に向けられ、あるべき国民の教育を射程に入れている。このように「政治的神話」もまた時代の変化の中で異なる役割が与えられ、日本社会との繋がりを持ち続ける。「政治的神話」を読み解くことは、それが語られた時代の政治的特質や社会のあり方を明らかにする重要な視角なのである。

なお後醍醐像が再び転換し、彼の「政治的神話」が日本社会で大きく取り上げられるのは、明治後期に勃発した南北朝正閏論争とその後の皇国史観の隆盛においてだが、この問題については後考を期したい。

注

(1) 阪本是丸『明治維新と国学者』(大明堂、一九九三年)。
(2) 『三宮覚書』(伊藤武雄『復古の碩師　玉松操』金鶏学院、一九二七年に所収)。
(3) 岩井忠熊「近代における後醍醐天皇像」(岩井忠熊・馬原鉄男編『天皇制国家の統合と支配』文理閣、一九九二年)。
(4) 本稿の内容については、拙稿「近世・近代の「怪異」と国家／社会」(東アジア恠異学会編『怪異学の可能性』角川書店、二〇〇九年)と重複する部分も多いが、「神話」学の観点から改めて論じることにする。
(5) 岩井氏前掲注3論文。
(6) 『大日本史賛藪』(『日本思想大系　近世史論集』岩波書店、一九七四年に所収)を参照。
(7) 『日本政記』(『日本思想大系　頼山陽』岩波書店、一九七七年に所収)を参照。
(8) 『中興新書』(『日本思想大系　水戸学』岩波書店、一九七三年に所収)を参照。
(9) 佐藤進一『南北朝の動乱』(中央公論社、一九六五年)、伊藤喜良『後醍醐天皇と建武政権』(新日本出版、一九九九年)・同『後醍醐天皇――「捏造」された聖帝像』(『歴史評論』六五一、二〇〇四年)等を参照。
(10) 鈴木彰「近世・近代の後醍醐天皇」(佐藤和彦・樋口州男編『後醍醐天皇のすべて』新人物往来社、二〇〇四年)。
(11) 『言渡』文久三年五月二十八日条(『孝明天皇紀』同日条に所収)。
(12) 『滋野井家系譜』(宮内庁書陵部所蔵)及び『明治維新人物辞典』(吉川弘文館、一九八一年)を参照。
(13) 『明治維新人名辞典』(吉川弘文館、一九八一年)を参照。

(14)『言渡』文久三年六月五日条（『孝明天皇紀』同年五月二十八日条に所収）。

(15)『鞅掌録』（日本史籍協会編『会津藩庁記録　三』東京大学出版会、一九六九年復刻に所収）。

(16)『隆祐卿手録』文久三年六月十二日条（宮内庁書陵部蔵）及び『維新階梯雑誌』（東京大学史料編纂所蔵「大日本維新史料稿本（以下「稿本」）」文久三年五月二十八日条に所収）。

(17)『実麗卿記』文久三年五月二十一日条（『孝明天皇紀』五月二十日条に所収）。

(18)主に町田明広『幕末文久期の国家政略と薩摩藩』（岩田書院、二〇一〇年）を参照。

(19)『見聞雑記』（「稿本」文久二年十月十八日条に所収）。

(20)「鳴動」現象の歴史的意義については西山克「中世王権と鳴動」（今谷明編『王権と神祇』思文閣出版、二〇〇二年）、同「物言う墓」（東アジア恠異学会編『怪異学の技法』臨川書店、二〇〇三年）等を参照。

(21)「文久の修陵」事業の経緯と歴史的意義については、戸原純一「幕末の修陵について」（『書陵部紀要』一六、一九六九年）、宮地正人『天皇制の政治史的研究』（校倉書房、一九八一年）、大平聡「公武合体運動と文久の修陵」（『考古学研究』三一―二、一九八四年）、外池昇『幕末・明治期の陵墓』（吉川弘文館、一九九七年）等を参照。

(22)外池昇編著『文久山陵図』（新人物往来社、二〇〇五年）を参照。

(23)元禄十年（一六九七）の修陵事業は『元禄十丁丑年山陵記録』（秋山日出雄・廣吉壽彦編『元禄年間山陵記録』（由良大和古代文化研究協会、一九九四年に所収）に詳しい。

(24)『元禄十丁丑年山陵記録』（注23）を参照。

(25)日本古典文学大系『近世歌文集　下』（岩波書店、一九九七年）から引用。

(26)『言渡』文久二年十一月十三日条（「稿本」同年十月十八日条に所収）。

(27)『野宮定功公武御用記』文久二年十一月十三日条（宮内庁書陵部蔵）。

(28)文久二年十一月十七日付「戸田忠至宛正親町三條実愛書翰」（「稿本」文久二年十一月十三日条に所収）。

(29)『隆祐卿手録』文久二年十一月二十二日条。

(30)『平田職修日記』文久二年十一月十六日条（「稿本」同年十月十八日条に所収）

(31)『平田職修日記』文久二年十一月二十六日条（『孝明天皇紀』同年十一月十三日条に所収）

(32)『元禄十丁丑年山陵記録』（注23）を参照。

(33)「野呂久左衛門宛野呂善六書翰」（『保古飛呂比（佐佐木高行日記）』第一巻、東京大学出版会、一九七〇年に所収）。

(34)但馬出石藩主仙石政固の日記『如是我聞』（東京大学史料編纂所蔵）にも「京師風聞」として後醍醐陵鳴動が記録され、文久二年十二月付で戸田報告も収録されている。

(35)日本古典文学大系『太平記』三（岩波書店、新装版一九九三年）を引用。

(36)『太平記』の受容及び「太平記よみ」の活動と意義については、加美宏『太平記の受容と変容』（翰林書房、一九九七年）、若尾政希『「太平記読み」の時代――近世政治思想史の構想』（平凡社、一九九九年）、兵藤裕己『太平記〈よみ〉の可能性――歴史という物語』（講談社、一九九五年）等を参照。

(37)当事件に関しては、芳賀登「平田学派の尊攘運動の一形態――足利三代木像梟首事件の歴史的意義」（『歴史人類』一、一

九六七年）・野口武彦「足利木像梟首事件」（『群像』五七―九、二〇〇二年）等を参照。

(38)「故野呂久左衛門履歴取調書」（岡山大学付属図書館コレクション『池田家文庫』史料番号C二―三六）を参照。

(39)『伏見奉行所雑記』文久三年六月二十三日条（「稿本」同日条に所収）。

(40)『維新階梯雑誌』文久三年三月四日条（「稿本」同日条に所収）。

(41)『岩倉具視関係文書　四』（東京大学出版会、一九六八年）に所収。

(42) 南朝忠臣の列神化については村上重良『慰霊と招魂――靖国の思想』（岩波書店、一九七四）等を参照。

地域社会の「神話」記述の検証

——津山、徳守神社とその摂社をめぐる物語を中心に

南郷晃子

なんごう・こうこ——神戸大学国際文化学研究科・国際文化学研究推進センター学術研究員。専門は近世説話・伝承。主な論文に「『本朝故事因縁集』をめぐる考察——周防国を中心として」（東京大学国語国文学会『国語と国文学』平成二十四年十二月号、明治書院、二〇一二年）、「「おさご」伝承の考察——近世期における「御家」意識と伝承の変容」（『説話・伝承学』二二号、二〇一四年）、「フロイス『日本史』にみる宣教師への悪口」（神戸大学国際文化学研究科国際文化学研究推進センター『二〇一五年度研究報告書』二〇一五年）などがある。

明治維新を経て、地域の神社をとりまく状況は変動する。神社調査が行われ、神仏が分離され、各社の列格がなされていく。その中で個々の神社が所持してきた神話もまた選別されていくことになる。選ばれなかった神話のあるものは、郷土史家の記述のうちに命脈をとどめた。それは地域の理想の過去、あるべき地域史としての物語である。

はじめに

本稿は岡山県津山市宮脇町にある徳守神社、またその摂社お花宮の由緒を中心に、明治、大正期において地域社会の神社をめぐる物語がどのようにして記されたのかということを検討する。これまで看過されてきた近代初期における地域の「神話」を議論の組上にあげることを、まずは目的としたい。

長い江戸時代が終わり、明治に入ると「神」をめぐる状況は大きく変動することになった。地域社会の神社においても神仏分離が指示され、実態調査の必要性から「大小神社取調」をはじめとする神社調査が行われ、さらには府県社、郷社、村社と村内にある神社の列格が進められていった。すなわち「神道国教化」へ、国中の「神」が整備され管理される形へと動きはじめたのである。このような神をめぐる政治的変動に対し、それぞれの鎮守を護ってきた地域社会はどのように応えたのか。また「神道国教化」は、村落の祭祀にどのように影響を与えたのか。こういった「神道国教化」と村落の神社をめぐる問題に対し森岡清美、米地実、櫻井治男らは

国教化に関する諸政策が、各地の村落所在の神社や祠に与えた影響を精査し、近代の国家統制と村落祭祀との連続性を具体的に明らかにすることを行った。(1) 近年には森岡、米地らの研究を踏まえた上で、国から村落社会へという方向にのみ近代の神社の変容をみるのでなく、地域からの体制への呼応をみる研究も進んでいる。(2)

これらの先行研究の進展を踏まえたうえで本稿が問うのは、地域の神社の持つ「神話」についてである。神道国教化に伴い、村落の神社祭祀のあり方が変わり、神名が固定されていく。このような中で、「神話」はどのように記述され／されなかったのだろうか。「近代」の「国民」を形成するうえで、「われわれ」の「始源」を語る物語として記紀神話が果たした役割は確かに大きいだろう。(3) けれども具体的に存在する村落の神社に目を転じた時、記紀神話と不可分でありつつも、必ずしも一体化しない個々の物語がある。これらの物語のある部分は、柳田國男が切り開き、それに共感した人々が推し進めていった民俗学において「伝承」として採集され、記録されていった。とはいえ神社をめぐる物語がすべて民俗学の文脈において、記録するにふさわしいと見做されたわけではない。村落の神々の物語は神道国教化の中を、どのように生き延び、また生き延びられなかったのか問うてみたいというのが本稿の問題意識である。そのために神社調査の記録と郷土誌の記述を中心に、地域の神社の「神話」の検証を行う。

本論を先取りして述べると、このことは、地域社会の政治・経済を牽引し、いわば地方名望家たる「郷土史家」の記した「神話」――歴史と伝承を一体化させる物語の検証になる。

一、神社調査と由緒について
――津山市、徳守神社の事例から

(1) 神社調査における「由緒」

櫻井治男は明治三年(一八七〇)年に明治政府が地方役所に命じた全国の大小神社の調査項目のうち「神社の名称」に関して以下のように指摘する。

近代になって、全国すべての神社を対象とした調査において祭神名の記載を求めたことは、逆に言えば、神社には名前を有する神が祀られているとする考え方の一般化を促すことであったと考えてよかろう。しかも、それが古典に依拠した祭神名となると、極めて限定された神道の神観念が意識されたといえよう。(4)

近世期、神社をめぐる物語は様々な形で記述された。神社の関係者によってまとめられる縁起や、それをもとに参拝者に配布される刷り物、名所図会のような地誌等々、多様な媒体に物語が残されていく。神社調書においては、これらの雑多な「神話」が「極めて限定された神道の神観念」のもとに収斂され、いわば規格化されていったのだといえる。

櫻井治男はまた明治三年の「大小神社」取調から明治十二年の『神社明細帳』、明治十八年の東京府の『社寺明細帳』に至るまでの神社調査の項目や書式から、神社概念の変化を考察している。(5) その中で「由緒」が、「勧請年月」という限定的な捉え方から、次第に内容的な幅を持つ傾向をとり、東京府『社寺明細帳』では「縁由等不詳ト雖モ古老ノ口碑等ニ存スルモノハ其旨ヲ登記スヘシ」と書かれるまでに至っていることを明らかにしている。しかしここでいう「縁由」が果たして、説話・伝承の世界の豊饒な「縁由」をさしているのかというと、はなはだ疑わしい。櫻井も指摘するように、これらの調書における「神社」の由緒は「古社」を判別する役割を持つ。(6)『神社明細帳』などの調書は社の列格、さらには合祀などの方針を決めていくものであり、列格されるべき「古社」の「由緒」により相応しいのは、天皇を頂点とする国家の歴史との関係を語るものである。

以下、岡山県津山市の旧県社である徳守神社を事例に明治初期の「由緒」をみていきたい。

(2) 明治六年「北条県県社郷社誌」における「由緒」

明治四年（一八七一）の廃藩置県後、旧美作国は北条県になり、明治九年に岡山県に合併される。北条県時代に社格の新制を受けて記された資料が岡山県立図書館に所蔵されている。大岡忠友の手になる「明治六年社格新制　北条県県社郷社誌」である。(7)

ここに「県社は神社定則に縁り一県に一社を列格すべき定めなれば明治六年三月三日北条県は内務省の裁可を得て左の通り列格を指定せり」として記されるのが「県社徳守神社」である。祭神は天照大日霊尊。天平五年癸酉年の勧請であり、王朝時代は中山神社など九社とともに苫田の国府に奉祀し、総社に神幸して国司の親祭をうけたという。その後津山藩主森家、松平家の崇敬をうける。詳細な社史がみえるが、そもそもなぜ天照大日霊尊が天平五年にかの地で祀られることになったのか、創建の由緒は記述の必要を認められていない。

(3)『美作・備中神社由緒取調調書』における「由緒」

一方、社のはじまりを述べるのは、明治十年（一八七七）、岡山県第一課社寺掛が美作・備中の神社由緒調査をまとめた『美作・備中神社由緒取調調書』である。

徳守大神宮　祭神　天照大日霊尊

抑当社徳守太神と申奉るは伊勢太神宮御同体にましまし

て人皇十六代応神天皇の御時に美作国津山に天下り給う御告げを承りてご神殿を苫葺になし奉り苫田の大御神と崇敬し奉るとなり。依之此辺を苫田と名付たりしと。扨御本社は摂社末社に及二十五神を斎き奉りて天の下の青人草を徳み守り玉ふとの御誓あらせ玉ふとなり。[8]

『美作・備中神社由緒取調調書』成立のいきさつは、米地実の研究により明らかになる。[9] 明治九年十月十五日教部省第三十五号によって、「矮陋神祠」すなわち路傍等に祀られている祠などを最寄りの社寺へ合祀するか移転するかなどの対応をすることが求められるが、岡山県はその基準となるべき現存神社明細帳が「備中美作両国ノ如キハ路傍山野ニ散在スル些少石瓦祠及人民持地ニ至ルマテ記載シ」という状況であるとして、内務省へ神社明細帳の再作成を願い出、許可される。注目されるのが、岡山県が神社の「原由」の有無を強く気にかけている点である。例えば明治十年六月二十九日の内務卿への伺いにおいて、現状の郷村社の区分が、旧美作備中両国の不手際により「其神社ノ原由ニ依ラスシテ社殿ノ景況大小ヲ以テ区別シ一大区中式内社アルモ之ヲ村社ニ置キ別段縁由ナキ神社ヲ以テ郷社トナシ」という状況が生じていると訴える。一方で岡山県は各区長へ「社号ノ儀ハ其神社ノ縁由ニ依テ称号スヘキ」として、「縁由」によって社号を選び直すことも求めている。

各神社は明治十年十一月から十二月の間にそれぞれの由緒を書き上げ提出しており、『美作・備中神社由緒取調調書』は、上述の縁由、原由を踏まえた神社明細帳再作成の方針を受け著されたものだと考えられる。

(4)もうひとつの徳守神社由緒

さて、『美作・備中神社由緒取調調書』では徳守神社の始まりは「伊勢太神宮御同体」である神の「徳み守る」という御誓いの言葉から説明されている。ところが、明治二十一年(一八八八)に矢吹正則によりまとめられた『徳守神社誌』は、上述の説を「国史ハ固ヨリ私乗ニモ見サル説ナリ」と否定し、その一方で藤原氏の徳守なる人物を祀ったものであるという説を載せる。[10]

同じく矢吹正則がまとめた『津山誌』は「往昔清閑寺大納言勅を奉じて出雲に下り小田中村に至て薨ず。村民乃ち之を祀る。徳守は其名なりと。」と徳守という名を持つ清閑寺大納言がこの地で没したというより詳細な話を載せる。[11]

文化六年(一八〇九)成立の『森家先代実録』には徳守神社の由来として、南帝後村上天皇よりの勅使、徳守宰相がこの地で没したという説話がみえ、[12] 近世期において徳守神社の由緒として知られていたのは、こちらの話だったと考えられる。

しかし『美作・備中神社由緒取調調書』は徳守宰相には一言たりとも触れていない。神社調書にふさわしい由緒として選ばれたのは、「天照大日霊尊」の津山への降下である。県社という社格を与えられるのに適するのはこちらだったのである。神社調べにおいて由緒として選ばれていったのは、より古典に近接するもの、より天皇家の物語に近しいものだったと考えられる。このような由緒の選択のうちに消えた物語は多々あっただろう。

徳守神社の場合、調書に含まれなかった由緒は『津山誌』に残された。明治期において神社明細帳への記載を選択されなかった「由緒」が残される重要な場のひとつが地誌、わけても自治体史であったといえる。

(5) 自治体史と神話

特定の地域に焦点をあて、その諸相を記録する「地誌」は、もちろん近世期から多く存在し、近世前期には藩の主導で、後期には民間からも多くの地誌が著された。明治期以降も地誌は各地で作られ続けていくことになるが、廃藩置県が行われ、行政の枠組みが新たになった明治においては「自治体史」が出現することになる。西垣晴次は、明治期の自治体史編纂を三期にわけて捉え、そのうちの第一期を新政府の主導する「府県史料」「皇国地誌」の編纂が中止されるまでとしている。(13)

皇国地誌とは明治新政府が計画した独自の官選地誌だが、二十年近くの歳月をついやして明治二十六年（一八九三）事業は中止になり未完のまま終わった。しかし明治八年六月五日の太政官達第九十七号、「皇国地誌編輯例則並ニ着手方法別冊ノ通相定メ候条、右ニ準シ精覈調査致シ地理寮へ可差出、此旨相達候事」という各府県への通達は、各自治体に皇国地誌のための編集作業を行わせることになった。(14) 明治二十一年に刊行された『津山誌』はそもそも「明治八年六月太政官第九拾七號布告ヲ奉シ編纂スル所ニシテ皇國地誌ノ元藁」であり、この皇国地誌編纂事業の一部として著されたものである。

さて、皇国地誌編輯例則は、「社」に関し、「某社（社並ニ社格地、東西幾町、南北幾町、面積幾町、本村ノ何方ニアリ、某神ヲ祭ル、延喜ノ時、名神大社タリシニ、其後兵乱ニ遇ヒ、祠製墜、明治幾年噂社ニ列セラレ、再ヒ旧観ニ復ス管類、祭日何月何日、社地中老樹等アレハ之ヲ記ス）」と示している。この例則にそのまま従うと、清閑寺大納言徳守の物語が記される余地はない。しかし『津山誌』編者矢吹正則は、例則を踏まえつつ、また清閑寺大納言徳守の物語に「此説固ヨリ信シ難シ」と疑念を示しつつ「録シ以テ参考ニ備フ」という姿勢のもとに徳守の説話を加えるのである。ここには津山の郷土史家として数多くの著作を世に出していくことになる矢吹正則の、より多くを残さんとする姿勢、理念が反映されていると考えられる。とはいえ矢吹正則は地域の情報の収集、記録をだけをその命としたわけではない。彼は地方名望家として、国家との関係の中で、誇るべき郷土を語ろうとする「郷土史家」らしい郷土史家であったとみなせる。しかしその詳細は後述に回し、まずはもう一つの「神話」をみていきたい。

写真1　徳守神社内お花善神社

二、摂社の「神話」と郷土史家
——矢吹正則・正已を中心に

(1) お花宮の由来

列格と神社調査が結びついたことで、社格の決定に不要な物語、相応しくない物語は調書から除外される。すなわち、当然のことながら、社格を得られず、調書に記載されない小社や祠などの由緒は、調書に記録されることはない。では社格を得られなかった社の物語はどのようにして残りうるのか。次に徳守神社の摂社の由緒について検討してみたい。

徳守神社境内には摂社、末社がずらりと並んでいる。そのならびから外れた一角に「善神社」という神号がかけられた社がある（**写真1**）。社のそばにある「お花宮の由来」と書かれた看板をまずは引用する。[15]（**写真2**）

お花宮は、森家時代津山の家老原十兵衛の侍女お花を祀れる神社である。原家は禄高三千石を領し津山城郭京町御門の内に住居していた家老で、お花は礼儀作法見習いの為、勝間田の実家を出て原家に出仕し、容貌優美の為、原十兵衛の寵愛を受けた。或日、愛児の子守りをして居た処、ふとした過ちから其の愛児が縁より落ち横死した。原氏の夫人大いに怒り花女の不注意を責め愛児の仇なりとして、お花を惨殺した。其の花女の責め方が余りにも残虐であり苛酷であったが為、死後しば〳〵祟りを為し怨霊を慰めんとして邸内の一隅に祠を建て、お花善神社としてお祀したのが始まりである。（中略）慶応元年八月二十八日怨石と唱える踏石と共に大円寺に移しさらに、明治初年神仏分離の命により徳守神社に移した。今は逆境にある婦人の守り神として遠近より参拝者が絶えない。

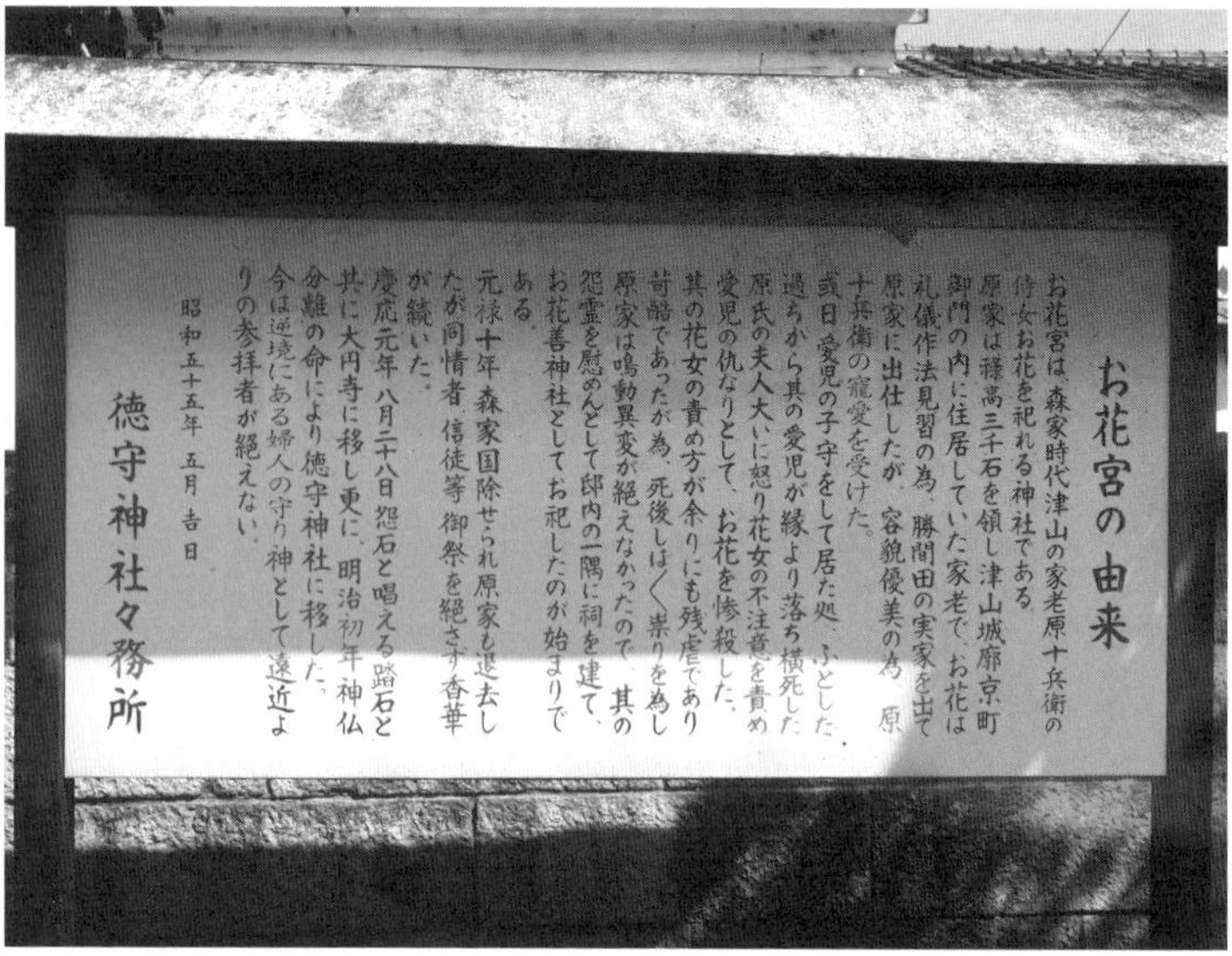

写真2　お花宮看板

写真3　大圓寺うらみ石

『徳守神社誌』は「明治維新ノ後神仏混淆スルモノハ悉ク引分ラル、ニ当リ」「社寺係ヨリ達シアリ」て、明治四年七月に大圓寺からお花宮を迎え祀ったという。[16] 大圓寺は徳守神社から徒歩十分程度の距離の西寺町に位置する天台宗の寺院である。境内の一角には確かに今もひっそりとではあるが「うらみ石」（**写真3**）が祀られている。[17]

この看板とほぼ同じ内容を持つのが大正九年（一九二〇）

の『津山温知会誌』第一三編「阿花宮の由来」である。看板とやや異なる末部のみ引用する。[18]

> 明治元年神仏分離の命に依りて長安寺の秋葉宮と同じ徳守神社の境内に遷座し而て怨石のみはその儘大円寺に存置せしめらる。抑も善神は生前怜悧にして忠実に勤めしほどの人なれば死後も尚ほ世人の患難を救はれけん。婦人病其の他婦女の所願に霊験を顕はさるゝこと真に不思議なりとす。今に之れを念服するもの頗る多く参詣者常に絶へざる所以なり。然るに世俗善神の死に関して卑猥附会の説を伝ふものあれども唯好事家の戯作にかゝる小説に基づく流言にして毫も信を措くに足らざるなり。茲にその実伝を記し併せて妄を弁ずと云ふ

昭和五十五年の記日をもつ看板はこれをもとに作成されたと考えられる。『津山誌』はもちろんのこと、『徳守神社誌』にも徳守神社末社の由来は記述されていない。また管見の限りではこれ以前には同じ内容のお花宮の話は、確認できていない。消えゆくはずの末社の由来を残したのが『津山温知会誌』に掲載された矢吹正己の「阿花宮の由来」であるといえる。

（2）お花信仰とその源泉

「阿花宮の由来」の「茲にその実伝を記し併せて妄を弁ず」としてこれを「伝承」としてとりあつかわない点、そしてお花に貞女のイメージを付す点は注意される。

原十兵衛は確かに実在の人物ではあるが、武家屋敷の下女が惨殺され、怨霊が現れるという話は皿屋敷伝承をはじめ各地にみられる伝承である。また『岡山県性信仰集成』は、お花宮には陽物が奉納されており、花柳界の女性から、女の腰から下の病を治すとして信仰を集めたという。[19]

陽物は現在確認できていないが、そもそもは性に関わる神としての姿が信仰の中心にあったと想定される。神仏分離以前お花宮が祀られていた大圓寺には、「うらみ石」が残されているが、津山市西寺町の地図看板には大圓寺に「婦人病によく効く「うらみ石」がある」と書かれている。婦人病に効くのはうらみ石であり、お花宮の「婦人病其の他婦女の所願に霊験を顕はさる」のは本来うらみ石をさわるという行為を必要とするものだったと考えられる。しかし徳守神社に移されるにあたり、信仰の要となるうらみ石が切り離されてしまった。そして婦人病にあらたかであるというお花宮の霊験は、「抑も善神は生前怜悧にして忠実に勤めしほどの人なれば死後も尚ほ世人の患難を救はれけん」とお花の性質の高邁であることに根拠づけられるのである。神仏分離に伴うお花宮の移動に伴い、伝承の一部、「淫祠」的な部分が切り離さ

れ、婦人病への効能はお花の美しい資質を語る文脈のうちに回収されたのである。

(3)「郷土史家」矢吹正則と正己

「阿花宮の由来」を著した矢吹金一郎正己は、県議員や戸長などの役職を歴任し、明治三十六年(一九〇三)から三十七年には津山町長を務めた人物である。[20]以降本稿では「金一郎」は使わず「正己」に呼称を統一する。父正則とともに徳守神社の氏子で、正則は明治十九年には同社の「御営繕幹事長」を務めている。[21]前掲『徳守神社誌』をまとめたのも矢吹正則・正己親子であるが、こと徳守神社の記録にのみ熱心だったわけではない。数多くの津山地方の地誌を著した郷土史家として矢吹正則・正己は知られている。

父矢吹正則の興味深いのは、明治になってから藩士として取り立てられたという点である。そもそもは勝南郡の庄屋の家の出であるが、取り立てられた経緯と見なされるのが、文久二年(一八六二)黒田彦四郎をはじめとする藩内の志士が藩に無断で伏見に赴き、内勅書を得、藩内を尊王派にまとめたという一件である。矢吹正則は「勤王ノ志アリ」て、これに協力する。[22]内勅書を無断で得た黒田彦四郎らはのちに処罰されおり、実際どの程度この内勅書が藩内に影響力を与えたかは不明であるが、いずれにせよ尊王の志士として矢吹正則は藩内での存在感を増していったとみなせる。

さらに維新期から明治初期にかけて正則は、児島高徳を顕彰する神社の建設運動に関わっている。隠岐に流される後醍醐天皇を助けようとして失敗するも、桜の木に後醍醐天皇への忠節を示す詩を書きつけたという『太平記』にみえる児島高徳の話は広く知られている。この桜が美作の院の庄の桜であるとされたことにより、明治二年(一八六九)、津山の院庄に児島高徳を顕彰する作楽神社が建てられることになる。矢吹正則は、このとき児島高徳の奉祀の建議を同志とともに行っている。[23]近代国家を支えていく自負を持ちながら、歴史と伝説とをないまぜに郷土の偉人を顕彰することに情熱を燃やす郷土史家の原型がここにある。[24]正己は、この父の姿勢をそのまま受け継ごうとしているようにみえる。大正三年(一九一四)、作楽神社保存会の組織に正己は奔走した。[25]

「阿花宮の由来」を掲載する『津山温知会誌』は、明治三十八年(一九〇五)四月、矢吹正己らが中心になって組織した「津山温知会」の会誌である。会の目的は、「同藩士族ノ旧誼ヲ温メ傍ラ旧藩ニ属スル総テノ事項ヲ調査協定スル」ことであり、旧藩への思慕、回顧の念が基底にある団体であったといえる。明治三十八年九月に日露戦争が終息すると数多くの郷土史研究グループが誕生し、地方での歴史研究が高揚していった。[26]『津山温知会誌』、またそこに含まれる「阿花宮の由来」の記事も同時期に全国的に盛り上がった郷土史に対する情熱のうちで著されたのである。

正己が津山温知会を組織した明治三十七年、父正則は国弊社である中山神社の禰宜職にあり「日本七社一宮連合敵国降伏臨時祭」執行に加わり、「日本七社一宮連合敵国降伏臨時祭の件　附元寇襲来の顛末概記」を著す。そこでは「神威の皇運を護り給ひし事顕著なり」と、異国調伏をめぐる中山神社をはじめとする七社の神威が語られる。親子はともに「忠君愛国」の姿勢のもと、伝承と歴史の境界を曖昧にしながら「神話」を語るのである。[27]

三、摂社の「神話」と郷土史家
――大岡忠成を中心に

(1)『美作一国鏡』「お花宮之事」

ところで矢吹正己が「世俗善神の死に関して卑猥附会の説を伝ふものあれども唯好事家の戯作にかゝる小説に基づく流言にして毫も信を措くに足らざるなり」というお花宮の伝承はどういったものなのか。「卑猥附会の説」の詳細を明らかにするのは冒頭で引用した「北条県社郷社誌」を著した大岡忠成である。

『美作一国鏡』は美作の「森家時代之事跡を集め、一冊史に著さん」としたものである。明和七年(一七七〇)の序を持つ美作の庄屋岡氏利の著作をその後胤大岡忠成が明治二十一年(一八八八)以降に手を入れまとめている。[28]大岡忠成は大正九年(一九二〇)に没しているので、明治二十一年から大正九年の間にまとめられたものといえる。ここに「お花宮之事」という段がある。長いため内容を簡単にまとめる。

お花は、森家の家老原十兵衛に容色を認められ妾に取り立てられる。しかしお花に思いを寄せる楢井五平次や、十兵衛の奥方に取り入ろうとする坂口権太夫などの思惑が絡み、奥方は嫉妬の念を募らせ、ついには十兵衛の留守の折にお花をひどく折檻して殺してしまう。その後お花の亡霊が奥方を苦しめ、十兵衛はお花を神に祀り上げる。お花を追いつめることになってしまった五平次やお花を十兵衛の妾にした鎗持市助は、発心し大圓寺弟子僧となりお花の菩提を弔った。

様々な人物が入り乱れる講談的な筋書きで、矢吹正己が「好事家の戯作にかゝる小説」というようになにか流布する実録類があったのではないかと思われる。お花宮の信仰の要である「うらみ石」との関連も見えず、正己が挙げる話のほうが本来の形に近いものであったかもしれない。

この『美作一国鏡』「お花宮之事」において読む者にもっとも強い印象を与えるのが、嫉妬にかられた十兵衛の奥方がお花をいたぶる場面、「苦しむお花を見て大ニ笑ひ、やがてもゝはきを顕し、陰ふを切り取り串ニさし、是ハ旦那様之好物なれバ、つけあぶりニして御膳之菜ニ差上けよと投け出したり」とお花の陰部を切り取る場面である。岡山県立図書館には三冊本と四冊本、二種類の『美作一国鏡』があるが、三冊本には、多くの書入れがあり、書入れは清書本である四冊本に反映されている。上述の場面に関し三冊本をみると、切り取った陰部を「旦那様之好物なれバ、御前之菜ニ差上けよ」の横に、「つけあぶりニして」と書き加えられている。より凄惨さの増す叙述へと整えられているのである。岡氏利の著作を清書したのは大岡忠成であり、この一文を加えたのは大岡忠成であると考えられる。

(2) 大岡熊次郎忠成

『北条県県社郷社誌』と『美作一国鏡』をまとめ上げた大岡忠成の経歴は、一見矢吹正則・正己とよく似ている。美作勝南郡池ヶ原村の代々の中庄屋の家の出であり、廃藩置県後は副戸長、北条県の県会議員、戸長と歴任する。明治十二年(一八七九)、矢吹正則のあとを継いで岡山県会議員になっている。忠成の経歴を調べる前田昌義氏は明治二十五年には任期切れで議席を譲ったとしているが、[29] 大正五年刊行『御大礼及立太子礼　美作名誉鏡』は「大正五年の総選挙に際しても亦当選して議長となり、最初より今日まで殆ど県会議長の椅子を離れたことなく」という。[30] いずれにせよ、岡山の地方政治において大きな存在感を持ったことは間違いない。また大岡忠成も、多くの地誌を著した郷土史家であり、明治十五年には矢吹正則とともに、美作国府跡碑の建立を行っている。[31]

異なるのは、明治十年代岡山で盛り上がった民権運動に参加し、国会開設請願の運動など、民権派としての社会運動に参加していった点であろう。また地域産業の育成にも積極的であり、明治二十一年には郡から補助金をもらい土地を熊次郎が出すという形で、養蚕伝習所を設立している。[32] 津山温知会の組織に典型的にみられるように、矢吹正則・正己の情熱が旧時代の風土の保存に向けられるのに対し、忠成の情熱は新時代の地域社会の理想の追求に向けられる。地方の発展を志とする地方名望家であるといえる。

お花宮をめぐる物語に話をもどすと、矢吹正己は、地域社会で信仰を集める祭神お花の淫なる部分消し去り、貞女として語り直す。しかし忠成は淫なる部分をむしろ過剰にする。忠成にとって、神の物語が美しくある必要はなかったのだろうか。

（3）あるべき「歴史」とお花宮

『美作一国鏡』の三冊本と四冊本は、話の配列も一部修正されている。「お花宮之事」は三冊本では、二冊目の末部に付されているが、四冊本では四冊目冬の部のうちにある。そもそも『美作一国鏡』は、三冊本も四冊本も基本的に時間軸に沿って各話を配列する。その中にあって三冊本の二冊目末部の数話（「曽我祐光作州立退之事」「森家一家中分限之事」「津山城郭委細調之事」「お花宮之事」）は、時間の流れとは無関係であり、後から付け足されたとみることができる。

清書本である四冊本ではこれらが時系列に沿い整理されており、「お花宮之事」も時系列間軸の中に置かれた。同話で原十兵衛がお花を見初めたのが、貞享二年（一六八五）のことであり、「お花宮之事」は貞享二年「放生会之事」の隣に配置された。その結果「お花宮之事」は四冊目冬の部のうち、津山藩森家最後の当主である森長成の治世の出来事のなかに位置づけられることになった。三冊本では付け足しであった「お花」の話はこれによって森家盛衰の歴史記述の一部に意味合いを変える。

「お花宮之事」で原十兵衛がお花を見初めたのは貞享二年、霊魂をまつりあげたのは元禄二年（一六八九）である。四冊本『美作一国鏡』を読み進めていくと、同話の四話あとに「津山城中凶兆之事」という一段が現れる。貞享二年から元禄四年、すなわち「お花宮之事」と同時期に津山城中で次々に起こった怪事について語る。ただの怪異譚ではない。森家城主がそれまで行ってきた悪行の報いとして、奇妙なことが起こる。例えば、長成と先代長義が連れ立って城内の門に入ったとき、ひとりの男が道に伏している。「何者なるや」と先払いの侍が顔を上げさせると「眼の玉椀の如く」「口の形ち馬の口明けたるか如く」あふ〳〵と鳴く。これは長義が先年釣りをしたとき惨殺した土民の亡霊だと噂される。あるいは、城のお北塀の上に白衣を着た「僧の如くもの、尼の如くもの、小僧の如くもの」が立ち並んでいる。これは権威を以て百姓の墓石を取り上げ石垣にしたため、その亡霊があわれたのである。

柔和な長成が十六才の若さで領主になると、それまでの人々の怨みが噴出するように怪事が相次ぐ。長成はとうとう病み「気鬱の性」となってしまう。「長成公薨去之事」の段ではついに元禄十年、御年二十七才で長成が世を去ることになる。あとを継ぐはずの長成の伯父太助も発狂し、森家はそのまま改易、津山は松平氏が治める地になる。

「津山城中凶兆之事」は、森家の改易という結末を森家の悪行に紐付ける重要な段であるが、四冊本においては森家家老の悪行と怨霊によるその報いを語る「お花宮之事」も「津山城中凶兆之事」とともに、森家の改易に至る凶事になる。すなわち、悪政の報いとしての森家の改易、さらにいうならば松平氏の治世の開始という津山藩の歴史語りの中に、お花の話は取り込まれているのである。

この記述が、忠成の六代前、岡氏利の歴史語りを敷衍するものであることが重要であろう。先述の通り『美作一国鏡』は岡氏利の原稿に大岡忠成が手を加えたものである。しかし岡氏利の自筆原稿はみつかっておらず[33]、忠成の手が加わっている部分がどの程度あるのか、裏を返せば岡氏利による記述がどのようなものだったのか、正確にはわからない。ただ氏利は「縦へ戯言といふも其時代実態見るニ足らバ」として戯言と疑わしきことも記すという方針を示しており「津山城中凶兆の事」のような話はもともと同書が持つ歴史観の一部としてあったものではないか。忠成が「お花宮之事」をその中に配置し、よりむごい描写へと整えたことは、近世期以来の地域史叙述のうちに「お花宮」を入れ込むことだったといえる。

四、理想の過去としてのお花

「阿花宮の由来」と「お花宮之事」は、お花が原十兵衛の妻に惨殺されるということ、その結果原氏に祟ったお花を鎮めるために建てられたのがお花宮であるという点は共通する。しかし原十兵衛の妻がお花を惨殺する理由は異なり、前者では、お花に任せた子どもが石にあたり死んでしまったため、後者では嫉妬である。細かくはお花が原家へ上がる理由も異なり、前者では「礼儀作法を見習はんが為め」であるのに対し後者では妾になるためである。

「阿花宮の由来」で矢吹正己は、お花をめぐる伝承の淫なる部分をそぎ落とし、県社徳守神社のうちに祀られるのにふさわしい忠義のお花を描く。それに対し、大岡忠成は『美作一国鏡』を介し、伝承の陰惨な部分を引き受けた上で、武家の引き起こした悲劇の犠牲者としてのお花像を見せる。また岡氏利の記述をふまえながら、森家の苛政と報いとしての改易という「歴史」の中に位置づける。

大岡忠成の著した『北条県県社郷社誌』には「神社の維新」として以下の文章がみえる。

我皇国の神道は太古神代の時代より年を逐ふて掲持固有の発達を為し我国の国道教として宗順唯一の神道と為れり。之れを皇室に行わせられては皇道と為り之を臣民に行ふては国民道徳の規準と為る。

ここでいう「神道」「皇道」、「誠の道」がなにを指すのかは、明らかではないが、この文章からいえるのは明治六年（一八七三）ごろ、おそらく地域の指導者として、民権運動に参加していこうとするころの忠友にとって、神道は「国民道徳」と一直線につながるべきものであるということである。あるべき地域、さらにはそれにつらなる国を形成しようとする忠成にとって、神は「国民道徳の規準」となるべきものとして存在する。この約二十年後彼が『美作一国鏡』をまとめたとき、婦人病への功徳で信仰を集めている「お花宮」が、同じ意味での「神」に相当したかどうかは疑わしい。しかし忠友は『美作一国鏡』の「お花宮」を介し、あるべき地域の姿を語ることができた。人民を虐げる暴君に報いがあり、あらたな世がはじまる、という歴史叙述の一角をなすものとして「お花宮」の物語は記述されるのである。

お花を伝承上の人物ではなく、歴史上の人物として扱う点で両者は一致する。そして歴史と伝承が一体化した物語に、あるべき神の形、地域の理想を託しているという点でも重なり合う。いうなれば、お花宮を通じ矢吹忠則、忠己親子が、地域の過去そのものが美しくあるように再現したのに対し、大岡忠成は地域史の移り変わり、それ自体の理想を描いたのだといえる。

おわりに

明治初期、神社が整備されていく中で、各地で神社調書が作成される。その中で由緒も調書に必要な情報という理解がなされるようになり、例えば『美作・備中神社由緒取調調書』のような由緒を記す調書が著される。しかしそこでは社格を保証するもの、すなわち天皇家との連続性を示すものが「由緒」である。そこから零れ落ちる物語が確かに存在し、その一部は自治体史、郷土誌においてすくい上げられる。

また天皇との連続性を持たない小社も、地域社会においては信仰の対象であり続ける。お花宮も大圓寺に残された石を起点としながら、下の病に悩む女たちの崇敬をうけた。お花の「神話」は、伝承ではなく出来事として郷土史家の関心と結びつくことで、記録に残ることになった。

神社調書で除外された物語のうちには、すくい上げられる機会のないまま、霧散したものも少なくないのではないかと想像する。特に社格を与えられなかった社は、民俗学的な関心を喚起するものや近世以前の地誌に記載されたもの以外、多くは合祀や廃祀の中でその物語ごと失われたはずである。失われた神話群がある一方で、残された「神話」はどのようなものだったのか。またどのように残されたのか。本稿では郷土史家の記述に「神話」を見出し、検証を行ったが、信仰者や祭祀者、さまざまな立場のものからの証言を集め、そのひとつひとつを明らかにしていく必要がある。新しい体制による変革とその抵抗、また近世期からの連続と断絶、さまざまな要素がこの時期の「神話」に含みこまれるはずである。

注

(1) 米地実『村落祭祀と国家統制』(御茶の水書房、一九七七年)、森岡清美『近代の集落神社と国家統制』(吉川弘文館、一九八七年)、櫻井治男『蘇るムラの神々』(大明堂、一九九二年)。

(2) 畔上直樹『「村の鎮守」と戦前日本――「国家神道」の地域社会史』(有志会、二〇〇九年)、櫻井治男『地域神社の宗教学』(弘文堂、二〇一〇年)。

(3) 例えば子安宣邦「再帰する始源の呪縛――伊勢神宮の現在」(『国家と祭祀:国家神道の現在』青土社、二〇〇四年)。

(4) 櫻井前掲注2書、一六頁。

(5) 櫻井治男「明治初期の「神社」調べ」(前掲注2書)。

(6) 櫻井前掲注2書、四四頁

(7) 大岡忠成、岡山県立図書館所蔵。引用に際しては旧字体を通用漢字にあらためるとともに、濁点、句読点を私に補っている。以下すべての引用に関して同様である。

(8) 岡山県第一課社寺掛『美作・備中神社由緒取調調書』(岡山県立図書館所蔵、一八七七年)。

(9) 米地実「「矮陋神祠」の取扱――明治一〇年岡山県の場合」(前掲注1書)。

(10) 矢吹金一郎『徳守神社誌』(懸社徳守神社々務所、一九一三年)七―八頁。『徳守神社誌』の前編は矢吹正則によるもので明治二十一年(一八八八)の序を持ち、後編は矢吹金一郎正己により明治四十五年四月上澣の記がある。

(11) 矢吹正則『津山誌』(菊井僚三郎出版、一八八四年)一四頁。

(12) 『森家先代実録』巻第一八(岡山県史編纂委員会編『岡山県史二五巻 津山藩文書』岡山県、一九八一年)三一四頁。

(13) 西垣晴次「自治体史編纂の現状と問題点」(『岩波講座日本通史 別巻二』一九九四年)四三―四四頁。

(14) 石田龍次郎「皇国地誌の編纂:その経過と思想」(『一橋大学研究年報社会学研究』八、一九六六年)。

(15) 昭和五十五年という記日が示されている。

(16) 『徳守神社誌』前掲注10書、三七頁。

(17) 二〇一七年九月二十四日、大圓寺ご住職清田寂順氏に案内していただいた。

(18) 矢吹正己「阿花宮の由来」(『津山温知会誌』第一三編、一九二三年)九二頁。

(19) 岡山県性信仰集成編集委員会編『岡山性信仰集成』(岡山民俗学会、一九六四年)九四頁。

(20) 『備作人名大辞典』(臨川書店、一九七四年)四一八頁。

(21) 「県社徳守神社御神徳記事」(『津山地方郷土誌』二冊、名著出版、一九七七年)一三二頁。

(22) 矢吹正己「明治維新前美作志士列伝」(『津山温知会誌』第一三編、一九二三年)七八―七九頁。

(23) 矢吹正己前掲注22。

(24) 澤博勝「郷土を知ることとその時代性――郷土史の目的と担い手に関するスケッチ」、市田雅崇「郷土の偉人像の構築と郷土史─峨山韻碩と峨山道を事例として」(由谷裕哉・時枝努編著『郷土史と近代日本』角川グループパブリッシング、二〇一〇年)、時枝努「高山神社の成立─郷土意識の形成と神社・序説」(由谷裕哉編著『郷土再考─新たな郷土研究を目指して』角川グループパブリッシング、二〇一二年)など。

(25)『備作人名大辞典』前掲注20書、四一八頁

(26)若井敏明「皇国史観と郷土史研究」(大阪歴史学会『ヒストリア』一七八号、二〇〇二年)。

(27)高木博志「「郷土愛」と「愛国心」をつなぐもの──近代における「旧藩」の顕彰」(『歴史評論』二〇〇五年三月号)は日清・日露戦争後、地域社会の「歴史」は天皇制との位置取りを模索し、名教的な歴史観へ包摂されていく。その過程において「郷土愛」と「愛国心」が連動してゆくことを明らかにする。

(28)「解説『美作一国鏡』」(『岡山県史 二七巻 近世編纂物』岡山市、一九八一年)六三一─六四頁。

(29)前田昌義「大岡熊次郎略伝」(『岡山県立興陽高等学校創立七〇周年記念研究紀要』昭和六二年)。

(30)湯原尚志『御大礼及立太子礼 美作名誉鏡』(美作名誉鑑刊行会、一九一六年)九〇頁。

(31)『大岡忠成随筆二』(岡山県立図書館所蔵)。

(32)前田前掲注29。

(33)「解説『美作一国鏡』」前掲注28、六四頁。

◎コラム◎

怪異から見る神話（カミガタリ）

――物集高世の著作から

木場貴俊

きば・たかとし――国際日本文化研究センタープロジェクト研究員。専門は日本近世文化史。主な論文に「近世社会と学知――古賀侗庵と怪異から」（『ヒストリア』二五三、二〇一五年）、「一七世紀前後における日本の「妖怪」観――妖怪・化物・化生の物」（『日文研国際シンポジウム論集』四五、二〇一五年）、「節用集に見る怪異」（小松和彦編『進化する妖怪文化研究』せりか書房、二〇一七年）などがある。

はじめに

私は、日本近世の怪異（あやしい物事）に関する言説の研究を行っている。そうした研究の視線で神話、特に国学者の言説を見てみるのが、本稿の目的である。

神話とは、世界を如何に捉えるかという営みであり、それを考える者を取り巻く社会状況と知識、そして個性が混合して成るものである。その中に怪異は、どのように位置付けられたのだろうか。

例えば本居宣長は、直接的な怪異への言及はない。それは、宣長が「もののあはれ」論で重視する『源氏物語』の中で、六条御息所の生霊について全く言及していないことに象徴的である。しかし、「もののあはれ」は、神妙不測の動き方をする人の心を常理の枠に押し込めてはいけないことであり、常理にとらわれなければ、通常のことでも畏怖の念を持つようになる。「もののあはれ」自体が、怪異も含む常理を越えた事象を前提としたものとして考えられるのである。(1)

また、平田篤胤は、『仙境異聞』『勝五郎再生記聞』『古今妖魅考』など、幽冥論に関わるかたちで奇談を収集し、考察を行っていたことはよく知られている。(2)

このように国学者は、怪異との距離をはかる中で、自身の言説を形成している。今回私は、宣長と篤胤両者の学問を受容しつつ独自の神話を創り出した、物集高世（一八一七～八三）の怪異に関わる言説を取り上げてみたい。

一、物集高世

物集高世は、(3)豊後国速見郡杵築の豪商金屋の三代目物集善右衛門の次男に生まれた。母が賀茂季鷹門人だったため幼少から和歌に目覚め、十五歳の時に兄嫁の叔父定村直孝（本居宣長門下渡辺重名に師事）に学び、師の勧めで天保九年（一八三八）に京都遊学した際は、向日神社神官の六人部是香（平田篤胤に師事）に学んだ。その後、物集家の家庭問題に巻き込まれる中、著述業で糊口を凌いだ。そして、明治二年（一八六九）政府の神祇官から宣教使に任命され上京し、翌年には宣教権少博士となった。

　高世は和歌や言語に関する著述を多くものしているが、今回は神道に関する『神道本論注解』『妖魅論』『神使論』に注目したい。(4) 紙数の関係により、高世にとっての神と怪異（妖魅）とは何かに関する言説に絞って検討する。

二、物集高世にとっての神と怪異

『神道本論注解』（以下、『注解』）は、嘉永三年（一八五〇）から書かれ始めた自著『神道本論』の注釈書であり、同七年（一八五四）の巻五まで書かれた。内容は、①有神論②幽顕論③二界論④原道論⑤神道論で構成されている。『妖魅論』は、『注解』の有神論から妖魅《まがもの》に関する例話と見解を述べたもので、安政元年（一八五四）に序が書かれた。『神使論』は、『妖魅論』の最後でも言及されている鳥獣の「奇験」に関するものである。つまり、『注解』を補完するかたちで『妖魅論』と『神使論』が存在している。

「高世が眞の道と思ひさだめし道ハ、すなはち神道」（『注解』巻一）であり、「神道の本旨ハ、死生の因縁を知り、また其の魂神《タマシヒ》の安定《シヅマ》り居る処を、いづくとたしかにあきらめ得て後にぞ、悟り得る事なる。されバ神道の本旨を悟り得ざるかぎりハ、死生の因縁は神魂《タマシヒ》の行方などをバ、さらに知られぬものになんありける」（同）と考えていた。そして、高世は、「加美」（神）を次のように説明している。

> 加美といふ言《コト》ハ、人みな尊く正しく坐ます神等を申す言とおもへり。そはひが心得なり、加美とはもと常住不変《トコシナヘ》なるをいふ。それが此の顕世《ウツシヨ》の常なくあだなる物より思へば、奇しく妙なるからに、その意を移して又、その奇しく妙なるをも加美といへり　（同巻二）

『注解』での神に関する言説で興味深いのは、世界の神話を日本のそれに収斂しようとしている点である。具体的には、「生神と称ひゴツトを尊み祭るハ、西洋諸国に存《ノコ》れる神道のなごり也。君真物《キムマムモム》を祭るに王妃を巫とし、新穀を神にまづ奉らねバ食はぬハ、琉球に存れる神道のなごり也」（巻二）や「凢萬国ともに日を祭るは、皆我が神道の遺教なり」（同）などである。こうした論法は、日本の記紀神話を世界人類の根源的な「古伝」と位置付けた篤胤と共通している。(5)

　では、高世は、怪異――彼のいう「妖魅」についてどう理解していたのだろうか。結論を先にいえば、妖魅もまた神（加美）なのである。

・妖魅といふハ諸の邪鬼《アシキモノ》をさすなり。然れども皇国にハ漢土の如く、文字を書き分けて、わいたむる事なく（割注略）、正神邪鬼すべてミな加美《カミ》とのミいふなれバ、（中略）彼の天神《アマツカミ》・覡神《ヨモツカミ》・地神《ツチツカミ》などのうへをも論《アガツラ》ふべきなれども、其ハ既に神道本論〈有神論〉にくはしくいへれバ、こゝにハもらして人神〈人神ハいはゆる死灵といふ物にて、妖魅といふべきにあらぬもあれど、その中にさまざまの説もあれバ、こゝについで、論らふなり〉、山鬼・木魅・海童・水虎・魑魅・魍魎・天狗・瘧鬼・疫鬼・犬神・狐鬼・猫鬼・蛇鬼の属の邪鬼どもの事をのミぞわきまふべき　（『妖魅論』序）

・抑加美《カミ》といふ称《ナ》は、其の萬の幽物《カクリモノ》を、一にすべていふ名にて、安麻津神《アマツカミ》、與母津神《ヨモツカミ》、都知津《ツチツ》神と、尊くある神等《タチ》をはじめ奉りて、人神《ヒトガミ》・山鬼《ヤマガミ》・木魅《コダマ》・海童《シホガミ》・水虎《ミヅガミ》・魑魅魍魎・天狗・瘧鬼《ワラハヤミノカミ》・疫鬼《エヤミノカミ》・犬鬼《イヌガミ》・狐鬼《キツネガミ》・猫鬼《ネコマガミ》・蛇鬼《ヘビガミ》の属の卑しき鬼《モノ》にいたるまでもみな加美なり　（『注解』巻二）

妖魅を神に含める理由は、「かゝる奇《アヤシ》霊き物をば、すべて神」という「皇国のならひ」（『神使論』）に求めている。

この前提に立ち、『妖魅論』は、まず朱子学に代表される「魂神消滅すといふ説」（鬼神を万物と同じ気の生成と捉え、死後消滅する説、無鬼論）を「非説《ヒガコト》」と否定し（上巻）、その上で、世界の類例を示すことで、妖魅を含む神の実存を証明していく。具体的に二例を挙げる。

・さて此の龍も、罔象も、怪しき所為《ワザ》するものなれバ、まづ海童の属《タグヒ》とすべし。（以下、割注略）また、琉球国にキムマムモムといへる海神、また西洋の海中に、セイレネムといふ怪物、しかのみならず海に溺れて死し者の灵魂、彼の死神などの如く、我が見し目を人にも見せんとして、船などにわざはひするハ、皆然る属の物とすべし　（中巻）

・さて思ふに天狗ハ前にいへるが如く、蚩尤・旗星の義にあらず。（割注略）また『山海経』に、「陰山ニ有レ獣。其状如《シ》レ狸ノ。名曰ニ天狗一」ともあれど、然る物にてもあらざるべし。思ふに此は高津神・高津鳥の属《タグヒ》にはあらぬにや。（割注略）天狗といふ称《ナ》後世にのミありて上古に無きをいかにと思へ。さるは右の高津神・高津鳥を、いつよりか天狗といひならひ来たるなるべし　（同）

高世は、山村才助『西洋雑記』（一八〇一年序）[6]など膨大な文献や実体験を併せた事例紹介を通じて主張を展開している。先述の『注解』と同じく、世界の事例を、日本のそれに収斂させてもいる。

また、妖魅については、「神も妖怪も、おなじ幽冥物《カクリモノ》」（下巻）という言説にも注目したい。顕界（顕明世）の顕明物たる人間には、幽界（幽冥世）の幽冥物は普通見えない。ただ、二つの世界は乖離しているわけではなく、交わって存在している。そして、この二つの世界の往還が、怪異の説明にもなっている。

・狐狸などの形を隠すハ、彼に別の術あるにハあらじ。右にいへる如く、顕界幽界ハ相まじハりたるに、狐狸などハさる故ありて、其の両界に出入する物とおぼしけれバ、形を隠すハ幽界に入たるなるべし
（『注解』巻四）

・顕物の中にも顕物・幽物あり、人なり狐の属なり。幽物の中にも幽物・顕物あり、神なり天狗の属なり。狐ハ此の顕世に顕物とありながら、ともすれば形を隠す、幽物にあらずや。天狗ハ彼の幽世に幽物とありながら、ともすれば形を現はす、顕物にあらずや　（同）

この顕明物と幽冥物の関係性は、『神使論』でも言及されている。

・此の世界にある物ハ、おほかたハミな顕明物なり。（中略）さる中にも鳥獣などには、幽冥物《カクリモノ》もあり。其は狐・狸・猫・姑獲鳥・封などの、奇《アヤ》しき事《ワザ》するたぐひのものミな幽冥物なり

・鳥獣の属は、すべて幽冥物にあるべけれども、此処にはそれが中に殊に霊《クシビ》なる物を挙ていへる也。其は皇国のならひに霊なるものをば、鳥獣などをも神といへる事（後略）

このように、高世は妖魅や鳥獣を「奇しく妙なる」幽冥物として見ることで、神と同質または類するものと位置付けたのである。それによって、高世が構築する神話の体系は、広がりと深みを持つようになった。

おわりに

以上、物集高世の神と妖魅（怪異）について概観した。高世の幽冥論については、未だ研究がほとんどない。高世個人に関する研究だけでなく、師の六人部是香の幽冥論（『顕幽順考論』[7]など）をはじめとする平田国学などとの比較によって、共通性や差異を明らかにし、それが当時の社会とどのように関わるのかを今後明らかにしていかなければならない。

注

（1）日野龍夫「怪異を信じたがった人々」（『説話論集』第四集、清文堂出版、一九九五年。後に『日野龍夫著作集』二、ぺりかん社、二〇〇五年所収）。

（2）沼田哲「鬼神・怪異・幽冥　平田

篤胤小論」（尾藤正英先生還暦記念会編『日本近世史論叢』下、吉川弘文館、一九八四年）、中川和明「平田篤胤の妖怪論と儒教批判」（『日本歴史』五七〇、一九九五年）、吉田麻子『平田篤胤　交響する死者・生者・神々』（平凡社、二〇一六年）など。

（3）物集高世の履歴については、奥田恵瑞・秀『物集高世評伝』（続群書類従完成会、二〇〇〇年）、同「物集高世著『神道本論注解』について」（『國學院大學日本文化研究所紀要』九一、二〇〇三年）、同「幕末の国学者　物集高世」（『明治聖徳記念学会紀要』復刊四三、二〇〇六年）による。

（4）以下、史料の引用は、「資料翻刻　物集高世著『神道本論注解』巻一～三」（『國學院大學日本文化研究所紀要』九二、二〇〇三年）、「資料翻刻　物集高世著『神道本論注解』巻四～五」（『國學院大學日本文化研究所紀要』九三、二〇〇四年）、「資料翻刻　物集高世著『妖魅論』」上・中・下（『國學院大學日本文化研究所紀要』九六～九八、二〇〇五～七年）、「資料翻刻　物集高世著『神使論』」（『國學院大學日本文化研究所紀要』九九、二〇〇九年）による。

（5）中川和明「平田篤胤の国学思想と『西洋雑記』」（『神道宗教』一九五、二〇〇四年。後に『平田国学の史的研究』名著刊行会、二〇一二年所収）。

（6）下巻に、高世が発熱し臥せっていた際、「老嫗」の姿をした「疫神」を見た話が紹介されている。

（7）六人部是香の幽冥論については、山中浩之「六人部是香による国学の宗教化」（『待兼山論叢』（史学篇）七、一九七四年）、宮城公子「幕末国学の性格――六人部是香の場合」「幕末国学の幽冥観と御霊信仰」（『幕末期の思想と習俗』ぺりかん社、二〇〇五年）を参照のこと。

〔III 「神話」の今日的意義――回帰、継承、生成〕

初発としての「神話」――日本文学史の政治性

藤巻和宏

ふじまき・かずひろ――近畿大学文芸学部教授。専門は日本古典文学、思想史、学問史。主な著書に『近代学問の起源と編成』(共編、勉誠出版、二〇一四年)、『聖なる珠の物語――空海・聖地・如意宝珠』(平凡社、二〇一七年)などがある。

日本文学史が叙述されるとき、多くの場合、それは『古事記』から起筆されることになるだろう。そして、多くの人々はそれを当然のこととして受け入れている。しかし、『古事記』の成立した和銅五年(七一二)という時期は、決して古くない。のみならず、それ以前に記された書物、読まれていた書物はいくらでもある。そしてそのなかには、今日的な意味での「文学」といって差し支えないものも含まれている。つまり、『古事記』を文学史の冒頭に据えることは、単に「文学作品」を年代順に並べたというだけではない、ある種のバイアスが介在する問題であるといえよう。本稿では、「神話」を手がかりとして、「文学史」という歴史叙述に内在するバイアス=政治性について考えてみたい。

一、日本文学史と『古事記』

最近刊行された文学史をいくつか確認してみよう。古橋信孝『日本文学の流れ』[1]は、時代別ではなくジャンルによって文学史の展開を叙述しており、第一章「文学の発生」、第二章「詩歌の流れ」、第三章「歌物語の流れ」、第四章「物語文学の流れ」、第五章「日記文学の流れ」、第六章「説話文学の流れ」、第七章「歴史文学と語り物文芸の流れ」、第八章「随筆文学の流れ」、終章「日本文学の流れ」という構成となっている。第一章第一節「文学発生の資料」では、

日本語の最古の文学としてわれわれの前にあるのは『古事記』や『日本書紀』『風土記』、そして『万葉集』

だけだ。そのうち散文部は外国語の文体である漢文体で書いたものだから、それ以前の文学の実態を辿ろうとすると、『古事記』『日本書紀』に一字一音で記された歌謡と『万葉集』の初期の歌だけが資料となる。書き記されたのは『古事記』がもっとも古く、『日本書紀』『風土記』『万葉集』と続く。

と記される。『古事記』『日本書紀』『風土記』『万葉集』以前に文学が存在していなかったわけではないが、書物として残っていないため、これらに記された歌謡から遡及するしかないという。

榎本隆司編『はじめて学ぶ日本文学史』[2]は、上代から近代までの各時代ごとに五章立てとなっており、第一章「上代の文学」(内藤明・松本直樹)は総論的な第一節「時代の概観」に次いで、第二節「神話と伝説の世界」で『古事記』『日本書紀』等を採り上げている。第一節では、

『古事記』(七一二年)や『日本書紀』(七二〇年)、また和歌の集成としての『万葉集』(八世紀の後半か)や漢詩集『懐風藻』(七五一年)などが成立し、それぞれが〈日本最古〉のものとして今日に伝えられている時代である。しかし、こういった書物も一朝一夕に生まれたものではない。われわれは、文字に記され、書物として体系的に編纂されたものを通してこの時代に触れるわけだが、これら文字に書かれたものの背後には、長きにわたる口誦の言葉、文化の蓄積があったはずだ。

と、『古事記』等以前に遡る言葉と文化の存在を想定しつつも、書物としては『古事記』が最古であるとしている。

放送大学の教材でもある島内裕子『日本文学概論』[3]は、文字どおりの「文学史」ではないが、第一章「日本文学をどう捉えるか」第四節「日本文学の水源」で、

日本文学の始発は、八世紀前半の『古事記』『日本書紀』であり、八世紀後半の『万葉集』において最初の開花が見られた。

としており、『古事記』以前のことには言及していない。

小峯和明編『日本文学史 古代・中世編』[4]は、まず序章「古代・中世文学の世界」として本書のスタンス等を述べ、第一部「古代文学の世界」が第一章から七章まで、第二部「中世文学の世界」が第八章から十五章までという構成となっており、第一章「記紀・風土記」(斎藤英喜)は次のように始まる。

日本文学史の冒頭を飾る『古事記』は、平城遷都から二年後の和銅五年(七一二)、太安万侶によって作成された。それから八年後の養老四年(七二〇)、舎人親王たち

が編纂した『日本書紀』とともに、「記紀」と呼ばれる。中国を意識した正統的な漢文体を駆使する国際派の『日本書紀』に対して、『古事記』はヤマト古来の神話や歌謡、口語りの伝承を伝え、またヤマトタケルの物語のように人間味溢れる語り口をもつことからも文学性が高いとされている。高校の「古文」の教科書で取り上げられるのも『古事記』である。

やはりこれも、『古事記』が日本文学史の最初に置かれることを前提とした書き方ではあるが、斎藤はこれに続け、

しかし、そうした『古事記』の評価は、じつは古い時代からあったわけではない。実際のところ、八世紀に成立した『古事記』は、その後ほとんど読まれることはなく、「日本神話」のスタンダードといえば『日本書紀』であった。マイナーだった『古事記』の価値を発見し、現代のわれわれの読み方に影響を与えたのは、十八世紀の国学者・本居宣長（一七三〇～一八〇一）の『古事記伝』である。だが宣長の『古事記伝』全四十四巻の綿密な注釈は、『古事記』こそが日本人の精神や古来の神話を伝えるという言説のみが一般化されて、明治以降の国民国家を支える「国民文化」「作られた伝統」として流布されていった。「日本文学史の冒頭を飾る…」という高い評価も、そのことと無関係ではなかったのである。

と、『古事記』を冒頭に据える日本文学史の叙述が、本居宣長以降に構築されたバイアスの産物であることを指摘している。

二、『古事記』以前の書物の存在

文学史の叙述に影響するこうしたバイアスについては、鈴木貞美の次の言葉が示唆的である。[5]

そのころ［最初に文学史が書かれた一八九〇年頃］から今日に至るまで、「日本文学史」は例外なく、その最初に、八世紀前期に編まれたとされる『古事記』『風土記』『日本書紀』を置いている。われわれは慣れてしまって、疑ってみないが、これは、ある意味で奇妙なことだ。

現存する最古の書物としては『三経義疏』がある。推古女帝が即位した五九三年に、皇太子となった聖徳太子が、女帝のために『法華経』『維摩経』『勝鬘経』の三つの仏教経典を講義したときに記したと伝えられる。真偽のほどは定かではない。［中略］

もし、明治政府が仏教を国教としていたなら、『三経義疏』を冒頭にすえた「日本文学史」が編まれたかもしれない。そうならずに、皇室崇拝と日本的儒学による国

民教化の方針が確立したので、『古事記』が最初の書物とされたのだ。

先に見たいくつかの文学史では、『古事記』以前に〝文学〟の存在を想定はしつつも、しかし書物という形態で残っていないため、成書たる『古事記』を冒頭に置くというスタンスであったが、鈴木はそうではなく、それを遡る書物として『三経義疏』の名を挙げている。そして、神道国教化とそれに関わる諸政策を掲げる明治政府の意向に合致した内容である『古事記』を優先し、年代的に遡る『三経義疏』をあえて無視したというのである。

確かに、そういう側面もあるだろう。それについては、文学史叙述に内在するバイアス＝政治性という観点から次節以降で検討するが、本節ではまず、『古事記』以前の書物の存在とその真偽、およびそれらが文学史の対象たりうるか、という観点から検討してみたい。

そもそも『三経義疏』が文学史に載らなかったのは、なにも明治政府への忖度だけが理由ではない。鈴木も「真偽のほどは定かではない」というように、聖徳太子撰述説が疑われていることも無視できない。もちろん、作者不明であっても文学史に載るテクストは『竹取物語』『大鏡』『平家物語』……等々、枚挙にいとまない。そういうことではなく、太子撰述でないことにより、成立年代がはっきりしないこと、および中国で撰述された可能性があることが大きいのだ。特に後者については「日本文学」の定義とも関わるが、国外で著され日本にもたらされた書物は、多くの場合は「日本文学」とはみなされない。舶載された膨大な仏典や漢籍は、日本の文学をはじめ様々な面で大きな影響をもたらしているのは確かであるが、しかし、「日本で受容された」ものはあくまで「日本文学」の外部の存在と見るべきであろう。

しかし、『三経義疏』についていえば、日本撰述の可能性もある。近年の研究では、石井公成が語法や用語の分析から中国撰述を否定し、『日本書紀』に見られる特徴的な語法や日本・新羅の文献のみに見られる表現が多用されていることを指摘している。(6)

また、そもそも仏典注釈である『三経義疏』を、〝文学〟と称してよいのか、という問題もあるだろう。近代的な文学認識からすると、仏典は宗教の範疇であって文学ではありえない。そしてその注釈も同様であると考える向きもあるだろう。私自身は、そもそもこうした近代的文学認識で前近代の文献・言説を分類することに懐疑的であり、前近代になされた著述を近代人が勝手に文学／非文学と区分すること自体がナンセンスだと思っている。また、仮に近代的文学認識によって文学を定義するならば、叙述のストーリー性やフィクション性、あるいはレトリックの使用等、仏典が文学の定義に合致する面は大きく、むしろ文学性を否定するほうが難しいとさえ思われる。それでも仏典を文学でないと強弁するのであれば、歴史書ともされる『古事記』『日本書紀』や地誌の性質を持つ『風土記』も、文学といえないのではないか。しかし現実には、これらは紛れもなく文学と認識されており、見てきたように堂々と文学史の冒頭を飾っている。歴史書や地誌という側面もあるが、神話や伝承、あるいは歌謡が含まれている点が文学と評価されているのだろうが、いずれにせよ、近代的な認識により文学と見なされているのである。そうであれば、仏典を文学とすることになんの不都合もない。ただ、『三経義疏』が対象とする『法華経』等の仏典それ自体は、サンスクリット原典を漢訳したものであり、たとえそこに文学性を認めたとしても、「日本文学」として扱うには幾重ものハードルが立ち塞がっている。〝享受〟という観点からの文学史を想定すればそれも可能かもしれないが、そのような考え方はいまだ一般的ではない。「日本文学」の「日本」を、「日本人の手になるもの」とするか「日本語で記されたもの」とするかは意見の分かれるところだろう。そして、渡来人の手になるテクストや漢文体の著述をすべて日本文学の範疇から完全に排除することはできないしにても、サンスクリット原典まで遡れる仏典を日本文学に含めるのは、やはり至難である。

しかし、仏典そのものではなく、仏典を日本人が注釈したものであれば、それは間違いなく〝国産〟である。そして注釈書というジャンルは、近年では日本文学研究でも認知されつつある。[7]『古今和歌集』や『源氏物語』等のテクストが後世〝古典〟として享受されたことは、これらに対する膨大な注釈書の存在によって明らかである。前掲小峯編『日本文学史　古代・中世編』でも、第十五章「古典の注釈と学芸・学問」（前田雅之）を置き、注釈という営為を文学史の一ジャンルと位置付けている。ここで『三経義疏』への言及はないものの、同書巻末所収の「古代中世文学史年表」（長谷川範彰・目黒将史）には、六一一・六一三・六一五年にそれぞれ『勝鬘経義疏』『維摩経義疏』『法華経義疏』を載せている。『三経義疏』の確実な成立年代や成立圏等、不確定要素はまだ残るものの、いまやこれが日本文学史の叙述に組み込まれるのは、それほど不自然なことではないといってよいだろう。

なお、この年表は年代ごとに「散文」「韻文」「歴史的事項」という形式で示されているのであるが、六〇四年の歴史的事項として「十七条憲法制定」としている。『十七条憲法』

は、散文として挙げられた『三経義疏』とは異なり「非文学的事項」であるかのような扱いだが、いうまでもなく『十七条憲法』は「constitution」を訳した近代的な「憲法」概念とは異なり、政治・宗教思想を表明した文章である。そこから「文学」的な要素を見いだすことも可能であると思われるが、これも『三経義疏』と同様、聖徳太子の手になるものではなく後世の偽作説もあり、文学史の対象とするにはまだ時間を要すると思われる。しかし、少なくとも『日本書紀』巻第二十二・推古天皇十二年条に全文が収載されているのであるから、文学研究者がもっと研究対象としてもよいだろう。

ところで、同年表には七四七年の散文欄に「法隆寺、大安寺、弘福寺伽藍縁起併資材帳」と記されている。「弘福寺」は「元興寺」、「併」は「幷」、「資材」は「資財」のそれぞれ誤りで、かつ「流記」が脱落しているが、それはさておき、これら三箇寺の『伽藍縁起幷流記資財帳』を文学的事項として挙げたことは評価できる。一九七五年の日本思想大系『寺社縁起』(8)の刊行に始まり、一九八〇年代以降は日本文学研究の一ジャンルとしても認知されてきた観のある寺社縁起は、主として中近世のものが採り上げられることが多いが、(9)その原初的形態である古代の流記資財帳はもっと注目されてよい。これは、律令制下において諸寺が朝廷に提出した財産目録であり、法隆寺等の例に見る如く、そこに縁起が付されたものもあった。後代、ここから縁起が独立し、多彩な展開を遂げることになるが、こうした流記資財帳のなかで最古のものは、和銅二年(七〇九)の弘福寺の寺領目録である『弘福寺領田畠流記写(弘福寺田畠流記帳)』で、『大日本古文書』や『寧楽遺文』に収載されている。弘福寺の寺田の所在地と面積(町歩)を列記したもので、当時の寺領と国家によるその把握状況を知ることのできる貴重な資料であるが、ここから近代的な〝文学性〟なるものを見いだすことは困難であろう。しかし、後代の縁起へと連なるテクストであると位置付けるならば、文学史の叙述からこれを排除する理由はあるまい。

また、東京大学国語国文学会編『国語と国文学』は、七十八巻十一号(二〇〇一年)で「七世紀の文学」という特集を組んでいる。(10)『古事記』成立に先立つ「七世紀」という時代に注目した意欲的な特集であり、そこでは『万葉集』収録歌から柿本人麻呂や額田王といった七世紀を生きた人物の和歌を採り上げた論文のほか、木簡や造仏銘、金石文等、それまで「文学史」の対象とされることのなかった対象を扱う論文も収めている。

以上、いくつかの例を挙げつつ、『古事記』以前にも文学史に載せるべき対象が存在することを指摘してきたが、これは『古事記』以降についてもいえることで、「上代文学」の、ひいては「文学史」の対象となりうるテクストの範囲の再検討が必要であろう。

三、明治期文学史に見る『古事記』の評価

ここで、明治期の文学史が、文学の始まりをどのように叙述しているかを確認してみよう。まず、芳賀矢一・立花銑三郎編『国文学読本』[11]から。本書は文字どおりの文学史ではなく、「作家」ごとにその歴史的事項や作品の一部を紹介するものであるが、冒頭の「緒論」では文学の定義を述べ、そして「上古」「中古」「鎌倉時代」「室町時代」「江戸時代」「維新後」に分けて各時代の文学の特質等を論じている。「上古の文学」を見てみると、以下のような記述がある。

上代にありては社会なほ幼稚にして、百般の事物皆簡単質樸なるを免れず、豈に独り文学のみ然らざらんや。蓋し我国にありて最旧の文学と称すべきは、記紀等にのせたる和歌にして、早くは紀元以前に於て諸神の贈答せられたる、降りては記紀及万葉の一、二巻に散見せる歴代天皇の御詠等あり。ついでは散文に寿詞あり、祝詞あり、宣命あり。［中略］蓋し漢学の伝来は応神朝にありきといへども、之を習読せる人は帰化人の子孫等に限られて一般に流行せざりしかば、尚其影響を我文学に及すに至らずして、此時代の文学は全く純粋の日本的なりしなり。而して其外国文学の影響を受けたるは実に中古の文学に始まる。

日本最古の文学として「記紀等にのせたる和歌」を挙げている。記紀ではなく、そのなかの和歌に限定していることに注目したい。つまり、記紀における神話・伝承等の叙述は、この時点ではまだ文学として認識されていなかったことがわかる。そして、漢学の影響はいまだ限定的であり、そのなかで「文学」と呼べるもの、即ち和歌は、その影響を受けていない「全く純粋の日本的」なものであるという。

同じ年に刊行された、日本で最初の文学史といわれる三上参次・高津鍬三郎『日本文学史』[12]は、「総論」、第一編「日本文学の起源及び発達」、第二編「奈良朝の文学」、第三編「平安朝の文学」、第四編「鎌倉時代の文学」、第五編「南北朝及び室町時代の文学」、第六編「江戸時代の文学」という構成である。第二編第三章「奈良朝の散文」では、

奈良の朝は、我国の文学の、始めて光輝を放ちし時代にして、就中、其最も観るべき者は和歌なり。散文も亦、発達して、古事記、風土記、宣命等の文章の如き、一種の特色を具ふるものあらはれたり。然れども、散文の尚

未だ素樸なるは、和歌の富贍婉麗なるに比すべきに非ず。実に此時代の和歌は、孰れの点より観察するも、秀妙なるものにして、後世の企て及ぶ処に非ず。故に此時代を呼びて、和歌の時代といふも、決して失当の言にあらざるべし。

と、散文について記したこの章でさえ、和歌を日本文学の始まりであるかの如くに扱い、『古事記』等の散文は低い評価にとどまっている。その理由は、

かく、奈良朝の文学が、歌に富みて散文に貧しきは、其裡なきに非ず。抑、歌は、たとひ漢字を用いて書きたりとも、之を諷詠するには、必らず国語の読法に随はざるべからず。

と、漢字で書かれていても国語の読み方に従って詠まれるがゆえであるという。こうした和歌の評価は、『国文学読本』の右の引用箇所の「全く純粋の日本的」という言葉と同様、中国の影響を受ける以前の〝日本文学の原初的な姿〟を和歌から見いだそうとするスタンスと合致する。

『国文学読本』『日本文学史』の両書では、『古事記』の存在は認識されつつも、それを文学と位置付けることはせず、そのなかの和歌のみを採り上げ日本文学史の冒頭に置いていたのである。

ところが、こうした『古事記』の文学史的評価は、ヨーロッパから移入された神話研究によって一変する。神野志隆光は、「国語」によって国民的一体性が確立された一八九〇年代、国家の歴史的確証のために文学史が求められたという文脈で、芳賀矢一『国文学史十講』[13]を引きつつ以下のように述べている。[14]

その文学史の課題のもとで、一挙に〈古典〉のラインナップが成り立たしめられる。それは必然的に和文中心となる。そのなかで『古事記』『日本書紀』の問題を見るべきなのである。［中略］注意したいのは、その文学史的位置づけの完成が、新しい神話研究をまって果たされたということである。芳賀矢一『国文学史十講』において、民族の古伝、という『古事記』の位置づけは見られない。『万葉集』に先行する歌を載せることへの関心が中心であり、後は「古事記は人の口々に伝誦した事を直に筆記したものがありますから、太古の文学とも見られ、又我国の神代紀を歌つた詩とも見られます」というにとどまるのである。民族の元来の姿に行きつくものを見出すために、神話を通じて比較文化系統論的に民族の文化の根源をもとめることが高木敏雄らによって盛んに論じられる様は、明治三十年代の『帝国文学』誌に見る

通りである。

明治三十年代に『帝国文学』誌上で論じられたことというのは、「スサノヲ論争」とも呼ばれ、マックス・ミュラーの神話学の影響下に書かれた高山林太郎（樗牛）の論文[15]の評価をめぐり、明治三十二年（一八九九）から翌年にかけ高木敏雄と姉崎正治との間で戦わされた一連の議論を指す。[16]

ともあれ、「民族の文化の根源」を求め、外国の影響を受ける以前の〝純粋な日本の姿〟なるものを古代に幻視しようとする態度は、皮肉なことに、外来の神話学により醸成されたのだ。

以降、文学史の叙述も、「神話」という窓口から過去へ過去へと遡るという方向に舵を切ってゆき、その神話を収載した記紀、とりわけ『古事記』が文学史の冒頭を飾ることが当然であるかのような風潮へと傾いてゆくのである。それは、『古事記』の成立が『日本書紀』を八年遡るがゆえのプライオリティーというだけでなく、本居宣長による、儒仏受容以前の日本を知るには古言のままに記した『古事記』こそ重要であるという考え方が受け継がれているという面もあろう。そのことは、例えば内海弘蔵『中等教科 日本文学史』[17]の、

その文体は漢文なれども、頗る特殊なり。彼の古事記の後八年を経て成れる日本書紀を取りて、試に之を比較する時は、著しき相違を其間に認むることを得べし。即ち書紀は純然たる漢文にして、我が国語をば悉く漢文に訳し、頗る修飾の美をつとめたれど、古事記の文は、全く之に異れり。漢文脈の間、まゝ字音を以て、我が国語を写し、上古の神達の言語を始として、なるべく、伝説のまゝを記さんことをつとめたり。［中略］吾人はこの文によりて、上古の言語に接することを得るなり。

という説明からもうかがえよう。そういう『古事記』重視の傾向と相まって、神話に注目することで、文学史においても次のような『古事記』評価が登場してくる。

藤岡作太郎『日本文学史教科書』[18]

その神代の神異譚を写せるところ殊におもしろく、ほゞ太古の人の思想を推知すべし。

塩井正男・高橋龍雄『新体日本文学史』[19]

古事記は本邦最古の書にして、古伝説を載せたれば、後世神道家の経典の如くなれり。

小倉博編『国文学史教科書』[20]

其の神代ノ巻の如きは、荘重敬粛なる古文にして、思想も、形式も、殆ど祝詞と同軌に出で、亦、古代日本国民の面影を窺ふを得。［中略］是れ、国民の原始的思想の詩的表現たる神話を載せたればなり。

鈴木暢幸『日本文学史論』(21)

神話を研究することに依つて、昔の国民の信仰、思想、趣味を窺ふことが出来ますから、言ひかへれば、神話は、国民の宗教道徳文学の淵源をなすものでありますから、昔の古い文学を生み出した所の国民は、どんな心を持つててあつたか、或は、如何なる社会的生活を為して居てあつたかと云ふことを知るには、是非、神話の性質から研究して往かなければなりませぬ。

林森太郎『日本文学史』(22)

吾人は古事記の神話によりて、最もよく我が国固有の思想を見るを得べし。即ち純潔を理想とする事、気象の快活なる事、進取の念の厚き事等は、最も著しき性質なりとす。之を要するに、古事記は啻に史学上の大著述なるのみならず、また文学上の至宝にして、古色蒼然たる日本文学の一の紀念碑とも云ふべし。

「神話」という用語が徐々に定着してゆくとともに、そこから日本国民のルーツを探ろうとする発想へと繫がってゆく様相がうかがえる。その考え方自体は、神話学が本来有しているものに近いが、これが、芳賀矢一『国文学史概論』(23)に見える、

国民として国文学の大要に通ぜざるべからざるは、猶国民として国史の一斑を知らざるべからざるが如し。国史は神話にはじまる。神話は明に我が国体を表明し、我が民性を反映せり。

という、神話と「国体」とを結び付ける思想へと繫がっていったことからナショナリズムへと傾いてゆき、後年、『国体の本義』(24)の以下の文章へと結実する。

大日本帝国は、万世一系の天皇皇祖の神勅を奉じて永遠にこれを統治し給ふ。これ、我が万古不易の国体である。［中略］この国体は、我が国永遠不変の大本であり、国史を貫いて炳として輝いてゐる。而してそれは、国家の発展と共に弥々鞏く、天壌と共に窮るところがない。我等は先づ我が肇国の事実の中に、この大本が如何に生き輝いてゐるかを知らねばならぬ。

我が肇国は、皇祖天照大神が神勅を皇孫瓊瓊杵ノ尊に授け給うて、豊葦原の瑞穂の国に降臨せしめ給うたときに存する。而して古事記・日本書紀等は、皇祖肇国の御事を語るに当つて、先づ天地開闢・修理固成のことを伝へてゐる。［中略］かゝる語事、伝承は古来の国家的信念であつて、我が国は、かゝる悠久なるところにその源を発してゐる。

本書は、天皇機関説事件を受けて発せられた国体明徴声明

道のりを突き進んでいったことは周知のとおりである。から天皇制ファシズムが台頭し、以後、敗戦までの悲劇的なを理論的に裏付けるものとして編纂されたのであるが、ここ

四、神話と歴史叙述

国体明徴運動が進行してゆくなかで、国体観念の確立のため「国史」が重視され、学校教育のみならず、官吏任用のための高等文官試験の科目にもなった。それに対応すべく、『国体の本義』で示された国体論に基づいた内容の通史が求められ、昭和十八年（一九四三）に『国史概説』が国家事業として編纂されるに至った。その内容は皇国史観に拠って歴史を叙述したものであり、総力戦体制下で熱狂的に迎えられたが、当時の国民学校の教科書等と併せ、戦後は非科学的で独善的なものとしてほとんど顧みられなくなり、『国体の本義』等とともに絶版・廃棄処分となっている。(25)

本節では、この『国史概説』における神話の扱いに注目してみたい。皇国史観に基づく本書は、「肇国の精神」を明らかにするため、神話から歴史を説き起こすというスタイルである。時代を「上世」「中世」「近世」「最近世」に分け、第一編「上世」は「概観」に次いで、第一章「肇国」第一節「肇国の宏遠」の以下の文章から始まっている。

我が国は、悠遠なる太古より国家活動及び国民生活の源泉として、独特の神話を有している。これは国家の起源に関する伝承であると共に、古今を通じて常に現実に生きてゐるものである。即ち神代の伝承は、国体の真義を示し、且つ永遠に国史を貫ぬいて生成発展する国家生命の源泉である。これ他の国々の神話が単に古代人の自然観・人生観等を反映する物語たるに過ぎないのに比して、その本質を異にするものである。従つて我が神話を見るに当つては、これを過去の歴史的事象として考察すると共に、その尊厳にして悠久なる精神的意義を把握し、以てこれが国史の生命として展開せることを明らかにすべきである。

日本神話は、国家の起源と現在とを繋ぐ重要な存在であり、他国の神話とはまったく異なるのだと日本の優越性を説いている。そういったスタンスは随所に確認でき、例えば、

農業に次いでは狩猟・漁業等がある。古伝には海幸・山幸の物語があり、今日随所に発見される貝塚を始め、銛・釣針その他骨角器の発見はそれらの生活を察せしめる。

と、考古学的事項すらも神話に結び付けて記述している。

明治期に導入された近代歴史学は、ドイツから移入した厳

密な史料批判に基づき歴史を実証的に研究する道を拓き、それまでの歴史研究、例えば水戸藩における『大日本史』編纂事業等とは一線を画するものであった。しかし、それゆえに天皇を中心とする理念のもとに築かれた近代国家にとって不都合な事実を突き付けることもあり、久米事件や南北朝正閏問題等により近代歴史学は幾度も危機にさらされた。そして国体の起源を論ずることはタブー視されることとなり、学問研究と国民教育とは区別されてゆく。昭和八年（一九三三）の東京帝国大学文学部国史学科新入生歓迎会において、名誉教授の三上参次が、「教師になったとき、大学で学んだことをそのまま教えてはいけない。学問としての歴史と教育としての歴史は別物である」という旨の発言をしたというエピソードが[26]、そのことを端的に物語っている。しかし、そういった本音と建前の使い分けでかろうじて保たれていた歴史学者たちの矜持も、学校教育だけにとどまらない国家公認の歴史書『国史概説』の編纂・刊行により、粉々に打ち砕かれてしまったのではないだろうか。

戦後、神話を歴史に組み込むこうした史観は否定された。歴史認識をめぐる見解の相違に起因する種々の対立はなかなか解消されぬものの、さすがに神話から日本の歴史が始まっていると本気で信ずる人はごくわずかであろう。

五、神話から始まる文学史

しかしその一方で、文学史が神話から説き起こされることの不自然さを疑う人は少ないのではないだろうか。神話のフィクション性ゆえ、それが歴史ではなく文学研究の対象であると考えることに問題はないにしても、日本文学の歴史が神話から始まることは、見てきたように神話学の移入以降、新たに構築された認識である。それが徐々に〝常識〟となっていった歴史的経緯に鑑みれば、日本の始原を語る神話が文学史の冒頭に置かれることに対するある種の〝安心感〟は、ナショナリズムの洗礼によって我々国民が無自覚に信じこんでいた〝迷信〟ではないだろうか。

『古事記』には、確かに成立以前に遡れる記述もあるだろう。和銅五年にすべてがゼロから作られたわけではない。しかし、『古事記』がまとめられた八世紀前半という時代は「唐風」の天平文化の最盛期であり、これ以前に外来の思想や文化は数えきれないほどもたらされている。であるにもかかわらず、『古事記』という窓から天皇の歴史を初代神武まで遡り、そしてさらに神々の時代へと遡及してゆくことで、日本の原初とでもいうべきイメージが、「最初の書物」という『古事記』の評価（これ自体が誤認であるが）とも相まって、

『古事記』以前の長い歴史から、神や天皇に関わること以外の要素を見えにくくしてしまう。明治の文学史には、例えば次のような記述がある。

中古の文学にあらはれたる思想感情は正しく昔ながらの日本国民の思想感情をあらはせるものにあらず。それらは仏教の変化をうけたる後の日本国民の思想感情也。漢文学の影響をうけたる後の日本国民の思想感情也。ひとりわが国特有の神ながらの思想感情にいたりてはこれを一に祝詞に見ることを得べく、二に一層明かにこれを古事記において見ることを得べし。［中略］古事記がわが国民の原始的感想を伝へたるはその文学として最価値の大なるところなるべし。

武島又次郎講述『日本文学史』[27]から引用したが、奈良時代以前に仏教や漢籍が伝来してはいるものの、その影響が表れるのは中古（平安時代）以降であり、『古事記』からはそれ以前の純粋な日本人の思想が読み取れるというのである。

また、現代の文学史でも、『古事記』以前の時代に言及する場合、文字のなかった時代を神話や歌謡から推測するというスタイルをとるものが少なくない。例えば前掲古橋『日本文学の流れ』は、終章「日本文学の流れ」において次のように述べている。

一応、文学は神の呪言を母胎として発生したという折口の発生論に立ってみる。それは文学が定型として始まっていることの説明として納得しうるからだ。といって、何かに出会ったときの感動を無視しているわけではない。たとえば、初めて海を見たときの感動を人の計り知れないもの、つまり不可思議なものとして感じることから、感動は共通の、共有されるものとして表現される。海は神が創造したというように。物語になって初めて共有できるわけだ。これが神話である。折口の神の呪言を神々の言葉や行動の叙述と言い換えてみればわかりやすくなる。文学が神々にかんする歌や物語から発生するとはそういうことなのだ。

こうした説明を全面的に否定するわけではないが、しかし神話から遥か無文字社会へと遡ることが可能であるという発想は、やはり『古事記』以前の時代を神話という窓のみから照射するという傾向に拍車をかけることになるだろう。そこに、『三経義疏』や『弘福寺領田畠流記写』等の入り込む余地はない。

無色透明の歴史叙述は存在しない。歴史を叙述するという行為そのものが、叙述者の主観に基づき情報を取捨選択したうえでなされるのである。「神話」を初発と位置付ける文学史叙述も、あくまでひとつのスタイルでしかなく、決して客観的な事実の羅列などではない。それ以外にも様々な「文学史」の可能性が考えられるのだ。それらを想像するとともに、「神話」から始まる文学史が、なぜ現代においても受け入れられるのかということに思いをめぐらしつつ、本稿を閉じることとしたい。

注

(1) 古橋信孝『日本文学の流れ』(岩波書店、二〇一〇年)。
(2) 榎本隆司編『はじめて学ぶ日本文学史』(ミネルヴァ書房、二〇一〇年)。
(3) 島内裕子『日本文学概論』(放送大学教育振興会、二〇一二年)。
(4) 小峯和明編『日本文学史 古代・中世編』(ミネルヴァ書房、二〇一三年)。
(5) 鈴木貞美『日本の文化ナショナリズム』(平凡社新書、二〇〇五年)第三章「国民文化の形成」。なお、引用文中に登場する「日本的儒学」とは、江戸時代の藩主に対する忠義を、明治政府が天皇家に対するものに置きかえたことを指す。第二章「国民国家の創造」に、「徳川幕府は、戦国時代からかなりの勢いをもってきたキリスト教を厳しく禁止し、この朱子学を正規の学問に定めた。これにより、徳川時代を通じて、武家や武士のあいだに、藩主に対する「忠」を第一とする日本的な儒学が定着していた。この藩主に対する「忠」を、明治政府は、天皇(家)に対するものに置きかえ、しかも、「四民平等」に配給した。それが教育勅語だった。そして。万世一系の天皇家に対する「忠」が、あたかも古代から一貫して日本国民の伝統であったかのように説かれてゆく」とある。
(6) 石井公成「三経義疏の語法」(『印度学仏教学研究』五七—一、二〇〇八年)。
(7) 三谷邦明・小峯和明編『中世の知と学——〈注釈〉を読む』(森話社、一九九七年)、鈴木健一『古典注釈入門——歴史と技法』(岩波書店、二〇一四年)等。
(8) 桜井徳太郎・萩原龍夫・宮田登編『寺社縁起』(岩波書店、一九七五年)。
(9) 中近世を中心とする寺社縁起研究の展開の様相については、拙稿「総論 寺院縁起の古層」(小林真由美・北條勝貴・増尾伸一郎編『寺院縁起の古層——注釈と研究』法藏館、二〇一五年)参照。
(10) 収録論文の執筆者とタイトルは以下のとおり。舘野和己「木簡の表記と記紀」、佐藤信「木簡にみる古代の漢字文化受容」、乾善彦「古代造仏銘寸考」、金沢英之「天寿国繡帳銘の成立年代について——儀鳳暦による計算結果から」、品田悦一「七世紀の文学は上代文学か」、内田賢德「定型とその背景——短歌の黎明期」、西條勉「和歌起源の普遍性について——楽府とワザウタの間」、神野富一「制度としての天皇歌——額田王歌の作者異伝にふれて」、鉄野昌弘「額田王「山科御陵退散歌」の〈儀礼〉と〈主体〉」、工藤力男「人麻呂歌集七夕読解法」、稲岡耕二「人麻呂における歌の変革——文字の歌への転換」。
(11) 芳賀矢一・立花銑三郎編『国文学読本』(富山房、一八九〇年)。
(12) 三上参次・高津鍬三郎『日本文学史』(金港堂、一八九〇年)。
(13) 芳賀矢一『国文学史十講』(富山房、一八九九年)。

(14) 神野志隆光「「日本神話」の来歴――「古典」としての『古事記』『日本書紀』の歴史と現在」(ハルオ・シラネ、鈴木登美編『創造された古典――カノン形成・国民国家・日本文学』新曜社、一九九九年)。

(15) 高山林太郎「古事記神代巻の神話及歴史」(『中央公論』一四―三、一八九九年)。

(16) 平藤喜久子「神話学の「発生」をめぐって――学説史という神話」(井田太郎・藤巻和宏編『近代学問の起源と編成』勉誠出版、二〇一四年)は、この論争が日本における神話学の「発生」と位置付けられているのは、久米邦武の「神道は祭天の古俗」論文をめぐる筆禍事件(一八九二年)等により神代史を論じにくかった時勢において、ナショナリズムとは一線を画する神話学の「科学的」態度が注目されたためであるという。

(17) 内海弘蔵『中等教科 日本文学史』(明治書院、一九〇〇年)。

(18) 藤岡作太郎『日本文学史教科書』(開成館、一九〇一年)。

(19) 塩井正男・高橋龍雄『新体日本文学史』(普及舎、一九〇二年)。

(20) 小倉博編『国文学史教科書』(興文社、一九〇四年)。

(21) 鈴木暢幸『日本文学史論』(富山房、一九〇四年)。

(22) 林森太郎『日本文学史』(博文館、一九〇五年)。

(23) 芳賀矢一『国文学史概論』(文会堂書店、一九一三年)。

(24) 文部省編『国体の本義』(文部省、一九三七年)。なお、本書編纂委員の一人である久松潜一は、芳賀矢一の弟子である。

(25) 『国史概説』刊行の背景や内容、戦後の評価等については、長谷川亮一『「皇国史観」という問題――十五年戦争期における文部省の修史事業と思想統制政策』(白澤社、二〇〇八年)参照。

(26) 井上清『くにのあゆみ批判――正しい日本歴史』(解放社、一九四七年)。

(27) 武島又次郎講述『日本文学史 上』(早稲田大学出版部、一九〇七年)。

神話的物語等の教育利用

――オーストラリアのシティズンシップ教育教材の分析を通して

大野順子

おおの・じゅんこ――摂南大学理工学部建築学科教職支援センター特任准教授。専門は教育社会学、シティズンシップ教育。主な論文に「デモクラシーを主軸としたオーストラリアにおけるシティズンシップ教育　ビクトリア州の政治的シティズンシップを育てる取組み」（今谷順重編『人生設計能力を育てる試飲性教育』第四章、教育開発研究所、二〇〇七年）、「多文化社会におけるシティズンシップ形成に関する一考察――移民・移住女性の語りから」（『多文化関係学 Vol.10』二〇一三年）、「移民・移住者のシティズンシップの獲得をめぐって」（赤尾勝己編『学習社会学の構想』第十章、晃洋書房、二〇一七年）などがある。

本稿は、近年、教育界で注目されているシティズンシップ教育において、神話的な物語等がどのように活用されているのかについてみていく。はじめに、シティズンシップ教育が台頭してきた社会的背景を整理する。そして、同教育について先進的に取り組んでいるオーストラリアの事例を題材として、教育的利用の効果や問題点について考察する。

一、シティズンシップ概念の変容

（1）国民国家の枠組みの揺らぎ

現代社会はかつてのように共通の価値観、共有する文化や慣習などで個人や社会が互いに強く結びついていた時代は過去のものとなり、そのような社会的状況はもはや自明のものではなくなりつつある。近代社会においては、人びとの権利やアイデンティティというものは国民国家の枠組みのなかで守られ、安定していた。しかしながら、後期近代社会にはいり、社会が多様化・多元化し、共同体意識が徐々に崩れていくなかで、これまで人びとの生活を守ってきた国民国家の存在は脆弱化し、文化的、さらには政治的多様性が顕在化する時代となった。例えば、世界各地で人種問題や民族問題がかつてない以上に生起していることや、貧困や格差による社会階級・階層問題が日常的に問われるようになったことなど、個人を規定する基準や問題が複雑で難解なものとなってきている。

このような社会の質的変化について、バウマンは現在の社会的枠組みが固定的であった時代から「液状化」の段階へ変化したと述べている。[1] こうした社会の流動化現象は人びとの意識やアイデンティティをますます個人化し、断片化しつづけ、それぞれの国家への帰属意識を低下させ、曖昧にしている。人として「こうあらねばならない」といった強固に固定化され、構築された個々のあり方でさえ、後期近代社会では人びとにとって重荷であり、強制的なものとなっているのである。そう考えると、リオタールの言葉を借りて表現するならば、私たちはこれまでの「大きなナラティブ（物語）」（国民国家）にゆだねられていた時代から、その時代に存在していた明白なものが分散することでできあがった多様な交差のなかで日々生きているのである。[2]

こうした変化に社会を向かわせた要因のひとつに、トランスナショナルな人の移動があると考える。世界的に見てもその移動の背景はさまざまではあるが、移民・移住者の増加は日常的なこととなっている。日本国内に目を向けても多くの外国人が――その多くは主にアジア諸国から――越境し、日本社会で生活をするようになってきている。彼ら彼女たちの存在は、今や確実に社会のあり方に再検討を迫っている。

（2）グローバルな人口移動

ひと、もの、資本などの自由な往来を可能にしたグローバリゼーションのなかでも、人びとのグローバルな人口移動は世界のあり方を大きく変えたと言っても過言ではないだろう。国際移住機関の報道によると、二〇一五年時点で国境を超えて移動・移住する人びとは約二億三〇〇〇万人と言われている。[3] こうしたトランスナショナルな人の移動は、建前上、諸外国のように移民受け入れ先進国ではない日本においても無関係ではない。平成二十七年（二〇一五）末時点における在留外国人数は二二三万二一八九人であり、対人口比で見るとその割合は約一・七五パーセントとなっている。[4] 日本社会も他国と同様に、多民族国家としての道を着実に歩んでいる。

しかしながら、こうした社会の多文化・多民族化は新たな問題を提起することとなった。「一国家、一民族」という文化的・民族的同質性が保たれてきた国民国家を脅かす存在として移住してきた人びとに対し、排除するような排外主義的な動きが勢いを増してきたのである。移民・移住者たちは常に社会の安定を脅かす「社会的脅威」[5] な存在としてとらえられた。その多くが移民受け入れ国であるヨーロッパ諸国においても、極右政党が支持されたり、移民排斥に関する法案が可決されたりと右傾化の様相は増すばかりである。日本社会においても、移民・移住者を含む、社会のあらゆるマイノリティに対するバッシングがヘイトスピーチ[6]やヘイトクライム[7]

などというかたちで、一般社会で日常的に目にすることも少なくない。

（3）新たなシティズンシップ概念の創造

こうした国民国家枠組みの流動化とともに分断されつつある社会は、いかにして再構築可能になるのであろうか。それはすなわち、分断の道具となったシティズンシップについて再概念化することに他ならない。近代国家においてシティズンシップは人びとを諸国家へ配分するための国際的に承認されたルールであった。(8)しかしながら、このような差異化や人びとを選別する機能のみをもつシティズンシップ概念は、国民国家の枠組みの弱体化にともなって、多文化・多民族化的様相を呈する現代社会にはなじまない。国家の枠組みを超えた脱国家化（脱領域化）したシティズンシップ概念の構築が今まさに喫緊の課題なのである。

ソイサル（Soysal, Y.）は、こうした社会的情勢を鑑み、人の移動が一般的となり、国家の境界線が曖昧になるような状況のなかで、これまでのような国家に縛られない「人であること」（personhood）に基づいたシティズンシップ概念への移行を提案している。(9)これからのシティズンシップとは、これまでのように「誰が市民なのか」という国家の構成員を問うだけの形式的な内容では不十分である。それよりも個々のアイデンティティや普遍的人間性、あるいは人権、人と社会との実際的なつながりを重視したものでなくてはならない。文化的・政治的にも多文化・多民族化が進む社会において「多様で横断的な差異」を均質化しないシティズンシップのあり方を追求していくことが重要となっている。(10)そして、それらを具現化する役割を担うものとしてシティズンシップ教育がある。多様性を尊重し、いかなる存在も排除しない共生社会を創造するために、シティズンシップ教育の果たす役割は計り知れないものがある。

二、シティズンシップ教育の台頭

（1）シティズンシップ教育の広がり

グローバリゼーションの影響は、これまでのように国民国家の枠組みで解決できていた問題をより一層複雑化し、容易に解決することを困難にしている。また、そうした問題解決には、国家といった大きな存在よりもより小さい、ローカルなレベルのほうが解決しやすい場合も存在し、国家の必要性やその役割はますます縮小化傾向にある。それとともに、個人と社会（国家）との関係性も変化し、社会にとってふさわしい市民のあり方を再検討し、市民性・シティズンシップをいかに育成してくかが重要な課題となっている。

特に、こうした状況を牽引しているのは、グローバリゼーションによる社会の多様化である。それはさまざまな民族的出自を持つ人びとや、多様な価値観やアイデンティティをもつ人々で構成される社会を創造している。こうした多様化した社会では異質なもの同士が共存する共生社会の構成員としての意識が求められることとなるが、一方では、そうした違いが直接的に衝突することもある。例えば、ヨーロッパ各地で頻繁に起こっている移民による暴動。さらには、社会的に抑圧された人びとによるデモやテロ事件といった最悪のかたちであらわれることもある。こうした事態は、これまで単一のものとして認識されていたシティズンシップの概念の転換を要請していることを意味している。もし画一的な価値理念等を教育を通して伝達した場合、利害関係が一致している人びとにとっては何も問題はないが、そうではない人びとにとっては強制になることもあろう。[11] そのとき、最悪の場合は前述したような事件を生む結果となることが考えられる。そうならないためにも多様性に配慮したシティズンシップ教育の実現が期待される。

さらに、シティズンシップ教育が社会的に要請されるようになった背景に、新自由主義の台頭にともなう福祉国家の解体、再編がある。[12] かつて、「大きな政府」としての国民国家に守られていた時代では、福祉国家として一種の保険システムの中で人びとの生活は安定が図られていた。ただし、このような福祉国家のあり方は市民が依存体質になるという批判もあった。[13] 福祉国家が解体した今、市民自らが主体的に行動し、自律的に行動することも求められている。また、世界各地を見ても、民主主義がこれほどまでに危機に瀕している状況もないであろう。日本の政治を見ても、最近では安保関連法案の強行採決にみられるように民主主義は危機的な状況にある。こうした状況のなかで、市民一人ひとりに要求されることは、積極的に行動し、社会に参画すること。そして社会の構成員としての意識を醸成することであろう。国民国家の脆弱化は地方分権を推し進め、市民活動もここ数年、日本社会も含め世界的にも興隆してきた。多様化・多文化化した現代社会は、情報の普及、知識創造、アイデンティティの感覚、そして政治の本質について、それらに変化をもたらされることによって、シティズンシップとシティズンシップ教育の意味の変容を迫っている。そして、シティズンシップはそれぞれの異なる社会的文脈や文化的伝統に合うように、多様でそれぞれ異なる原理原則が組織化されているのである。[14]

(2) めざされる市民像

それでは具体的にどのような市民の育成、シティズンシップのあり方がめざされるのであろうか。とりわけ、二十一世紀の社会はこれまでの時代と異なり、先行きが不透明で変化の激しい時代と言われている。こうした不確実性、不安定性をともなった社会をいかに生き抜いていくことができるかが問われている時代であり、教育を通して、そうした困難を乗り越える資質や能力をつけることが子どもたちにとって焦燥の課題とされている。また、先にも述べたように、民主主義の危機的状況を迎え、真に民主主義を実践できる市民の育成も急務であろう。真に民主主義的な市民について不破（二〇〇二）は「政治的な見識を持ち、あわせて行動的な市民」のことをいうとしている。[15] 今ある社会に積極的に自ら関与し、責任と行動を果たすことが民主主義的な市民のあり方であるということである。それはこれまでのような国家から付与されるだけの権利や義務を単に遂行するだけの受動的な市民のあり方ではなく、しっかりと社会の形成者としての意識を持ち、社会づくりに能動的に参画する行動的な姿勢がこれからの市民性・シティズンシップには要求されているのである。

また、北村（二〇一六）は、グローバル化する二十一世紀社会において各国が抱える教育的課題の解決、持続可能な社会の希求などを踏まえてグローバルな視点からシティズンシップのあり方に迫ることが重要であるとし、「グローバル・シティズンシップ」形成の重要性を説いている。[16] 現在、世界には様々な解決困難な課題が山積している。それらの課題解決を先送りすることは簡単ではあるが、もしそうすれば社会の持続可能な発展は望めないだろう。つまり、国境にとらわれることなく、自国以外でも起こっている問題に対しても常に関心を持ち、それらの解決に向けて主体的に関わっていくような市民性・シティズンシップの形成こそがグローバル化した時代に重要であるということであろう。

以上のように、シティズンシップ概念の変容にはじまり、それに呼応する形で刷新されたシティズンシップ教育のあり方、そのなかでめざされるべき市民像について改めて考えてみた。権利や義務、法的地位などその形式的側面のみが語られていた過去のシティズンシップから、その人自身をみる実質的な側面への焦点の移行は、行動的で能動的な市民をいかに育成するということにシティズンシップ教育の関心を喚起した。このような社会の変化、個人と社会の関係性の変化に対応しためざされるべき市民像を形成する手段としてのシティズンシップ教育は、二十一世紀に入り世界各国の学校教育のなかで盛んに扱われるようになってきている。次項では、その様子を概観する。

(3) 世界的なシティズンシップ教育への取り組み

現在の社会の変化に対応し、グローバルな視点からシティズンシップ教育のあり方が模索され、議論され始めたのは一九九〇年代以降のことである。しかしながら、昔はシティズンシップ教育に相当するような内容の教育が学校教育の中に全く存在しなかったかといえば、そういうこともない。過去においては主に社会科系科目、例えば公民科などの科目において、現在の内容と多少違いはあるが教えられていた。なかでも、特に政治教育の領域で教えられていた歴史がある。政治教育は生徒と社会（政治）とが相互に関係を形成しているその繋がりを理解する手助けであり[17]、それゆえ、学校は生徒が社会（政治）とつながる「場」としての役割を担っていた。こうした流れを踏まえて、主に西欧諸国では個人主義に基づきながら、アジア諸国では民主社会の担い手として共同体主義に基づきながらシティズンシップ教育がそれぞれの社会的文脈に沿ったかたちで実践されていった。

特に、グローバリゼーションによる社会の多様化・多民族化の進行を受け、グローバルな視点から市民育成のあり方を探ろうとするシティズンシップ教育が世界に広がるきっかけをつくったのがイギリスの教育改革である。イギリスでは[18]二〇〇〇年のナショナルカリキュラムの改訂により、中等教育課程において二〇〇二年からシティズンシップ教育を必修化することを決定した[19]。当時は、主にＰＳＨＥ（Personal, Social and Health Education）のなかで実践されることとなった[20]。イギリスのシティズンシップ教育の理念は、文化的に多様な社会への変化、公的・私的領域の関係性の変化、グローバリゼーションの到来、そして国家意識の衰退のような現代社会における大きな社会的変革の中で、真にグローバルな視点で物事を考え、様々な問題に対して主体的に行動できるように生徒一人ひとりを奮い立たせることが、その主な目的となっている。そしてグローバル化の時代の到来という観点から考えると、その目的は、真に地球市民（グローバルシティズン）となるための資質を備えていない生徒たちに必要なスキルや知識を提供し、地球市民的資質を育成すること。そして、現代社会が直面している地球市民社会（グローバルコミュニティ）が抱える問題（地球規模的課題）を、生徒たち自身がよりよく理解・解決できるように促進することとした。こうしたイギリスの取り組みは、その後、諸外国の教育政策やカリキュラム改革に大きな影響を与えることとなった。日本の学校教育もその例外ではない。

都市化や少子化、人間関係の希薄化などの問題を抱えていた日本社会は、子どもたちに多様な関わりを十分に提供することができずにいた。また、過密化する教育課程の結果、社会体験の欠乏が問題視されていた。さらに、天皇制国家として出発した日本は、国民を政治（社会）の担い手として位置づけるという意識が脆弱であったため、市民が国家の意思決定に積極的に参画し、政治的判断力を行使するということが軽視されていた。(21) そうはいっても社会科・公民科においてシティズンシップに関連するような内容を取り上げる機会はないわけではなかったが、そのカリキュラム内容は知識獲得のみに重点が置かれ、自らが主体的に課題解決を目指すような実践は非常にまれであった。しかしながら、現在では、先に述べたような社会的状況から実践しないわけにはいかず、徐々に各学校で独自に、また各自治体レベルでの取り組みが進行中である。(22) さらに、日本の学校教育のなかでも真剣にシティズンシップ教育に取り組まなければならないもう一つの理由に、外国につながる子どもたちの存在がある。多文化、多民族化の影響は日本社会も対岸の火事ではないことはすでに述べたが、近年、学校教育現場に民族的・言語的に多様な生徒が増加し続けているという状況がある。こうした現状は、日本の子どもたちも、世界の子どもたちと同様に、多文化的な知識やスキル、多民族に対する理解や寛容の精神などを学ぶ必要があることを示唆している。

それでは、実際にどのような内容が、どのような目的をもち、どのような手法を用いてシティズンシップ教育が学校教育内で教えられているのであろうか。ここでは、イギリス等と同じくシティズンシップ教育を必修科目として全州的に教育課程に導入しているオーストラリアの事例を検討してみたい。同国は周知のとおり、移民受け入れ大国であり誰もが認める多民族国家である。オーストラリアの実践はまさに、現代のシティズンシップ教育のあり方を見るうえで重要な布石となる。

三、オーストラリアのシティズンシップ教育

(1) オーストラリアにおけるシティズンシップ教育導入過程

多民族国家として発展してきたオーストラリアがシティズンシップ教育を導入するに至った理由はさまざま考えられるが、大きく整理すると二つの流れがあると考える。一点目は、民主主義国家の崩壊への危機感が導入への舵取りを加速化させたという点である。一九六〇年代まで、オーストラリアの学校教育には公民科（Civics）という科目があった。この中で政治的問題を扱っていたことで、子どもたちは政治的知識を得、政治的意識を育んでいた。しかしながら、その後、一九九〇年代まで公民科不在の時代が約三十年間続くことにな

る。その結果、一九八九年に出された報告書「Education for Active Citizenship」で明らかになったように、若い世代での政治的知識や意識の低さや政治参加の低迷などが問題となった。オーストラリアでは十八歳以上の者には選挙権があり、投票することは国民の義務となっている。ゆえに、こうした政治的無関心の状況を改善することが急務であったのである。

二点目は、国内の民族的・文化的多様性にともなう多文化・民族化のなかで、多様な視点や価値観をいかにして人びとに取り入れるかについて考える必要性がより一層重要になってきたことがある。周知のとおり、オーストラリアは一九六〇年代、白豪主義を採用しており、白人以外の人種、特にアボリジニなどの先住民族に対して排他的な政策をとっていた。しかしながら、その後、移民の受け入れなども積極的に行われるようになったことで、よりこうした問題が顕在化し、一九七〇年代以降は転じて多文化主義を目指すようになった。こうして、かつての文化的多様性に対する不寛容さや、単一の国民的アイデンティティを強制していた時代の負の歴史を清算するために、新たなオーストラリアの国家としてのあり方、個々人のアイデンティティを再構築することが重要となった。

そして、ついに連邦政府によるトップダウンでシティズンシップ教育が全州あげて行われることに決定した。そして一九九八年、シティズンシップ教育導入のための国家プロジェクトの下、全国の学校に無償で配布されることになったテキスト教育教材が完成した。

こうして多文化主義的な方向性をもったシティズンシップ教育の導入が一九九〇年代にオーストラリアではじまったのではあるが、一方ではそうした流れに対する批判も生じていた。それは過去の負の歴史の反省に執着するあまり、多文化主義的な歴史的研究を「黒い喪章をつけた歴史観」と批判するような風潮も生じていた。[23] そのため、こうした過去の負のイメージを回復する目的で、結果としてより強いオーストラリア性を表現する手段としてシティズンシップ教育が理解されていた部分もあった。

(2) カリキュラム内におけるシティズンシップ教育の位置づけ

オーストラリアではイギリスのようにシティズンシップが独立した科目として設定されていないため、主に「社会と環境の学習(Studies of Society and Environment)」という領域のなかで教えられることが多い。ここでは、学校教育のカリキュラム内にシティズンシップ教育がどのように取り入れられ、実践されているのか、ヴィクトリア州の事例に基づいて見て

いくこととする。(24)

同州では義務教育年齢が十五歳までとなっており、各学年には主要な学習エリア（Key Learning Areas）が設定されている。そのエリアは英語、算数／数学、科学（理科）、テクノロジー、芸術、外国語、健康・保健／体育、そして前述した社会と環境の学習の合計八領域となっている。このなかでシティズンシップ教育は社会と環境の学習領域で独自に単独教科として扱われることもあれば、異なるエリア間でクロスカリキュラム（横断的教科学習）として扱われることもある。それら扱い方は基本的に教師の自由に任されている。学習エリアには、学年ごとに到達レベルが設定されており、それは六つの段階にレベル分けされている。各レベルの到達目標はカリキュラムとその基準に関する機構（Curriculum and Standard Framework）によって決められており、一つ一つ、階段を昇っていきながら、最終的により高度なレベルへアプローチするようになっている。

さて、ヴィクトリア州ではシティズンシップ教育のことを正式にはCivics and Citizenship Educationと表現しているのであるが、その教授内容には大きく整理すると「Civicsの側面」と「Citizenshipの側面」の二つの側面がある。まず「Civicsの側面」の学習では政治や法、経済に関する内容について学習することが中心となっている。このなかで生徒は政治システムの構造や仕組みについて学んだり、民主主義社会の価値や原理、法の下の平等の精神などを学習する。そうすることで生徒たちは市民としての権利や責任、義務等について理解を深めていくのである。次に「Citizenshipの側面」では行動的な市民の育成という目標を達成するための学習が計画されている。ここでは市民としての意識や資質など実質的な部分の育成が中心的課題となっている。よって、生徒は実際に地域社会や国家、グローバル社会に直接貢献するような学びの実践が求められる。例えば、環境保護活動に参加したり、多民族国家内に存在する社会的マイノリティの人びとの運動に参加することなどである。こうした活動への参加を通して、生徒は個々の社会における役割を認識し、社会の構成員としての意識を醸成していくのである。

以上のように、ヴィクトリア州のシティズンシップ教育は、カリキュラムの面からみても、生徒に単に知識を与えるだけにとどまってはいない。さまざまな活動に参加する機会も提供しながら、体験的、経験的に学習する機会を整えているのである。その他にもヴィクトリア州では州独自の主要な学習基準（Victorian Essential Learning Standard）を設けている。その基準のなかの三つのコアとなる学習要素の一つに「健康やスポーツ、個人と社会に関する学習（Physical, Personal and Social Learning）」がある。このなかにおいても「市民と市民性（Civics and Citizenship）」という領域が設定されており、学年が上がるにつれて地域社会のイベントを通した地域コミュニティへの参加、異文化理解、投票、人権・難民問題など、体験活動や調査活動の実践を積極的に取り入れている。このように複雑な編み目のように、カリキュラム全体においてシティズンシップ教育にアプローチできるような仕組みとなっているのである。

（3）テキスト教材「オーストラリアン・リーダーズ」とは(25)

ところで、こうしたオーストラリアの目指しているシティズンシップ教育の内容が直接的に表れているものとして、その導入の契機となった国家プロジェクト「デモクラシーの発見（Discovering Democracy）」がある。そして、一九九八年、同プロジェクトにより作成されたシティズンシップ教育テキスト教材「オーストラリアン・リーダーズ」が全国すべての初等・中等学校に無償配布されることとなった。

本テキスト教材は、当時のメルボルン大学歴史学の専門家を座長とした「公民科教育専門家グループ（Civics Expert Group）」が中心となりその内容が吟味された。作成時、連邦政府の政権を担っていたキーティング首相により直接その作成が要請された。実際にテキストの開発に関わったのは同プロジェクト推進のために政府から出資を受けていた独立教育教材開発機関であるカリキュラム・コーポレーション（Curriculum Cooperation）であった。テキスト教材以外にもCD-ROMやビデオ、ポスター、カードなどの補助的学習教材がある。

しかしながら、その内容を教材開発過程も含めて概観してみるとひとつの大きな特徴が見受けられる。それは、オーストラリアの歴史について深く学ばせることで、オーストラリア人としての国民的アイデンティティを再確認するような内容に偏向している傾向が見られるという点である。先に述べたように、本テキスト教材作成には、当時の首相によるオーストラリアの政治制度に関する内容の充実や歴史教育を重視するような強い要請があった。その後の政権交代においても、こうした内容を重視する方向性は引き継がれていった。過去の白豪主義とそこからの脱却、多文化主義への転換過程において、ある意味、人種差別国家としてあったオーストラリアの史実をふりかえり、子どもたちに学ばせることは避けたかったのかもしれない。そこで、そういった負の側面を少しでも軽減する手段として、強く、偉大なオーストラリアを印象づけるような内容に偏向してしまったというようなとらえ方もできなくもない。次節では、実際にどのような内容が、どのような目的で扱われているのか、本テキスト教材の詳細を見ていくこととする。

四、シティズンシップ教育テキスト教材『オーストラリアン・リーダーズ』について

(1) その内容構成について

ここでは、初等学校から中等学校まであるすべてのテキスト教材の詳細内容を見ていくことは紙幅の制限により困難であるため、小学校中学年用(Middle Primary)テキスト教材の教員用ガイドブックに注目することとする。小学校中学年とは十歳前後の年齢に相当する。最近、日本の教育界では「十歳の壁(小四の壁)」ということばが話題になっている。この年齢の子どもたちは内面的にも大きく成長し、学習内容も難しくなることで勉強に対する得意、不得意が顕著にあらわれる時期ともいわれている。つまり、この時期は子どもたちにとって非常に重要な時期であるということになる。こうした点からも、この時期に何がどのように教えられているのか、考察する意義は大きいと考える。

さて、次に示す表はその中学年次において学ぶシティズンシップ教育の内容について、テキスト教材に基づきまとめたものである(表1)[26]。

内容の全体構成を見ると大きく五つのセクションに分かれ、それぞれにおいて使用される教材(読み物や絵画など)が示されている。また、各セクション固有の目的も明記されており、「何のための学習か」が一目瞭然となっている。ただ、気になる点としては、その扱われている教材群からも推測できるように、オーストラリアの歴史に特化した傾向が否めない。それは本教材の作成者欄に座長として名があがっている歴史学者ジョン・ハースト博士の存在からも、オーストラリア史に基づいた構成となっていることが想像できる。特に、ここでは各セクションに例示されている「教材」(主に神話的な物語等)が、シティズンシップの学習にどのように活用されているのかに注目し考察していく。

(2) 神話的物語等の活用とそのねらい

まず、セクション①と②では「支配(統治)」のあり方が共通のテーマとなっている。理想的な統治者に必要な資質とは何か。その特徴について考え、市民として必要な法や規則に関する学習が中心である。ここでは主に一本の寓話(parable)と四本の民話・伝説(folktale)が教材に例示されている。統治者の役割について考え、統治者になるとどのような責任を負うことになるかなど、物語の内容より考え、現在

の私たちの状況についても過去と比較するとどう変化しているかについて考えることが求められている。さらに、法が破られた時はどうなるのか、不公平な法にはどう対応するのか等についても物語の事例から学習し、社会における法や規則遵守の重要性を認識させることがねらいとなっている。

次に、セクション③と④はオーストラリア人としての国民的アイデンティティについて考えをめぐらすことが目的となっており、オーストラリアの歴史をふりかえることが中心的な学習内容となっている。この領域では、現在までのオーストラリアが辿ってきた歴史、例えば幾多の戦争や移民問題、白豪主義などを学習しながら、同時にさまざまな問題に真摯に向き合い、乗り越えてきた偉大なオーストラリアを印象づけるような構成になっている。そのため、ここでは神話的物語等以外にも過去の遺産や歴史的建造物等から視覚的に偉大なオーストラリアをイメージできる教材が多く使われている。特に、先住民族に関する話などが想像上の話（tall tale）などを通じて扱われている。また、小説などの物語等を通してオーストラリアの多様性にかかわる問題を取り上げてはいるものの、最終的にはオーストラリアの過去の英雄的な遺産を学習することでオーストラリア人としてのアイデンティティ構築が目指されている。

さいごに、セクション⑤は、これからのオーストラリアの歩むべき方向性について学習する内容となっている。特に、子どもたち自身が地域社会の一員としていかにふるまうべきなのかについて具体的に立案し、行動することも求められている。ここでも、民話・伝説、寓話等の教材を用い、地域社会の中で互いに協力することの意味や、よき市民となるために正しい行動をよという価値観の形成、よき市民となるために正しい行動をすること求めている。このように、本テキスト教材は、その中の神話的な物語等を上手く活用し、道徳的な事柄から実践的なことまで、さらには歴史的史実までも扱うことでオーストラリア人としてのあるべき市民像の形成に寄与しているのである。

（3）国民的アイデンティティの形成か多様性尊重かというジレンマ

こうした神話的な物語等の活用は、シティズンシップ教育の内容において、子どもたちに育みたい価値観や知識を一方的に伝達する手段としては好都合である。しかしながら、それは裏を返せば、偏った価値観や考え方の押し付けともとらえることも可能であろう。複雑な社会を生きる子どもたちに獲得させたい資質や能力、多様化する社会で生きる子どもたちにとって必要な姿勢や態度などは一方通行の教授法ではな

使用する教材内容	教材カテゴリー
The Power of Kings―王たちの権力	作り話・寓話
西太后	絵画
王の擁立―"The Making of a King", Sam Wakefieldの著作	小説
エリザベス女王一世―アルマダ海戦での肖像画	絵画
The Bitter Pill―オーストラリア人作家による短長編作品	民話・伝説
The Sword of Damocles―ダモクレスの剣（故事）	民話・伝説
タイ王朝の王	写真
Rebel―反逆者	絵本
The Cemetery Committee―ニーナ・ボーデンの著作	小説
西オーストラリア州のアボリジナル民族Junjuwa community	写真
Sal Salmon's Little Bunch o' Flowers―Nance Donkinの著作	小説
Fifteen Honest Coins―15個の信頼できるコイン	民話・伝説
平等な機会―Jim Wong-Chuの作品	詩
ウィリアム・テル	民話・伝説
Fifteen Honest Coins―15個の信頼できるコイン	歌
Crooked Mick's Early Years―Maureen Stewartの作品	想像上の話
Shearing the Rams：19世紀の画家Tom Robertsによって描かれた羊の毛刈りの絵	絵画
A Sergeant of the Light Horse：George W. Lambertによる第一次世界大戦時の兵士の絵	絵画
Australian Beach Pattern：Charles Meereによる大戦間の英雄的な国民生活を描いた絵	絵画
Market Triptych：Anne Grahamによって描かれた市場の三連作	絵画
My Girragundji（アボリジニの少年の話）	小説
The Bathers：現代アーティストAnne Zahalkaによって描かれた海岸での様子	写真
Australians Don't Have Goats：Nadia Wheatleyによって書かれた移民や難民に関する話	小説
City Living：児童文学者Elizabeth Honeyの作品	小説
フォークソングTrue Blue―John Williamsonの作品	歌
Eureka Flag―英国の植民地化に抗する旗	工芸品
英連邦の植民地政策に抵抗した先住民族のメモリアル碑	彫像
南オーストラリアの開拓団女性碑	記念碑
身元不明戦士の墓	記念碑
探検家であり作家でもあるW. C. Wentworthについて	彫像
政治家であるSir Robert Menziesについて	彫像
知識の木（Tree of Knowledge）について	ランドマーク
良き仲間関係の北欧民話The Sheep and the Pig Who Built a House	民話・伝説
イエス・キリストが語った話　よきサマリアびとの話	作り話、寓話
アボリジニのAunty Iris Lovett Gardinerの自伝	自叙伝
ビクトリア朝時代の詩人Jean Ingelowの作品I Have a Right	短編小説
救世軍（Salvation Army）	写真
作家Morris Gleitzmanの作品Just Like All of You	小説

表1　小学校中学年次のシティズンシップ教育のテーマ一覧

No.	セクションテーマ	概要	目的
①	Good Rulers, Bad Rulers〈よい統治者、悪い統治者〉	異なる時代や場所（国）における統治者としての資質と責任について学習する。	Who Rules?（支配／統治するのは誰か？）
②	Living with Rules and Laws〈支配・統治・規則や法と共に生きる〉	異なる状況における法と支配（統治）について検討し、すべての法が良い法なのか、どのように、いつ、法は変わる（修正される）べきかについて学習する。	Law and Rights（法と権利）
③	We are Australian〈われわれはオーストラリア人だ〉	オーストラリア人としてのアイデンティティとは何か。オーストラリア人としてのアイデンティティの異なる側面について考え、それがどのように変化してきたかについて考える。	The Australian Nation（オーストラリア国民）
④	Lest We Forget〈忘れてはならないこと〉	記憶は我々にある場（国）の歴史やその場にいる人々に重要な価値を伝えます。あらゆる視覚的教材はオーストラリア人の記憶の交差した部分を描いている。そして我々が国民として祝う人びとや出来事について調査する。	The Australian Nation（オーストラリア国民）
⑤	Good Neighbours〈よき隣人とは〉	地域社会（地域コミュニティ）のメンバーの一人としてどのようにふるまい、なぜそうする必要があるのかについて考える。	Citizens and Public Life（市民と市民生活）

かなか身につかないかもしれない。もちろん、基礎的な知識を得、考えに触れることは重要で、そういった点では物語等の教材活用はある一定の効果は期待できるであろう。ただ、こうした点についてプライオー（Prior）は「デモクラシー発見プロジェクトは、シティズンシップ教育の公民的分野は十分にカバーされているが、それは政治や政府のシステム、国家的象徴や関係諸国との歴史的重要性についてのみについて学ぶだけで不十分で限界がある」(27)と厳しく指摘する。連邦政府からのトップダウンで導入された本テキスト教材は、多文化主義に配慮しながら作成されたにもかかわらず、常に偏った歴史観を強制してしまう危険性を孕んでいるという点に留意すべきである。

さらに、教材からの一方的な教授は、子どもたちにとってはリアルさの欠如が指摘できる。シティズンシップのような内容は日々の生活の中であらわれる生成的な特徴をもつ。そして、その概念は時代や場所によって異なるという可変性をもっている。このように考えると教材のみに頼り、教えることは具体性に欠けるという点についても留意すべきであろう。

おわりに

国民国家の枠組みの弱体化、および、グローバル化による多様化、多文化化の影響による社会の質的変化が起こる中で、物語等を用いシティズンシップについて教えることは、何か意図的な考えが隠されているかもしれないことに私たちは注視する必要がある。折しも、日本では二〇一八年から小学校で、二〇一九年から中学校で「道徳」が教科化されることが決定している。そして今年（二〇一七年）、次年度からの教科化実施に向けて各自治体では使用する道徳の教科書選定に追われている。筆者はある自治体の小学校道徳教科書の採用候補にあがっている全教科書にどのような内容が扱われているのか独自に調査している。そこにはオーストラリアン・リーダーズと同様に、思いやりや感謝の気持ち、礼儀などを民話や伝説など神話的な物語等に関連する読み物を通して教え込む部分が見え隠れしている。課題が山積する現代社会において、それら課題解決に主体的に取り組む市民の育成が叫ばれている一方で、テキスト教材内容に基づきながらあるべき市民像を一方的に教えることは果たして最善の方法なのであろうか。

危機的状況にある民主主義を立て直すため、個々が自律的に行動し、積極的に社会に参画することが求められ、能動的な市民の育成が焦燥の問題である今、重要なことは社会を批判的に見る目を養うことではないだろうか。批判的思考力を高め、個々のあり方も含め社会全体のあり方を省察することができる能力の育成こそが期待されているのである。そのためには、学校はこれまでのような教授的空間ではなく「批判的空間」として再構築される必要があろう。形式的な内容ではなく、子どもたちが社会とのつながりが実感できるようなシティズンシップ教育のあり方が望まれているのである。

注

（1）バウマン・Z、森田典正訳『リキッド・モダニティ』（大月書店、二〇〇一年）。

（2）Lyotard, J. F., *The Postmodern Condition: a report on knowledge/ Jean-François Lyotard ; translation from the French by Geoff Bennington and Brian Massumi ; foreword by Fredric Jameson*, Eleventh printing, University of Minnesota Press (Theory and history of literature; v. 10), 1997.

（3）International Organization for Migration, *World Migration Report 2015*, 2015

（4）http://www.moj.go.jp/nyuukokukanri/kouhou/nyuukokukanri04_00057.html（二〇一七年十月一日検索）。

（5）Kofman, E. “Citizenship, Migration and the Reassertion of National Identity,” *Citizenship Studies*, Volume 9, Issue 5, 2005, pp.453-467.

（6）ヘイトスピーチとは、特定の人種や民族、もしくは特定の属性を有する個人や集団に対し、憎悪もしくは差別に対する意識や暴力を煽り、侮辱し、誹謗中傷し、脅威を感じさせること。

（7）ヘイトクライムとは、人種もしくは民族に係る特定の属性を有する個人や集団に対する偏見や憎悪がもとで引き起こされる暴力、暴行等の犯罪行為のこと。

（8）ブルーベイカー・R、佐藤成基・佐々木てる監訳『フランスとドイツの国籍とネーション：国籍形成の比較歴史社会学』（明石書店、二〇〇五年）。

（9）Soysal, Y. N., *Limits of Citizenship: Migrants and Postnational Membership in Europe*, University of Chicago, 1994.

（10）フレイザー・N、仲正昌樹監訳『中断された正義――「ポスト社会主義的」条件をめぐる批判的省察』（お茶の水書房、二〇〇三年）。

（11）西原博史『学校が「愛国心」を教えるとき――基本的人権からみた国旗・国歌と教育基本法改正』（日本評論社、二〇〇三年）。

（12）嶺井明子編著『世界のシティズンシップ教育　グローバル時代の国民／市民形成』（東信堂、二〇〇七年）。

（13）マイケル・W編著、石田淳・越智敏夫他訳『グローバルな市民社会に向かって』（日本経済評論社、二〇〇一年）。

（14）Orit Ichilov., *Citizenship and Citizenship Education in a Changing World*, New York: Routledge, 2013.

（15）不破和彦編訳『成人教育と市民社会：行動的シティズンシップの可能性』（青木書店、二〇〇二年）。

（16）北村友人「グローバル時代の教育――主体的な「学び」とシティズンシップの形成」（『岩波講座　教育　変革への展望1　教育の再定義』小玉重夫編、岩波書店、二〇一六年）。

（17）デイヴィッド・トレンド編、佐藤正志ほか訳『ラディカル・デモクラシー――アイデンティティ、シティズンシップ、国家』（三嶺書房、一九九八年）。

（18）ここではイングランドとウェールズを指す。

（19）初等教育では必修ではなく、注20のＰＳＨＥ内で扱われていた。

（20）ＰＳＨＥとは日本の学校教育のなかで道徳教育、保健・健康教育に相当する。

（21）小玉重夫『シティズンシップの教育思想』（白澤社、二〇〇三年）。

（22）お茶の水女子大学附属小学校「市民」設置や東京都品川区の教科横断的な取組み、さらには佐賀市教育委員会や和歌山県教育委員会などの取り組みがある。

（23）飯笹佐代子「多文化国家オーストラリアのシティズンシップ教育――「デモクラシーの発見」プログラムの事例から」（『オーストラリア研究』第一七号、二〇〇五年）五三―六七頁。

（24）オーストラリアでは各州によって教育制度や内容等が異なる。筆者は二〇〇六年にヴィクトリア州にてシティズンシップ教育の現地調査を行った。

（25）詳しくは、拙稿、「ポストナショナルな時代におけるシティズンシップ教育に関する一考察」（『公民教育研究』Vol.21、二〇一三年）七九―八八頁を参照のこと。

（26）Curriculum Corporation, *Australian Readers Discovering Democracy Middle Primary Teacher Guide*, Curriculum Corporation, 1999.

（27）Prior, W., "Civics and citizenship education," *Ethos: Volume 14*, 2006, pp.6-7.

詩人ジャン・コクトーの自己神話形成

――映画による分身の増幅

谷 百合子

たに・ゆりこ――大阪府立大学非常勤講師。専門は映画論。主な論文に『境界を越える詩人ジャン・コクトー――他芸術から映画への変容』（博士論文、大阪大学、二〇一六年）、「過去との出会い――映画『オルフェの遺言』のなかのコクトー」（『a＋a美学研究』第10号（大阪大学大学院文学研究科美学研究室、二〇一七年）などがある。

フランスの詩人ジャン・コクトー（一八八九～一九六三）は、ギリシア神話のオルフェウス物語を題材とする映画、『詩人の血』（*Le Sang d'un poète*, 一九三〇年）、『オルフェ』（*Orphée*, 一九五〇年）、『オルフェの遺言』（*Le Testament d'Orphée*, 一九六〇年）の三作で、オルフェウスに自らを重ね、分身を創造することを繰り返しながら自己神話を形成している。

はじめに

（1）研究の目的

フランスの詩人ジャン・コクトー（一八八九～一九六三）は、多くの分野で活躍した芸術家である。コクトーの映画作品が独創的であるのは、何よりもコクトーが他の芸術からの素材を自分流にアダプテーションしているからである。本稿の目的は、コクトーが映画という媒体を通して、自己引用を含むアダプテーションという作業を行いながら、いかに自己神話を形成したかを明らかにすることにある。コクトー監督の六本の映画作品のうち、その特徴が顕著に表れているのが、『詩人の血』（*Le Sang d'un poète*, 一九三〇年）、『オルフェ』（*Orphée*, 一九五〇年）、『オルフェの遺言』（*Le Testament d'Orphée*, 一九六〇年）の三作である。これらの分析を通して、コクトーの映画制作のあり方が時代ごとにいかに変化したかを見ていくとともに、コクトーが詩的創作の行為をどのようにとらえてきたのかを探る。

（2）アダプテーション

アダプテーションとは、一般に、原作となるテクストを別のジャンルに作り替えることをいう。リンダ・ハッチオンによれば、アダプテーションという語は、翻案された「プロダクト」と翻案の「プロセス」を両方指す言葉であると考えられる。[1]

「プロダクト」の評価はしばしば原作に忠実であるかどうかという基準で行われるが、こうした見解には、原作こそが優位にありアダプテーションはその二番煎じであるという固定観念がある。それに対しハッチオンは「創造性の欠如や、テクストを自分のものにして独立させる能力の欠如の観点で評価されるという考え方もある」ことを指摘する。本稿で取り上げる三本の映画には、斬新な構成と創造性があり、その事実はコクトーがアダプテーションをポジティブな創作行為として捉えていたことを示している。

さらにハッチオンは、作品を「受容する側」の「プロセス」にも目を向け、アダプテーションをインターテクスチュアリティの一形態ととらえている。このようなアダプテーションの観点から、原作とのつながりを読み、さらにコクトーの映画作品同士の関係に光を当てることによって、コクトーの自己神話とはいかなるものなのかが明らかになる。

一、自己を見つめる詩人

（1）映画作家としての出発点

『詩人の血』（一九三〇年）は、四十九分の中編トーキー映画であり、ジャン・コクトー監督の処女作として知られている。コクトーに映画制作の話を持ち掛けたのは前衛芸術家たちの庇護者であるシャルル、マリー＝ロール・ド・ノアイユ子爵夫妻である。シャルル・ド・ノアイユ子爵は、コクトーに一〇〇万フランを与え、彼の映画制作を支援した。コクトーは一九二〇年代に線描画を多く残していたため、それらの作品をもとにアニメーションを作る計画をノアイユ子爵から提案された。これがコクトーの映画制作の出発点である。コクトーにとって自身の線描画をもとにアニメーションを作るという仕事は魅力的であったに違いないが、アニメーションの技術はそう簡単に会得できるものではないということもコクトーは熟知していた。ノアイユ子爵からの提案をいったん先送りにしたコクトーは、再度この映画の制作話が出たとき、アニメーションではなく実写の映画を作りたいと申し出たのである。コクトーはこの段階ですでに「詩人」が主題の映画を構想しており、*La Vie d'un poète*（詩人の生涯）というタイトルでこの映画の制作が始められた。詩人とは何かという主題は、一九二〇年代半ばの線描画多作の時期に浮かび上がってきたものである。

(2) 書くことの苦悩

この映画との関連で特に注目すべき画集は、『鳥刺しジャンの神秘』（一九二四年）（以下、『鳥刺し』と略記）である。これは線描によるコクトー自身の肖像画集であるが、そのなかに言葉で作品をあらわせなくなった自分の状況を告白する文章がある。

> あるホテル――アルプ＝マリティーム県、ヴィルフランシュ＝シュル＝メールのホテル・ウェルカム――の小さな部屋で、偶然、テーブルが姿見付きの洋服箪笥の前に置かれていた。私は一人だった。同じ一つの顔を解き明かす数多くの方法を探し求めたのである。ところで、ずいぶん前からエドゥアール・シャンピオンに、手稿の複製という形で出版する作品を依頼されているのだが、もう物を書いていないので、私は余白に幾つかの書き込みをし、彼への不意のプレゼントとすることにした。(2)

「もう物を書いていない」という言葉には、コクトーの作家としての苦悩が表れている。ホテルの一室で鏡の前に座り、自身の疲れた顔を眺めながら、これまでの人生を振り返るコクトーの姿が想像できる。『鳥刺し』でコクトーは、自画像を描くという実践とともに、詩人としての自分を見つめなおそうとしている。額に皺を寄せ、苦しみが滲み出た詩人の顔は、こちら側を向いてわれわれ鑑賞者を睨みつけている。『詩人の血』の冒頭で、鏡を見つめ自画像を描いている詩人が登場するが、この詩人の姿は『鳥刺し』を創作中のコクトー自身の姿とそのまま重なる。

コクトーが自分自身を見つめるようになった直接的原因と考えられるのは、公私のパートナーである最愛の人レイモン・ラディゲの死（一九二三年）である。この出来事により、コクトーは意気消沈し、書くことに対する意欲を失った。そのようなコクトーの心情をよく表しているのは、『鳥刺し』の中にあるデッサンに添えられた文言である。

> 私の友は皆死んだ。友よ、どこにいる。どうしたらそこへ行けるのか。後生だ。闇の手を差し伸べてくれ。ヴィルフランシュ　一九二四年。(3)

友とは、ラディゲをはじめとする、すでにこの世を去った芸術家たちのことである。コクトーがいかに偉大な芸術家たちの作品を着想源としていたかがわかる。身近な存在でもあったラディゲを失ってから、コクトーは自己を見つめはじめ、作品も内向きのものになっていく。ヴィルフランシュのホテルでコクトーは、悲しみに浸りながら鏡を見つめ、そこに死んだ者たちの影を見出し、向う側の世界（＝死の世界）へ合流したいという欲望を抱き始める。こうして「鏡」が死の世界への扉となり、コクトー芸術の重要なモチーフとなる。

二、デッサンからデッサンアニメへ

（1）別世界への侵入

コクトーにとって死の世界への侵入とは、阿片中毒という別世界への下降をも意味している。コクトーはラディゲの死をきっかけに阿片に溺れることになるが、阿片によって自らが死の縁を体験することによって、友のいる死の世界へ近づこうとしていたかのようである。線描画多作の時期を経て、コクトーは、造形的でありかつ視覚的である別の新しいジャンル、映画の制作に着手する。『詩人の血』について語るコクトーの言葉にも、線描画と映画のつながりを意識させるような表現が見られる。

僕は、線描画家です。僕にとって自分が書いた作品を見たり聞いたりすること、それを造型的な形式で人々に分つというのは自然なことなのだ。映画を作るとき、僕が秩序立てる場面場面は、僕にとって動くデッサンであり、画家による情景の配置と等しくなるのです。（4）

コクトーが述べるように、実際に制作された映画がたとえ実写であったとしても、彼にとって映画は「動くデッサン」と等しく、デッサンを描くときと同様に自由な表現ができる視覚的芸術なのである。『詩人の血』は、コクトーのそうした映画に対する基本姿勢が最もよく表れている作品である。

（2）詩人の傷口

『詩人の血』では、そのタイトルが想像させるように、詩人の傷跡あるいは傷口が強調されている。身体に刻まれた傷やそこから流れ出る血というモチーフは、この映画の撮影の一年前コクトーが解毒治療中に執筆した日記『阿片』の線描画のなかにすでに見られる。この日記のなかでコクトーは、阿片という別の世界に浸る体験、あるいは死に近づく奇妙な体験を、言葉と線描画で表現している。たとえば、人物のわき腹に描かれている大きな傷や、傷口から溢れ出る血が描かれ、「傷口を通して（par la bouche de sa blessure）」という言葉とともにその流れ出る血が強調されている。身体に大きく開けられた穴（傷口）と、そこから流れ出る血を、我々は映画のなかでも見ることになる。

『詩人の血』は、コクトーのオフの声で「傷ついた手、あるいは詩人の傷跡」（La main blessée ou les cicatrices du poète）というタイトルが紹介されたところからはじまる。イーゼルに載せられたカンバスが、部屋の中央に置かれている。透けたカンバスの向こうに男の姿が見える。上半身裸で頭にルイ王朝風の鬘をかぶっているこの男が詩人である。

詩人がカンバス上に一本の線で肖像画（その特徴からおそらく自画像であると考えられる）を描き始めると、その肖像画の口が突然動き出す。詩人が急いでそれをかき消し、水が入った桶の中で手を洗おうとすると、水のなかからブクブクと空気があふれ出てくる。それは肖像画から手に乗り移った口からのものである。手に乗り移った口は、『阿片』のなかの線描画を想起させる。デッサン（dessin）が文字通り生気を吹き込まれ、デッサン・アニメ（dessin animé）となっている。

三、詩人と創作行為の本質

(1) 自画像から生まれたミューズ

自画像から詩人の手の平に移った口は、言葉を話し始める。口（傷口）が徐々にひとつの人格を持ち動き始めるのである。詩人は手の平の口が消え入るような声で「空気を」と囁くのを聞いて驚く。詩人はその要望に応えようと、手の平を窓の外に出し、口に新鮮な空気を吸わせようとする。そのあと、手の平の口と自分の唇をぴったり重ね合わせ力強い接吻をする。口はその後、詩人の上半身を舐め回す。詩人がその口を、彫像の口に押し当てるとその彫像が動き始める。

口や舌によるこれらの演出は、何よりもまず性的な交わりを想起させる。とりわけこの映画では、詩人（エンリケ・リベロ）は男性的な肉体を誇示する人物であり、反対に彫像（リー・ミラー）は若い女性の姿をしている。上記の一連の演出から、詩人と彫像の性的関係を見ることができる。青木研二は、この性的関係に着目しつつ、さらに解釈を深めている。たしかに、洗面器の水で溺れそうになった唇は女性的な声で「空気を！」としゃべるし、詩人が唇の移し替えに成功する相手も女の石膏像であるから、ここで彼がひとり芝居的に男と女が愛し合う光景を演じていると考えることはできる。しかしながら、手のひらの唇はもともとデッサンの自画像に由来するものであって、自己の直接的な分身である。根本的には自己の分身への愛、自他同一視を行なっている同性の対象へのホモセクシュアル的な愛が存在しているのであり、この唇に与えられた女性的なイメージは、一種のカムフラージュ的な役割を果たしていると思う。(5)

ここで重要なのは、接吻そのものが性的な交わりであると同時に自己愛的行為でもあるという点である。この行為の相手が「自分の作品に由来する口」である（しかもそれは自画像の口である）という点をもう少し踏み込んで考えてみる必要がある。つまり、この自己愛的な表現でコクトーは、自分自身の作品を着想源としそこから新たな作品を生み出すという創作行為の本質を物語っているのである。そのように考えれば、唇に与えられた女性的なイメージは、青木の指摘するようなカムフラージュというよりもむしろ、創作の着想源である「ミューズ」を想起させる演出であると考えられる。詩人はこのミューズに誘われ、鏡のなかの世界へと入っていくのである。

(2) 鏡のなかの世界

コクトーの作品中でオルフェウスの冥界下りと鏡が結び付けられたのは、この映画が初めてではない。絵画（《オルフェとユーリディス》一九二六年）や戯曲『オルフェ』（同年）にも、このアイディアが採用されている。したがって、『詩人の血』における鏡のなかへの侵入シーンは、上記の作品の延長にあるものと考えられる。

そのシーンは、詩人の部屋に彫像が現れたところから始まる。カメラは奇妙な空間を俯瞰しとらえている。彫像は水の入った桶のそばに立っている。次の瞬間、桶やベッドが姿を消し、扉が大きな姿見と化す。詩人は、彫像に鏡の中へ入るように促され、一気に鏡の中に飛び込むと、鏡の表面が液化し、水しぶきが飛ぶ。

実際、このシーンを撮影するためにコクトーは、水の入ったプールを用意した。ここで水が使われたのは偶然ではない。というのも、コクトーは、鏡に侵入する行為に水中に潜るイメージを重ね合わせているからである。詩人は潜水夫のように、暗闇を漂いながら、現実の世界から別世界（死・詩の世界）へ赴くのである。

四、独創的なアダプテーション

(1) オウィディウスの『変身物語』

コクトーは一九二〇年代初期から、作品の題材に古代ギリシア神話を積極的に取り入れ始める。オイディプスとオルフェウスの二つの物語は、コクトーがとりわけ好んでいたものである。そのなかでもコクトーは、後者の物語を通して、詩人とは何かという問題を提起し続けた。コクトーはオルフェウスという人物に詩人としての自分自身を重ね合わせながらこの物語を何度も語り直すなかで、自らの詩人像を発展させている。ヨーロッパで広く読まれているオウィディウスの『変身物語』(6)のなかのオルフェウス物語は、この神話の重要な主題を明らかにしてくれる。そのあらすじは以下の通りである。

主人公オルフェ（オウィディウス版の翻訳では「オルペウス」

となっているが、本稿ではコクトー版の「オルフェ」に統一する）は竪琴を奏でる楽人であり、その美声は自然界のあらゆるものを統一することができた。彼は水の精であるユーリディス（エウリュディケ）と結婚したが、彼女は蛇に噛まれ若くして死んでしまう。オルフェは妻を助けるために冥界へ赴く。オルフェは妻を地上へ連れ戻したいと歌を歌い、冥界の者たちに妻への愛を訴える。亡者たちはその歌に感動し涙を流す。冥界の王も王妃もオルフェの歌に心を打たれ、条件付きで妻を連れ帰ることを許す。このときオルフェに課された条件とは、谷あいを出るまで後ろから追いかける愛しい妻の顔を見てはいけないという試練であった。オルフェは順調に前に進み続けるが谷あいを出る直前、地上に出ようというまさにそのとき、妻が力尽きていないかが心配になり振り返ってしまう。その瞬間、後ろを追いかけてきていた妻は冥界へ引き戻される。この場面でオルフェと妻ユーリディスの愛の主題が浮かび上がる。

(2) 妻への愛からミューズへの愛へ

オウィディウスの物語で重要なのは、オルフェが後ろを振り返ってしまうのは彼の妻への愛ゆえだという点である。目と目を合わせる愛の行為が思いもよらない二人の別離の瞬間を生んでしまうという点にこの物語の悲劇性がある。一方、コクトーの戯曲『オルフェ』（一九二六年）は、オルフェと妻ユーリディスの口論ではじまる。ユーリディスはとりわけ、オルフェが応接室で飼い始めた白馬が気に入らない。この白馬こそがオルフェの詩の着想源であるにもかかわらず、オルフェが詩作に没頭し自分をないがしろにしていると妻は嘆く。この戯曲冒頭の二人の会話は、オルフェの詩への愛が妻への愛よりも上回っていることを示している。

オウィディウス版では、オルフェの竪琴と詩の才能は、あらゆる者から認められている。条件つきではあるがオルフェが冥界から生きて帰ることを許されたのは、まさに彼が竪琴の名手であり冥界の者たちを詩で魅了することができたからである。一方コクトーの戯曲では、オルフェの詩は妻ユーリディスにさえもその価値を認められておらず、彼が詩人としてスランプに陥っているようにさえ感じられる。この戯曲では、オルフェが詩人として生きることの難しさに直面している様子が表現されているのである。

コクトーの映画『オルフェ』（一九五〇年）では、その詩人の物語がさらに発展する。この映画で重要な役割を担っているのがプリンセスである。プリンセスは、同名戯曲の第六場で登場する死神をモデルとしている。戯曲では単なる死神であったこの人物が、映画ではヒロインとなって登場する。プリンセス（死神）の仕事は、人間を死の世界へ連れていくことであるが、自らの手下である詩人セジェストを利用し、ラジオから奇妙な詩を流すこともまた彼女の仕事である。オルフェはこの言葉を聞き取り、それをもとに詩を作る。したがって、プリンセスは、オルフェの詩作を助けるという点で彼のミューズであるといえる。

五、コクトーの芸術観

（1）他者の才能を吸収する

すでに名声を獲得している詩人オルフェが、若い才能ある詩人セジェストの言葉を書き取る行為は、一見、詩人としてのプライドに反するような行為であるように思われる。映画のなかで、オルフェはこの行為によって他の詩人たちの怒りを買い、盗作の罪で警察に訴えられる。このシーンには、創造行為には才能ある他の芸術家の存在が欠かせないという一貫したコクトーの芸術観が表れている。コクトーはここで自らの芸術観が周囲に批判される様子を描いているのである。しかし、コクトー自身は、そのような批判に屈したわけではない。コクトーは、そうした他者の才能を吸収し、新たな作品へと創り上げること（アダプテーション）こそが詩人には必要であり、それを助ける媒介者は詩人自身の内部にいると考えている。自己の内面へ誘うのがミューズ（プリンセス）であり、そこへ連れて行ってくれるのが天使ウルトビーズである。

（2）ナルシス神話との接点

自己の内面を見つめるという行為が詩作につながるという点が、コクトーの詩人観の特徴である。この映画ではそれを強調するかのように、鏡や水たまりに映る自己像に自分の顔を近づけているオルフェがクロース・アップで映し出される。これらのオルフェの顔の映像は、まさに水に映る自分の顔に接吻しようと顔を近づけるナルシスそのものである。

小林康夫は、モンテヴェルディの最初のオペラ『オルフェオ』（一六〇七年）を分析するなかで、オルフェウス物語が愛する者の瞳を「見ること」のドラマであることを述べながら、そこにはすでにナルシス的な意味が含まれていることを指摘する。

ここで呼び出されているのは、明らかに、ナルシスである。つまり、オルフェウスは、ナルシスとなるのであるが、しかしこのオルフェウス―ナルシスの連合はけっして二次的な効果というわけではない。むしろそれは、暗示的にではあるが、このドラマの核を射抜いているように思われる。オルフェウスは鏡を所持してはいなかったが、しかし、黄泉の国の出口近くで彼が振り返ったとき、彼が見出したのは、ほとんど自分の眼ではなかっただろうか。振り返って、一瞬、互いに相手の眼を覗き込むオルフェウスとエウリディーチェは、そこで、まるで互いの鏡像のように向かい合っていたのではないか。このドラマ全体を通じて、エウリディーチェは、言わばオルフェウスによって見られる対象としてだけ存在している。(7)

小林の議論によれば、モンテヴェルディの『オルフェオ』が想起させるように、そもそもオルフェが欲していたのは、自分自身を見つめる他人の瞳の中に、まさに自分の瞳を見ることであったのだと考えることもできる。オルフェウス神話のなかにすでにナルシス的要素が内在しているとすれば、コクトーがそれを発見し、際立たせようとしたと言ってもおかしくはない。

ナルシスが水面に触れ自分の映像を失い失望するのに対し、コクトーのオルフェは鏡の表面に触れ、それを通り抜けることによって、別世界へと侵入する。この鏡のなかの自分自身を眺めるナルシス的行為が別世界の探求へと転換する点にこそ、コクトーが表現しようとつとめていたものがある。

六、戯曲から映画への展開

(1) 映画技術と詩的世界

映画『オルフェ』においても、別世界への扉は「鏡」である。水ではなく水銀を鏡に見立てている点が、『詩人の血』の同シーンとの大きな相違点である。水銀を使用する利点は、その不透明性と反射性を利用して鏡の性質をそのまま再現することができること、またその表面に微細な波を作り出すことができることにある。カメラは、ゆっくりと鏡の内部へ侵入するオルフェの手をクロース・アップすることができる。侵入するその手は、水銀に反射し鏡のなかに像を形作る。手が鏡の表面に触れると微細な波が生じ、鏡が液化する映像ができあがる。

コクトーにとって鏡のなかの世界とは、詩的世界を意味する。したがって、鏡は映画のメタファーになっており、オルフェ(詩人)が映画技術を手にして詩的世界へ入っていく様子が表現されている。戯曲『オルフェ』では、オルフェ宅を中心として物語が展開するのに対し、同名映画では、鏡のなかの空間が可視化され、映画の登場人物たちは、二つの世界を行き来する。

(2) トリック撮影と反転の主題

この映画において、相反する二つの世界は様々な映画の技術を用いて演出される。その演出の主題は「反転」である。鏡への侵入を助ける手袋をオルフェが装着する場面に、まずこの主題が現れる。オルフェが手袋をはめようとそれを手に取ると、手袋のほうから自動的に裏返りながらオルフェの手に収まる。これは手袋を脱ぐ映像の逆回しの映像である。この奇妙な映像は、映画技術を手にした詩人はいとも簡単に内と外の反転、あるいは二つの世界の越境を行うことができることを表している。

さらに反転の主題は、映画の映像の生成過程を思い起こさせる。映画の映像はフィルムを通った光によってスクリーンへ投影されたものであるが、撮影される際に刻まれた映像とフィルムの映像は、ネガとポジの関係にある。これら二つの映像は白と黒が反転している。映画『オルフェ』には、この反転を意識させるかのような演出がいくつかある。たとえば、この映画の冒頭でオルフェが車でプリンセスの館へ連れて行かれるシーンで、車内で会話をするオルフェとプリンセスの背後で、車外の景色が突然、白黒反転した映像に変わる。この演出によって、現実が突如別の世界に変わる様子が表現されている。

また、プリンセスがユーリディスを死の世界へ送るためにオルフェ宅を訪れるシーンにも、この反転の主題が見られる。ウルトビーズにオルフェへの恋心を非難されたプリンセスが怒りを露わにした瞬間、彼女のドレスの色が黒から白に変わる。その直後また、黒に戻る。そしてこのシーンの終わりに、プリンセスが鏡を割って死の世界へ戻って行こうとするとき、ドレスの色がまた白へ変わる。

これらすべての反転の演出は、映画のトリック撮影が可能にしたものである。つまり、コクトーはこの映画のなかで様々な仕方で映画技術そのものをクロース・アップしているのである。コクトーが古代ギリシア神話を映画で再生したのは、何よりもこうした映画技術が、目に見えない鏡のなかの世界を様々に可視化し、豊かな詩的世界を見せることを可能にするからではないだろうか。

七、自らの過去を記録する

(1) ドキュメンタリー映画の構想

変容するコクトーのアダプテーションの最終形態は、映画『オルフェの遺言』(一九六〇年)である。この映画も、『詩人の血』や『オルフェ』と同様に詩人が主人公の物語であるが、それらの単なる続編ではない。この映画では、コクトー自身が主人公の詩人を演じている。物語の筋も、詩人が冥界へ赴くという原作のものからはかなり逸脱している。

『オルフェの遺言』は元々、コクトーの晩年の創作活動を記録するドキュメンタリーとして構想されていた[8]。当初コクトーが題材として取り上げようとしていたものは三つある。一つ目はヴィルフランシュ＝シュル＝メールにあるサン・ピエール礼拝堂内部の壁画制作、二つ目はマントン市役所の『婚礼の間』の壁画制作、そして三つ目が映画制作である[9]。様々な問題からこの構想は実現せず、そこで集められた素材、とりわけその第三の部分が、映画『オルフェの遺言』として結実したと考えられる。

(2) コクトーの作品

コクトーは晩年、資産家でコクトーの庇護者でもあったフランシーヌ・ヴェズヴェレール夫人の邸宅で、創作活動を行った。このサント・ソスピール荘とその周辺が、この映画の舞台である。ヴェズヴェレール夫人がこの映画に登場するのは、コクトーが自身の創作活動において欠かせない人物をも画面に収めようとしたからではないだろうか。この邸宅入口には、コクトー作のモザイク装飾が配されており、この邸宅でコクトーが制作したと思われる絵画も画面のなかに収められている。この映画では、自分の作品に囲まれる晩年のコクトーの姿を見ることができる。

『オルフェの遺言』で見ることのできるコクトーの作品は、絵画や建築装飾だけではない。コクトー作の演劇や映画の作中人物たち（とりわけ映画『オルフェ』の人物たち）がこの映画のなかに集結している。これらを演じるのは、長年コクトーの作品を支えてきた実際の俳優たちである。コクトーは、作中人物だけでなく、それらを演じてきた俳優をも映像によって記録しようとしていたことがわかる。この映画のなかでコクトーは、自らの過去の作品とともに自らの芸術家人生をたどり直そうとしているかのようである。

八、過去の作品から新たなフィクションへ

(1) 失われた過去を再生する

ドキュメンタリーの要素を残しながらも、『オルフェの遺言』は、まぎれもないフィクション映画である。この映画には、詩人（コクトー自身）が時空を越え、旅をしながら自らの過去の作品に出会うという物語の筋がある。

詩人が初めに出会うのは、馬の頭をした人間である。これは、戯曲『オルフェ』で詩人の着想源であった白馬を思い起こさせる。詩人はこの馬頭人を追いかけるうちに、廃墟へと辿り着く。そこはジプシーたちの溜まり場である。少女のひ

とりが一枚の写真を焚き火で燃やしている。その写真は燃えているように見えるのだが、よく見ると逆回しのトリックによって元の写真へ戻っていることがわかる。少女によって一枚の写真が再生されると、そこにはコクトーの映画『オルフェ』に登場するセジェストが写っている。ジプシーの女がその写真を破り、それを詩人に渡す。詩人はそれを持ってその場から立ち去る。詩人が写真片を海へ投げ捨てた瞬間、水面から生身のセジェストが立ち現れる。

フィルムの逆回しによって、記憶の断片としての写真から作中人物が登場する様子が、まるでイリュージョンであるかのように演出されている。このシーンは、映画は現実の再現であるだけではなく、現実の断片が様々な方法で操作されることによって豊かなフィクション世界が生まれることを示唆している。

(2) ハイビスカスの花と詩人の血

海から登場したセジェスト(デルミット)は、詩人を詩人自身の作品との出会いへと誘う。詩人とセジェストが初めに訪れるのは、コクトーの晩年の住処であるサント・ソスピール荘である。サント・ソスピール荘で自らの作品と出会った詩人は、何も書かれていない黒板にハイビスカスの花を描こうとする。逆回しのトリックによって、ハイビスカスの画があたかも自分自身で自然に立ち現われたかのように黒板上に描かれていく。しかしながら、出来上がった画を見れば、それはコクトーの自画像になっていることがわかる。セジェストは「画家というのは、いつだって自分の肖像を描いているものなのですよ。どうやってみても、あなたにこの花は描けないでしょう」という。詩人は「クソ!」と言い、ハイビスカスの花をちぎり、地面に叩きつけ踏みつける。

この対話のなかにコクトーの創作行為に対する考察を読み取ることができる。ハイビスカスの花は詩人の着想の源である「作品」を表している。詩人はその美しさに魅了され、これを観察しながら、忠実に描こうと努力する。しかしながら、描いたものはどうしても自画像になってしまう。このシーンは、コクトーが既存の物語を常にコクトー流に変化させて再生してきたことを想起させる。

ちぎられた花はその後、詩人自身の手で再び元の姿に戻る。これも、逆回しのトリックによる再生である。セジェストは、「この花はあなたの血からできています」と詩人に告げる。このセジェストの台詞は、作品に自らの血を通わせることによってそれを再生させるという詩人の創作行為を肯定的にとらえるものであり、独創的なアダプテーション(プロダクト)の可能性を示唆してもいる。

さらに、この映画の最後に、地面に付着した詩人の血とハイビスカスの花がクロース・アップで画面のなかにとらえられている映像がある。この映画は白黒であるが、この血と花の部分のみが赤く着色される。このカメラのクロース・アップと赤い色の演出は、詩人の血が通っている花（作品）を強調していると考えられる。

九、新しいフィクションの形態

(1) 虚構世界とその暴露

この映画の中心には、作者コクトーと作中人物の対話という虚構の出来事がある。一見、現実には存在しないような場面の連続を目にする観客は、しかしながらこの対話が実はコクトーとコクトーの映画を支える人々との対話であることに気付く。

詩人がはじめて言葉を交わす人物は、セジェストである。詩人がセジェストに「前は金髪だったはずだが」といえば、セジェストは「映画の中だったからです。いまは実際の人生のなかにいるのです」と答える。この台詞が意味するのは、エデュアール・デルミットという俳優としての顔の暴露である。この台詞は、セジェストという作中人物のいる物語世界がフィクションであることを露呈しており、俳優エデュアール・デルミットという実在の人物の顔を露わにし、現実の一部分が顔をのぞかせたかのように観客に思わせるのである。

しかし、まさに今われわれ観客の目の前に映し出されているこの男は、コクトーの養子であり晩年をともに生きたパートナーである実在のエデュアール・デルミットではありえない。この男は、われわれ観客にとって、セジェストを演じるデルミットであり、デルミットを演じるデルミットでもある。コクトー同様デルミットも名と顔が世間に知られているので、彼の顔を見た観客はこの人物が彼自身であると同定できる。したがって、ここからコクトーとデルミットの対話という新たなフィクションが生まれる。要するに、この映画に登場する人物たちは、役柄と俳優という二重のアイデンティティを持っているということができる。

(2) 分身と増幅

作者コクトーは、周囲の実在の人物たちと対話をすることによって、現在の自分自身と向き合っている。詩人を演じるコクトーが自分の分身に出会うシーンは、まさにこの主題を強調している。エドガール・モランによれば、自分の分身を生み出すことは、人間の根源的な行為であると考えられる。(10) コクトーはこの映画のなかで、自己を見つめるという主観的な行為を行いながら、コクトーを見つめる他者を映画のなかに集結させることによって自分を客観的にとらえようともしている。モランは、そうした主観化と客観化の交わるところに分身が立ち現われるのだと述べている。そのように考えれば、この映画の構成自体がまさに分身の世界を構築しているのだということがわかる。

人間は太古から作品を通して分身を作り上げる行為を繰り返してきたとモランは言う。自画像は近代における写真技術の登場によってさらに写実的なものになったといえるが、まさに写真の延長線上に位置する映画を通して、コクトーは、消え去ってしまったかに思われた過去の断片を集結させることによって、生き生きとした、動きを伴う、分身の世界を構築することに成功している。

おわりに

(1)自己神話の創造

コクトーは、『詩人の血』(*Le Sang d'un poète*, 一九三〇年)、『オルフェ』(*Orphée*, 一九五〇年)、『オルフェの遺言』(*Le Testament d'Orphée*, 一九六〇年)の三作で、古代ギリシア神話のオルフェウス物語を題材とし、自己引用を含むアダプテーションという作業を繰り返しながら、詩人とは何かについて考察してきた。映画の持つあらゆる表現方法を駆使して、言葉を換えれば、虚構をうみだす技法のかぎりを尽くして、ジャン・コクトーという人物を再構成し、分身の世界を見せようとしている。この作業こそが、まさしくジャン・トゥゾのいう「自己神話(automythographie)」の創造ではないだろうか。[11]

トゥゾによれば、自己神話とは、自らの人生を単に物語化することを意味するのではなく、理想とする詩人像を作り上げることによって嘘(虚構)を重ねることを意味すると考えられる。家山也寿生は、このトゥゾの考察がコクトーの自己神話の虚構性を明らかにしようとしている点には意義があるが、コクトーの人生における事実と彼が生涯を通じて作り上げた自己神話の間に齟齬があることを発見することには伝記的研究以上の意味はないと言う。家山が述べるように、「神話的なレフェランスを横糸にしてみずからの生を脚色し、ひとつの物語を織り成してゆこうとする(…)そういう語り手は存在しえる」[12]ことは確かであり、そうした物語の語り手を設定し、神話を作り出そうとしている作者コクトーの創作プロセスこそ問題にすべきなのである。

(2)後世の詩人たちへの遺産

コクトーの自己神話形成は、コクトーの死によって終わるのではない。この変容する物語は、将来、別の詩人によって利用され、加工されることが期待されている。それが可能となるためには、この芸術的遺産を後世の詩人たちへ受け継いでいく必要がある。コクトーが述べるように、映画には一度に大勢の人に同じ夢を見させることができるような特徴がある。コクトーが自己神話形成の素材に映画を選んだのは偶然ではなく、映画がこの目的にかなうメディアだったからである。『オルフェの遺言』の冒頭のナレーションにも、そのことを意識させる文言がある。コクトーはそのナレーションの最後に、この映画は「ひとりの詩人が、常に変わらず自分を支持してくれた次の世代の若者たちに残す、かたみの品」であると述べている。個を見つめるということが近代特有のテーマであるとすれば、コクトーはそのテーマを、近代に生まれた映画というメディアを通して、追求しようとしている。一方で、彼の自己神話形成には、分身の増幅というバーチャル世界に見られる特徴も含まれている点には、コクトーの現代性を読み取ることもできる。

注

（1）リンダ・ハッチオン『アダプテーションの理論』（片渕悦久・鴨川啓信・武田雅史訳、晃洋書房、二〇一二年）一〇一一頁。Linda Hutcheon, *A Theory of Adaptation*, Routledge, 2006.

（2）ジャン・コクトー『鳥刺しジャンの神秘』（山上昌子訳、求龍堂、一九九六年）一四頁。Jean Cocteau, *Le Mystère de Jean l'oiseleur*, Edouard Champion, 1925.

（3）同書、六六頁。

（4）ジャン・コクトー『シネマトグラフをめぐる対話』（高橋洋一訳、村松書館、一九八二年）一九頁。Jean Cocteau, *Entretiens sur le cinématographe*, P. Belfond, 1973, posthume.

（5）青木研二「コクトーの『詩人の血』」（『茨城大学教養部紀要（28）』茨城大学教養部、一九九五年）一三九頁。

（6）オウィディウス『変身物語（下）』（中村善也訳、岩波文庫、一九八四年）五八―六三頁。

（7）小林康夫『表象の光学』（未來社、二〇〇三年）三三頁。

（8）Francis Ramirez, Christian Rolot, *Jean Cocteau: le cinéma et son monde*, Non lieu, 2009, p.125.

（9）*Ibid.*, p.126.

（10）Edgar Morin, *Le Cinéma ou l'homme imaginaire: essai d'anthropologie sociologique*, Éd. de Minuit, 1956, p.33. エドガール・モラン『映画――想像のなかの人間』（杉山光信訳、みすず書房、一九七一年）。

（11）Jean Touzot, *Jean Cocteau: le poète et ses doubles*, Bartillat, 2000, p.172.

（12）家山也寿生『ジャン・コクトーにおける神話の変容』（早稲田大学、二〇〇八年）二四三頁。

〔III 「神話」の今日的意義――回帰、継承、生成〕

神話の今を問う試み――ギリシア神話とポップカルチャー

庄子大亮

しょうじ・だいすけ――佛教大学・神戸女学院大学等非常勤講師。専門は神話伝承の意味と影響。主な著書に『アトランティス・ミステリー――プラトンは何を伝えたかったのか』（PHP新書、二〇〇九年）、『世界を読み解くためのギリシア・ローマ神話入門』（河出書房新社、二〇一六年）、『大洪水が神話になるとき』（河出書房新社、二〇一七年）などがある。

本章では、ギリシア神話の継承を例に、アメリカや日本のポップカルチャーにおいて姿形を様々に変えながら、創作物を培養したり、諸文化要素を縦横に結びつけたりするような、現在進行形の神話の在りようについて概観していく。そして「神話」という人間の文化活動について、古代から現代までを視野に入れ理解を深めていく糸口を模索したいと考える。

はじめに

二〇一七年、アメリカで映画『ワンダーウーマン』（パティ・ジェンキンス監督）（**図1**）が大ヒットを記録した。アメリカン・コミックを原作とするこの映画の主人公ダイアナは、第一次世界大戦中のヨーロッパを舞台に活躍するのだが、彼女は古代ギリシア神話に語られる女だけの戦闘的部族アマゾン族の王女という設定である。[(1)] 「ダイアナ（Diana）」という名も、狩猟の女神アルテミスのローマでの呼び名ディアーナに由来する。そして彼女の宿敵が戦いの神アレスである。アルテミスもアレスも、ギリシア神話の「オリュンポスの十二神」に属する神だ。このように、ギリシア神話がポップカルチャーにおいて生き続けている。

二〇〇〇年以上前の古代人が生み出したギリシア神話が、現代のポップカルチャーへと、どのように、そしてなぜ受け継がれているのだろうか。こうした観点から、本章では神話の今について一考を加えてみたい。西洋および日本で知られているギリシア神話を中心に論じるが、「神話」全般に敷衍されるような論点も出てくることだろう。また、「神話」とは何かという困難な定義の問題も承知しているのだが、ある文化や共同体のもとで共有され、様々な形で影響力を有する伝統的な物語と関連イメージを「神話」と捉えることを大前提としつつ、その継承を考えていくことで、「神話」の現在進行形の在りようを理解したいと思う。

一、ギリシア神話とは何か

（1）ギリシア神話の成り立ち

本章でいう「ギリシア神話」とは、古代ギリシア文明の時代（前八世紀～前四世紀）に伝えられていた、神々と英雄にまつわる物語とイメージ表現の総称である。ただし、のちのローマや、さらには現代における継承も視野に入れつつ「ギリシア神話」と言及する場合もある。

図1　『ワンダーウーマン』（Blu-ray、ワーナー・ブラザース・ホームエンターテイメント、2017年）

　ギリシア神話における神々は、太古から当代に至るまで諸事象に影響を及ぼしてきた畏怖すべき存在であった。人間の姿をしていると想像され、人間の良いところも悪いところも強調・拡大して投影されたような性質を有してもいた。天空神ゼウスをはじめとする主な神々は、実在するオリュンポス山の上に住まうと想像され、オリュンポスの十二神と呼ばれた。オリュンポス神族は、先行した巨神族ティタン（タイタン）と争って勝利し、世界を治めるようになったという。またギリシア人は、神の血をひく優れた人間、すなわち「英雄」たちが大昔に実在したと考えた。そして、世界の成り立ち、昔の人間界を、神々と英雄たちの物語で説明したのである（歴史性の強い英雄の物語を「英雄伝説」として、神々についての神話と区別する考え方もあるが、古代ギリシア人自身は区別していなかった。ここでは総合的に神話として扱う）。そこには、大昔の先住民の伝統（前三〇〇〇年紀以前）、移住民と先住民との争いや混淆によるギリシア民族形成と王国分立時代の記憶（前二〇〇〇年紀）が口承によって投影されていると思われる。

　ギリシア人は、諸事象の原理を司る存在として神々を崇め続け、また偉大な先祖とされる英雄たちを讃えながら、神話を語り継いだ。世に神話を広めたのが、祭典などで物語を歌った詩人たちである。最も有名なのが、トロイア戦争について歌ったホメロスだろう（前八世紀頃）。彼らの口承詩は、のちに文字に書き下されて後世に伝わった。祭典で上演された演劇でも神話が題材とされたし、神殿など公共の場の彫刻や絵画、日常生活で目にしただろう陶器の装飾画などに囲まれ、人々は神話と共に生きていた。そして様々な理念や価値観を神話で表現し、神話で思考し続けたのである。

ギリシア神話は、一人の王や一つの国の意図に沿って統一的に編集されたわけではないし、正典にまとめられたわけでもない。それぞれの土地の言い伝え、権力者の意向、詩人や著述家や壺絵作者の解釈・改変・創作付加などを絶えず反映しながら、多様な物語が生み出された。だから数多くの異伝、矛盾もある。しかしそれゆえ、ギリシア神話は物語とイメージがたいへん豊かなのだともいえる。

たとえば、神話に登場する怪物などの存在については、おそらく人々の間でも信じている度合いに差があったと思われるが、彼らは神々の世界への影響と、過去における英雄の実在とを基本的に信じていた。古代神話は誰がいつ語り始めたのかわからない。だからこそ古来の「本当の事」として伝統化した中核（基本的な神々のイメージ、トロイア戦争のようなエピソードの枠組み）が定まっていたうえで、先述のように解釈や創作が付け加えられつつ、人々が受け入れたものが定着し、また新たな伝統となっていった。

(2) ギリシアからローマへ

ギリシア文化を受容しつつ発展したイタリアのローマが、前二世紀にギリシアを征服する。さらに地中海世界を支配し、のちのヨーロッパの土台を築いた。ギリシア文化と、それを受け継いでときに発展させたローマの文化が、西洋文化の基礎である。このローマの神々や神話は、ギリシアのそれと重ね合わされるなど、ギリシアの影響を強く受けていった。そのため、たとえばゼウスはローマのラテン語では「ユピテル（Jupiter）」（英語でジュピター）と呼ばれるように、ほぼ同じイメージの神について複数の呼び名が並存している場合がある。もちろん、ローマ独特の神話要素も残ったし、神話物語はより豊かになったといえる。たとえばローマの詩人オウィディウスが多くの神話をまとめた『変身物語』は、後世の芸術に多大な影響を与えている。ときに「ギリシア・ローマ神話」と併記されるのは、こうした事情をふまえた呼び方であるが、ここでは混乱を避けて「ギリシア神話」という呼び名に統一する。

（3）古代神話の継承

ローマ帝国時代、東地中海沿岸部において一神教のキリスト教が誕生し、迫害されながらも信者を増やし、紀元四世紀にはついに国教となった。ローマ帝国が解体しても、キリスト教はヨーロッパの宗教として浸透・定着したわけだが、そのキリスト教のもとでも古代の多神教の神々は消え去ることなく受け継がれた。キリスト教以外の神々はたとえば、「死後に崇められた太古の偉人や権力者、つまり人間のことだから キリスト教の唯一神とは矛盾しない」と考えられ、その物語が語られ続けたのである。また神々と神話は、自然や宇宙の力を象徴したものであるとも理解され、星の象徴や星座の由来説明としても残ったし、神々は人間の徳などを擬人化したものであるという寓意解釈が強調されることもあった。

そして、ギリシア神話にあらためて強く関心が向けられるようになった画期が、十四〜十六世紀頃にイタリアから各地に広まった古典復興、すなわちルネサンスの時代である。芸術家や著述家が、もともとの神話を強く意識しながら、様々な表現に活用して受け継ぎ、西洋文化の重要な要素としてギリシア神話を定着させたのだ。

一方、神話は近世・近代の学問発達に伴い研究対象にもなって、その背景や意味が多様な観点から捉えられるようになった。考察の対象は世界中の神話に及んでいくが、その中心にあったのは、やはり西洋文化の大いなる源泉たるギリシア神話だったといえる。また、神話自体は虚構と考えられるようになっていたわけだが、一八七三年、先述のホメロスが伝えていた戦争の舞台、トロイア遺跡が発掘され、遥かな太古をイメージして語られた神話の背景にはときに歴史的事実があることが明らかとなって、大きな反響を呼んだ。このように神話は、芸術、学問、古代のロマン等々、様々な関心のもとに受け継がれてきたのである。

二、諸例を眺める

では続いて、こうして継承されてきたギリシア神話が、現代のポップカルチャーにおいても影響を与えたり利用されたりしている諸例を見ていこう。神話の今に着目してみるということで、ここ二十年間ほど、九〇年代後半からの例を中心に扱う。(2) また、多彩なポップカルチャーが生み出されているアメリカ合衆国と、読者にとっても身近だろう日本のケースを念頭に見ていこうと思う。ただし全てを網羅することは不可能であり、以下に述べるもの以外の例を想起される読者もいるだろう。それほどにギリシア神話は浸透しているのだと実感しながらご覧いただきたい。

（1）小説、コミックやアニメーション

そもそも欧米では、自文化の遡源の重要な要素として早期から学校で古代神話を学ぶので、若年層の時点である程度の知識を得ているはずだが、多くの子供たちが熱心に読んだ、二十一世紀型のギリシア神話といえそうなのが、児童小説の『パーシー・ジャクソンとオリンポスの神々』である。アメリカ合衆国の作家リック・リオーダンによる、半神半人デミゴッドの少年パーシー（神話の英雄ペルセウス（Perseus）に由来する名）の活躍を描いたファンタジー小説のシリーズ（全五巻、二〇〇五～〇九年）で、映画化もされている（二〇一七年時点で映画が二作）。また、続編『オリンポスの神々と七人の英雄』も刊行され、二〇一四年に完結している（全五巻）。ギリシアの神々が今も存在しているという世界観のもと、神々が住むオリュンポスがエンパイアステートビルの六〇〇階にあるとされるなど、ギリシア神話を現代化した作品になっている。本作は、ハリー・ポッターの後を継ぐようにして広範に読者を獲得した。

次にコミックやアニメーションに目を向けてみよう。アメリカン・コミックには代表的な出版社が二つある。スーパーマンやバットマン、先述のワンダーウーマンなどを生み出したDCコミックスと、アイアンマンやスパイダーマンを主人公とする作品で知られるマーベル・コミックスの二つであるが、どちらのコミックにもギリシア神話に由来するキャラクターが多数登場する。DCコミックスでは『ワンダーウーマン』のアレスが既出だが、マーベル・コミックスでも、ギリシア神話において最も多くのエピソードをもつ英雄ヘラクレス（ラテン語での呼び名を経て英語でハーキュリース）などが登場する。また最近、作家・イラストレーターのジョージ・オコナーによって、オリュンポスの神々の由来などを描いたグラフィック・ノベル（大人の読者が対象とされるコミックをときにこのように呼び分ける）の『オリュンピアンズ』シリーズが刊行中で、好評を博している。アニメーションでは、ディズニーのアニメ映画『ヘラクレス』（一九九七年、ジョン・マスカー、ロン・クレメンツ監督）が有名な例だろう。その続編としてTVアニメシリーズも製作されている。

コミックやアニメといったとき、日本でも、たとえば『聖闘士星矢』でギリシア神話のイメージにふれたという人が多い。『聖闘士星矢』は、もともと車田正美によって『週刊少年ジャンプ』に連載された漫画であるが（一九八六～九〇年）、アニメ化もされ人気を得て、その後、漫画・アニメともに世界観が少々変わったりしながら続編が生み出され続けている。ギリシア神話と星座が、物語とキャラクターのモチーフ

になっていて、主人公の星矢は「ペガサス」の聖闘士である。また、神々の名を耳にすると、竹内直子作の漫画・アニメ『セーラームーン』を思い浮かべる人も多いようである（漫画連載は『なかよし』にて一九九二〜九七年）。本作は、月の女神セレネと美しい青年エンディミオン（エンデュミオン）の神話が設定のモチーフになっているほか、主要キャラクターの名やイメージが、マーキュリー（水星）やヴィーナス（金星）といった神名（ラテン語経由の英語名）・惑星名に由来していた。こちらも今に至るまで、続編や派生作品が生み出されており、古代神話のイメージを一般に浸透させている。さらにこれらのアニメが海外でも放映されて、ギリシア神話のイメージが欧米に逆輸入されるという現象も起こり続けている。後述するアメリカ映画『タイタンの戦い』（二〇一〇年）の監督でフランス出身のルイ・レテリエは、『聖闘士星矢』の大ファンだったという。

(2) ゲーム

視覚的に神話にふれるものとしては、コンピュータ・ゲームを見過ごせないだろう。ギリシア神話の世界観をもとにした作品で、アメリカのみならず世界でヒットした3Dアクション・アドベンチャーゲームが、『ゴッド・オブ・ウォー』シリーズである（二〇〇五年〜、SCEサンタモニカスタジオ）。また、歴史上の戦闘や兵器を扱ったストラテジー・ゲーム『エイジ・オブ・エンパイア』から派生した『エイジ・オブ・ミソロジー（Age of Mythology）』はギリシア神話（および北欧神話、エジプト神話）を題材にしている（二〇〇二年、アンサンブルスタジオ）。本来は関係のなかったものに神話の設定が求められたように、ゲームにおいても神話希求が強くあるようだ。ゲームの「プラットフォーム」としてはスマートフォンやタブレットが重視されるようになっているが、日本でヒットしたスマートフォン向けパズル・ロール・プレイングゲーム『パズル・アンド・ドラゴンズ』（いわゆるパズドラ、二〇一二年〜、ガンホー・オンライン・エンターテイメント）をはじめ、ギリシア神話の神々や英雄、怪物たちがゲームに数多く登場し続けている。

(3) 実写ドラマや映画

続いて実写作品を挙げよう。神話を題材にし、アメリカで人気を得たTVドラマシリーズに、『ヘラクレス（Hercules: The Legendary Journeys）』（一九九五〜一九九九年）およびそれから派生したもので女戦士ジーナを主人公にした『ジーナ（Xena: Warrior Princess）』（一九九五〜二〇〇一年）がある。他にもミニドラマシリーズやテレビ映画として、英雄たちが協力して宝物を探し求める「アルゴ船の冒険」や、トロイア戦争後に祖国へ帰還するオデュッセウスの冒険（ホメロスの『オデュッセイア』）を題材にしたものなどが数多く製作されている。

映画では、特にホメロスの『イリアス』を念頭にトロイア戦争を描いた『トロイ』（二〇〇四年、ウォルフガング・ペーターゼン監督）がある。また往年の名作映画に、ペルセウスの物語をもとにし、特撮技術の巨匠レイ・ハリーハウゼンが製作に携わった『タイタンの戦い』（一九八一年）（**図2**）があったが、二〇一〇年に同タイトルでリメイクされ（ルイ・レテリエ監督）、その続編として『タイタンの逆襲』も新たに製作されている（二〇一二年、ジョナサン・リーベスマン監督）。さらに、英雄テセウスを主人公にした『インモータルズ——神々の戦い』（二〇一一年、ターセム・シン監督）、ヘラクレスを主人公とした『ヘラクレス』（二〇一四年、ブレット・ラトナー監督、原作はスティーブ・ムーアのコミック『ヘラクレス——トラキア戦争』）、『ザ・ヘラクレス』（二〇一四年、レニー・ハーリン監督）と、世界最大の物語産業といえるだろうハリウッドにおいてギリシア神話が求められ続けているのである。(3)

図2　『タイタンの戦い』(Blu-ray、ワーナー・ブラザース・ホームエンターテイメント、2010年)

（4）ＳＦ

大衆文学、コミック、映画などにまたがるアメリカ的ポップカルチャーのジャンルとして、ＳＦ（サイエンス・フィクション）が挙げられよう。起源については諸説あるが、アメリカにおいて最も発達したジャンルである。遥か昔に語られたギリシア神話は、未来を意識するＳＦにまで直接的な影響を及ぼしている。たとえば、ダン・シモンズの小説『イリアム』（二〇〇三年）（**図3**）、『オリュンポス』（二〇〇五年）は、数千年先に地球化された火星で神々や英雄たちがトロイア戦争を再現するかのように戦うという設定から物語が展開する。彼のそれ以前のＳＦ小説『ハイペリオン』（一九八九年）、『ハイペリオンの没落』（一九九〇年）、『エンディミオン』（一九九六年）も、詩人ジョン・キーツなどを介したギリシア神話が着想源だった。

またＳＦといえば、近年ではギリシア神話のイメージが底流にある『プロメテウス』という映画があった（二〇一二年、リドリー・スコット監督。『エイリアン』シリーズの前日譚に位置づけられる）。作中ではプロメテウスとは何かという説明は特にないのだが、プロメテウスなる神（英雄）が人間を創り出したという神話の伝えから、タイトルが人類誕生の秘密を暗示していた。古くは映画『二〇〇一年宇宙の旅』（一九六八年、スタンリー・キューブリック監督）もそうだが、こうしたSF作品には、人類はどこから来たのか、文明はどのように誕生したのか、といった壮大な問いに答えようとする現代の起源神話のような趣きが感じられる。神話はこうした点でもSFにインスピレーションを与え続けそうである。(4)

図3　『イリアム』（上）（酒井 昭伸訳、ハヤカワ文庫、2014年）

(5) ポピュラーミュージック

他に影響力あるジャンルとしてポピュラーミュージックを取り上げよう。アメリカのシンガーソングライターで、世界的な人気を誇るレディー・ガガには、美と愛欲の女神アフロディテに言及した『G.U.Y』、アフロディテのローマ名に由来する『ヴィーナス』という曲がある（二〇一三年）。両曲のミュージック・ビデオの演出も、古代ギリシアや神話イメージを意識したものとなっていた。もちろん題材は女神ばかりではない。同じくシンガーソングライターのサラ・バレリスにはヘラクレスのような力強い存在をイメージした楽曲『ヘラクレス』がある（二〇一三年）。ロックバンドのスライスThriceには、父親ダイダロスの忠告を聞かず空高く飛んだために墜落して死んでしまったイカロスの物語を題材にした楽曲があり、イカロス視点で歌われるのが『メルティング・ポイント・オブ・ワックス』（二〇〇三年）、ダイダロス視点で作詞されたのが『ディーダラス（ダイダロス）』（二〇〇八年）である。若者の暴走のように解釈できるイカロスのイメージは、ロック系のアーティストに特に人気があるようで、古くから多くの楽曲の題材となっている（最も有名と思われるところでは、イングランドのヘヴィ・メタルバンド、アイアン・メイデンの『イカロスの飛翔』一九八三年）。

日本では、神話への興味を喚起した例として、音楽ユニットのサウンドホライズンがギリシア神話の世界観に基づいて制作したアルバム『Moira ミラ』（二〇〇八年）がある。サウンドホライズンは物語性のある楽曲を特徴としており、本作で展開するのはギリシア神話のイメージを借りてのオリジナルな物語で、ファンの間でもその解釈について様々な意見があった。本来のギリシア神話とは異なるのだが、もともと神話が歌われるものであったことや、様々な解釈・改変が絶えず加えられるものだったことを思い起こさせる。この例に限らず、大きな改変や創作が加わったとしても、ギリシア神話のDNAを受け継いでいるようなものが数多くある。

三、継承の背景

(1) 大衆消費社会とギリシア神話

なぜ、これほどにギリシア神話は様々な形で継承されているのだろうか。まず端的にいえば、西洋においてよく知られているから、何かにつけて参照されるのは当然だという見方があろう。もちろんそれは大前提としてふまえつつ、さらなる要因を考えてみたい。

人間は普遍的に、諸現象を神格化したり擬人化したり、万物にイメージで個性を与えたり、特別な存在である神々や英雄が活躍する物語に心躍らせたりしてきた。そして現代、文化の大衆化、ポップカルチャーの発展に伴って、右記のような営為についての表現手法や楽しみ方が多様化し続けている。また、何らかの創作活動によって自己表現しようとする者たち、それに関わる者たちが、プロだけでなくアマチュアとしても増え続けている。こうした活動は、インターネットを駆使した情報発信・受信がますます容易になっていくのに伴い、衰えることなく活発になっていくことだろう。しかも現代は、なかなか失速しない大衆消費社会である。次から次へと生み出される商品に付与するイメージや、娯楽としての物語そして登場するキャラクターたちを、大量に必要としている。

それらは、無限に湧き出してくるものではあるまい。創作者にとって着想源が必要だろうし、創作活動には絶えざる模倣という面もある。それに、何かイメージ表現を用いて情報を発信するとして、受け手と想定される人々にとって全くなじみがない新しいものを用いるよりも、関連する情報が前提としてある程度知られているイメージの方が望ましい場合も多いだろう。予備知識があれば理解してもらうのが容易で、興味を喚起しやすいかもしれないからだ。

そして、物語とイメージを大量消費する現代ならばなおさら、何か一つを生み出して終わりということにはならない。

たとえば映画が大ヒットしたならば続編を製作することになる。すると、ますます多くのキャラクターやストーリー展開が必要で、あらためて参照元が求められる。そうした事態も想定し、創作を広げていくための助けとして、諸要素が体系化された世界観が念頭にあった方が望ましくもある。

こうした点で有益な参照元であり続けるのが、人類の遺産たる神話であり、なかでも西洋を中心に世界的によく知られ、多くの神々と英雄たちの多彩な物語・イメージを伝えてきたギリシア神話なのである。

(2) 物語・イメージの豊かさ

ギリシア神話には、物語、イメージ、キャラクターなどの大量消費のニーズに応える、豊富なストックがある。先述のように異伝を多く含むこともあり、とにかく多彩なのである。たとえば神話における世界の起源や原理の説明は、科学的には正しくないだろうが、であるからこそ生き生きと世界を描き出す。神話には、様々な象徴性を有し、超越的存在だが人間的な面もある神々が数多く登場する。そのような神々と、卑俗な人間の狭間には、神々の血を受け継ぐとされる英雄たちが存在し、冒険を繰り広げる。

さらに神々や英雄と敵対する(ときには味方となる)半獣半人・怪物・魔女たちもいる。たとえば、半人半馬のケンタウロス、有翼の天馬ペガサス、髪の毛が蛇で目には石化の魔力をもつメドゥーサなどは、ギリシア神話の文脈を超えて様々なフィクションに登場し、もはや普遍的存在であろう。西洋中世的な世界観の物語によく登場するドラゴンも、その語源はギリシア神話の蛇の怪物(ドラコン)に遡るし、魔女の原型的キャラクターといえようキルケやメデイアも神話に登場する。

そして、こうした存在の多くが、創作の参考になるエピソード、プロット(話の筋)も有している。また、物語やイメージが、世界中の人々が眺める夜空の天体、星座とも重なってよく知られているのである。

(3) 神々と英雄

ギリシア神話では英雄(人間)の物語が数多くある。人間であるがゆえ我々も同化・共感しやすいところがある英雄たちと、単純に善悪の軸上に位置づけられない神々(さらには半獣半人や怪物)との、複雑な関係がギリシア神話の特徴である。そこで、ギリシア神話を題材としたとき、神々をはじめとした超自然的存在に、人間としての英雄が相対するという基本的枠組みのもとで、さらに創作者たちは両者の関係性に様々な寓意を与えることができるし、見る側も共感できるような意味をそこに見出すことができる。たとえば、女戦士が最後に神々を打ち倒すドラマ『ジーナ』では、神々に男性優位思想のような古い慣習が投影されていると読み取れる。(5)映画の旧『タイタンの戦い』(一九八一年)では、神々は人間界に一方的に介入し、人知を超えた存在という感じが強かったが、リメイク版(二〇一〇年)およびその続編(二〇一二年)では、人々の信仰の衰退によって神々も弱さを見せる。そして、神の血を受け継ぐ主人公ペルセウスが人間として戦うことを主張するように、強大な力に打ち勝つ人間賛歌の傾向が強く出ている。

一方で、科学的・合理的世界観のもとに生きる多くの現代人は、怪物も神々も人間の想像が生み出したもので、実在はしないと考えている。こう思いつつ、また思うからこそ、我々は想像の世界を楽しみもするのだけれども、そのような合理的見方にも符合するように、神話を題材としながら神々の顕現は捨象し、歴史性ある人間としての英雄に焦点をあてて物語を脚色することもありうる。本来は多くの神々が登場して英雄たちに直接的な影響を及ぼす物語を、人間中心に描き直した映画『トロイ』(二〇〇四年)がその代表例である。(6)また、近年の映画『ヘラクレス』(二〇一四年)は、英雄の怪物退治やヘラクレスの神化も、「創られた物語」として説明した。フィクション作品における神々の顕現、怪物の登場に心躍らせる者もいれば、あくまで人間を中心に据えた描写の方に共感する向きもあろう。世界を市場とするハリウッドの映画作品としては、人間中心でわかりやすく、諸宗教の思想に抵触しないような、こうした描き方も必要・有効である。(7)そして、たとえば神々を捨象することで物語が深みを失うというものでもない。『トロイ』は、人間による争いの連鎖の虚しさを描く普遍的物語へと昇華していたといえるし、『ヘラクレス』は、人間視点で神話の成り立ちを掘り下げ、神話をある意味リアルに感じさせてもいた。

このように、脚色しやすい物語構造がギリシア神話に内在している点も、継承の要因の一つであろう。

(4) 変化とフィードバック

いうまでもなくギリシア神話には著作権などないうえ、聖書のようなまとまった典拠も存在しない。特にポップカルチャーにおいてこそ伝統の足かせは弱いので、ギリシア神話は自由に利用、解釈、改変される。継承につながる利便性である。そこで、ギリシア神話を素材にしたポップカルチャーでは、古代神話の文脈が踏襲されていない場合のほうが多く、キャラクター名などごく一部のイメージを拝借したいわゆる「二次創作」のようなものも数多くある。それらはギリシア神話ではないのか、と問うとき、古代においてもすでにギリシア神話の継承は絶えざる解釈、改変、異なる文脈への移行（ギリシアからローマへ、そしてキリスト教へ）の積み重ねだったことが想起される。ギリシア神話は変化が許容されてこそ受け継がれてきたのである。どこからが正しくない神話か、といった客観的で明白な判断基準は存在しない。古代から現代のポップカルチャーに至るまで、連続性こそ見出すことも可能だろう。

古代に伝えられていた物語・イメージをひとまず「本来のギリシア神話」とするとして、ギリシア神話の脱文脈利用、ごく一部だけの利用が、一方的に「本来のギリシア神話の解体」となっていくわけでもない。本来の文脈を離れるからこそ、利用しやすく、文化を越えて、ギリシア神話の要素が普及していく。そしてそれは、ときに改変されているからこそ、ときに断片的であるからこそ、「本来のギリシア神話」への興味を喚起することにもなるのだ。ゲームに登場するキャラクターの本来のイメージや、神話を題材にした映画と「本来のギリシア神話」との違いなどについて、ポップカルチャーをきっかけに神話に興味を抱いた者たちが自ら調べて分析した情報がウェブ上にはあふれている。もちろんそうした情報が正しいとは限らないが、重要なのは、現代の神話利用から、本来の古代神話への関心喚起へと、フィードバックも常にありうることだ。こうして、ギリシア神話の諸要素がさらなる広がりを見せつつ、「本来のギリシア神話」もまた受け継がれ、相互に作用し続けるのではないだろうか。

（5）日本にとっての神話

ここで補足的に、日本の状況について付言しておこう。日本でも、ギリシア神話をはじめとする海外の神話がポップカルチャーにおいてよく知られているわけだが、本来は、日本神話こそがもっと浸透しているはずであろう。もちろん日本神話を題材にした作品もあるが、筆者が講義を担当してきた複数の大学において、当該関連分野を専攻する者以外の学生たちの知識を見てきた経験からは、日本神話よりもギリシア神話の方になじみがある若者の方がずっと多いという実感がある。

こうした状況を理解するためには、本書で対象として設定した時代よりも前に遡らねばなるまい。第二次世界大戦と敗戦を経て、日本を神の国と見なす皇国史観がタブー視されることになったのに伴い、日本固有の神話が公にあまり語られなくなった。西洋の影響力は歴史的に甚大であるから、神話を含む西洋文化全体が日本はじめ世界に浸透しているのも当然だが、日本では固有の神話が公にあまり語られなくなった「神話の空白」状態があったために、ギリシア神話がとりわけ入ってきやすくなった、といえるのかもしれない。それに、神話が途絶えたからこそ日本の物語欲求は、漫画やアニメにいっそう向かったという面もあるのではないだろうか。[8]

ともあれ、ギリシア神話が日本のポップカルチャーにおいて受容され、海外にも波及した『聖闘士星矢』のような人気作品が生み出されたことはすでに述べたところである。日本もギリシア神話の普及に一役買っているのだ。そうしたなかで、日本神話の物語やイメージをよく目にするようになったなら、それは日本の文化状況が大きく変わろうとしていることを暗示するだろう（メディアで日本古来の文化が取り上げられる機会がかなり増えてきたし、たとえば二〇〇六年に『大神』という日本神話を題材としたカプコン製作のゲームがヒットしていたことなどに兆候はすでに見られていたといえるかもしれないが）。

四、志向されるギリシア神話

(1) 神話の志向

ギリシア神話が求められ続ける背景としてはさらに、ポップカルチャーの側における「神話の志向」がある。アメリカン・コミックやハリウッド映画には、古い神話の伝統をもたないアメリカが創造している「現代の神話」的な性質があると考えられる。それらの物語の多くでは、「英雄（ヒーロー）」が活躍する。ギリシア神話の特徴も豊富な英雄物語にあったが、「英雄神話」が再生産されるのは、それが「普遍性」をもつからである。英雄の物語には、出自に特別な事情がある「選ばれし者」が自己実現に向かい、それまでの世界を飛び出して、何かを求めて旅や冒険へ出発し、助けを得ながら前進、怪物や強大な敵などの困難を克服して帰還するという、「人間の成長」が見て取れる。それは普遍的な物語原理であるから、映画や漫画などの物語、そして成長する主人公を演じるゲーム（ロールプレイングゲーム）などにおいて、神話は再生し続けているのだ。映画の脚本家などストーリーを生み出すクリエイターは、だからこそ神話を学ぶという。[9] たとえば、アメリカの神話学者ジョーゼフ・キャンベルによる、世界中の神話における英雄物語の「パターン」析出に影響を受け、映画監督ジョージ・ルーカスが「現代の神話」たる『スターウォーズ』を生み出したことはよく知られている。[10] こうした点で、ポップカルチャーには神話を志向する傾向があり、なかでも最もよく知られたギリシア神話へと目が向けられるのである。

(2) ギリシア神話がヒーローを生んだ

近年は特に、バットマンやスーパーマンといったコミックに由来するアメリカン・ヒーローが、映画界を席巻している。

各々のキャラクターたちの世界観が連結され、マーベル・コミックスのキャラクターたちは「マーベル・シネマティック・ユニバース」、DCコミックスのキャラクターたちは「DCエクステンデッド・ユニバース」という「世界」を形成して、クロスオーバーした映画作品が続々と製作されている。

そもそも、アメリカン・コミックの最初のヒーローはスーパーマンであるが、その原作者ジェリー・シーゲルの着想源の一つは、ギリシア神話の英雄ヘラクレスだったという。また、二〇一六年公開のヒーロー映画『バットマン vs スーパーマン：ドーン・オブ・ジャスティス』において、バットマンを演じたベン・アフレックは、本作について語るなかで、アメリカン・ヒーローの物語をギリシア神話に重ね合わせている。[11] 彼は脚本家、監督、プロデューサーでもあり、監督としてアカデミー賞も受賞（二〇一二年公開の『アルゴ』で作品賞）するなどハリウッド映画について知り尽くしている人物なので、その意見には説得力があるだろう。

超越的存在と人間との狭間で奮闘し、思い悩むヒーロー像と、ギリシア神話の半神たる英雄たちには、強い親和性がある。そもそも、「ヒーロー（hero）」の語源がギリシア神話における英雄＝「ヘーロース」であることも思い起こされる。ギリシア神話なくして、アメリカン・ヒーローの物語はない。創作者たちは、現代にギリシア神話のようなものをあらためて生み出そうとしているのである。

（3）見出されるギリシア神話

さらに、ポップカルチャーが生み出し続ける多彩なイメージやプロットを、現代の側からもギリシア神話の生まれ変わった姿として理解し続けているという面がある。映画への神話の影響を分析した論集『スクリーンにおける古典神話（*Classical Myth on Screen*）』（二〇一五年）では、創作者たちが明確にギリシア神話の参照や影響を表明しているようなケースの他にも、映画とギリシア神話との類似性を遡及して捉えている例が多く見られる。たとえば、主人公のボクサー、ロッキーが、盟友アポロをリング上で殺した相手ドラゴと戦うという展開の『ロッキー4』に、トロイア戦争の勇士アキレウス、その盟友パトロクロス、アキレウスの宿敵ヘクトルの関係性を読み取るとか、ドラマや映画のヒロイン像の原型をギリシア神話の戦闘的女部族アマゾンに遡るといった解釈が展開されている。[12] こうした解釈を日本で適用するなら、『里見八犬伝』や、漫画の『ワンピース』は、多くの個性ある英雄たちが力を結集して冒険を繰り広げる「アルゴ船の冒険」の神話こそ原型として析出されそうである。こうした解釈には、現代の作品にギリシア神話の要素を「見出している」感も強く、ギリシア神話還元主義のような見方に陥らないよう注意も必要だ。しかし、ギリシア神話が、物語を生み、理解する「パラダイム」となっていることを示してもいる。

ポップカルチャーにおける参照元としてのギリシア神話の影響と、現代側からの絶えざるギリシア神話の再評価という相互作用がある。ギリシア神話は、過去と現在の文化の対話に介在しているのである。こうしたなかで、ギリシア神話のさらなる再利用があり続けるのではないだろうか。

おわりに

神話を「定義」に押し込んで分析することは、学問的には確かに重要だろう。だがギリシア神話は、そうした姿勢をあざ笑うかのように、特にポップカルチャーにおいて姿形を変え、過去と今とを行き来しつつ、自由に広まり続けている。本章は、そのような現在進行形の神話の在りようを、神話理解にどう反映させていくかという探求の第一歩でもあった。少なくともギリシア神話についていうなら、「本来のギリシア神話」や古代の文脈にとらわれ過ぎず、そして詳細な定義自体に拘泥し過ぎずに、創作物を培養したり諸文化要素を縦横に結びつけたりするような継承と影響も考え合わせてこそ、「神話」という人間の文化活動について理解を深めていく道を拓くのではないかと思う。

ともあれ、ここでの議論は限定されたものであったから、諸例のさらなる分析、時代を遡っての神話継承の連続性や変化についての考察、日本における海外の神話受容・利用の詳しい検討、そして「現代の神話」の実態理解、他にたとえばヨーロッパの状況などについても視野に入れ、神話理解の試みをまたの機会に展開したい。

注

(1) アマゾン族の神話は、古代の男性優位社会において、「強い女性の存在＝正しくない世界」を想像によって描き、それによって「あるべき世界像＝強い男性が支配する世界」を人々が共有していたとも思われる。このようにギリシア神話には語られた当代における様々な意味があったが、そうした議論は今回の主眼ではない。ここで直接は扱わない神話自体の解釈およびギリシア神話全般についての参考として拙著を挙げておく。庄子大亮『世界を読み解くためのギリシア・ローマ神話入門』(河出書房新社、二〇一六年)参照。

(2) 二十世紀中頃に流行した、神話(のみならず古代)を題材にした「ソード&サンダル映画」については後述の映画についての参考文献を参照。また、神話継承の様々な例については前掲拙著も参照。

(3) 映画における古代神話・古代史の影響について論じたものとして、比較的新しい研究書を挙げる。I. Berti and M. G. Morcillo (eds.), *Hellas on Screen: Cinematic Receptions of Ancient*

History, Literature and Myth, Stuttgart: Franz Steiner Verlag, 2008; M. M. Winkler, *Cinema and Classical Texts: Apollo's New Light*, Cambridge, U.K.: Cambridge University Press, 2009; J. Paul, *Film and the Classical Epic Tradition*, Oxford: Oxford University Press, 2013; M. S. Cyrino and M. E. Safran (eds.), *Classical Myth on Screen*, New York: Palgrave Macmillan, 2015(以下、*CMoS*と略).

(4) SFと古代神話との関連性については、B. M. Rogers and B. E. Stevens (eds.), *Classical Traditions in Science Fiction*, Oxford, New York: Oxford University Press, 2015.

(5) こうした論点も含む、神々の力の消失、神々の死という描写については、V. Tomasso "The Twilight of Olympus: Deicide and the End of the Greek Gods" in: *CMoS*, p.147-158.

(6) トロイア戦争の物語の継承、および映画『トロイ』について詳しくは、M. M. Winkler (ed.), *Troy: From Homer's Iliad to Hollywood Epic*, Malden, MA: Blackwell Pub., 2007.

(7) 神話の英雄を題材とすることの、グローバル市場におけるメリットについてさらに詳しくは、S. Raucci "Of Marketing and Men: Making the Cinematic Greek Hero, 2010-2014" in: *CMoS*, p.161-172.

(8) なお、筆者はこうした観点と関連して、古代ギリシアの哲学者プラトンが語った、太古に失われた島についての物語、「アトランティス伝説」の日本における受容についても論じたことがある。庄子大亮「『失われた大陸』言説の系譜——日本にとってのアトランティスとムー大陸」(小澤実編『近代日本の偽史言説』勉誠出版、二〇一七年)所収。

(9) たとえば、クリストファー・ボグラー(岡田勲、講元美香訳)『神話の法則——ライターズ・ジャーニー』(ストーリーアーツ&サイエンス研究所、二〇〇二年)参照。

(10) ジョーゼフ・キャンベル、ビル・モイヤーズ(飛田茂雄訳)『神話の力』(ハヤカワ・ノンフィクション文庫、二〇一〇年)参照。

(11) http://movieweb.com/ben-affleck-talks-about-playing-the-dark-knight-in-batman-v-superman/参照。

(12) L. Walsh "Italian Stallion Meets Breaker of Horses: Achilles and Hero in Rocky IV (1985)" in: *CMoS*, p.15-26; B. J. Graf, "Arya, Katniss, and Merida: Empowering Girls through the Amazonian Archetype" in: *CMoS*, p.73-82.

英雄からスーパーヒーローへ
――十九世紀以降の英米における「神話」利用

清川祥恵

きよかわ・さちえ――神戸大学国際文化学研究推進センター協力研究員、同志社大学・大阪市立大学非常勤講師。専門はヴィクトリア時代の英文学、中世主義。主な論文に「民衆の聖堂――ウィリアム・モリスの中世主義思想」（『ヴィクトリア朝文化研究』第九号、日本ヴィクトリア朝文化研究学会、二〇一一年）、「ウィリアム・モリスの『希望の巡礼者』における「詩人」と「夢」」（『関西英文学研究』第六号（『英文学研究　支部統合号』五号）、日本英文学会関西支部、二〇一三年）、「アーサー王の「転倒」――ヴィクトリア時代以降の「神話」の大衆化に関する一考察」（『国際文化学研究推進センター二〇一五年度研究報告書』、国際文化学研究推進センター、二〇一六年）などがある。

十九世紀以降の英米において、「神話」がどのように文学史の系譜のなかに位置づけられ、またそれを受けていかなる「神話」が新たに創作されてゆくのかを検討することは、当時の人々の「我々」意識の表象を明らかにするうえで必須となる。ハリウッド映画も対象とし、大衆文化としての「神話」利用の意義について考察する。

人はなぜ追憶を語るのだろうか。

どの民族にも神話があるように、どの個人にも心の神話があるものだ。その神話は次第にうすれ、やがて時間の深みのなかに姿を失うように見える。――だが、あのおぼろな昔に人の心にしのびこみ、そっと爪跡を残していった事柄を、人は知らず知らず、くる年もくる年も反芻しつづけているものらしい。そうした所作は死ぬまでいつまでも続いてゆくことだろう。それにしても、人はそんな反芻をまったく無意識につづけながら、なぜかふっと目ざめることがある。わけもなく桑の葉に穴をあけている蚕が、自分の咀嚼するかすかな音に気づいて、不安げに首をもたげてみるようなものだ。そんなとき、蚕はどんな気持がするのだろうか。

――北杜夫『幽霊』(1)

一、「神話」とはなにか

(1) 近代における「神話」の定義

世界のあらゆる文化においてそうであるのと同様に、イギリス、およびイギリスと少なからぬ文化的連続性をもつアメリカにおいても、「神話」は今日まで大きな影響力を有している。この「神話」という概念について、ヨーロッパの諸語――たとえばドイツ語、フランス語、英語には、細かな相違はあっても、ギリシャ語のmûthosから派生した同根の語彙がそれぞれ存在しており、これらには一定の共通性が認められる。(2)日本における神話・神話学研究は、まさにこの欧米との比較によって、しばしば日本語の「神話」の定義の曖昧さを指摘してきたのだが、もっとも重要な点は、ヨーロッパにおける「神話」は総じて、かならずしも日本語の漢字表記が示唆する『神』の物語」という含意をもたないことである。

したがって、本論で使用する「神話」という表現は、単に英語のmythの訳語として使用しているということを、まずは断っておきたい。それぞれの文化における「神」の存在自体は、二十一世紀の最初の二十年の終わりに向かういま、ますます顕在化し、信仰という面からも、また宗教組織の担う社会的役割という観点においても、決して希薄になっているとは言いがたいのだが、今日なお盛んに再創作される「神話」は、こうした各宗教・教派の聖典としてのみ注目を浴びているわけではない。『オックスフォード英語辞典』（*Oxford English Dictionary*）によれば、英語のmythの定義では、あくまで「自然現象・歴史的事象に関する一般的な考え（popular idea）を具体化した、通常は超自然的な人物・行動・出来事をともなう、純然たる架空の物語（purely fictitious narrative）」(3)というものにすぎない。この定義は明白に、いわゆる聖典だけではなく、叙事詩、伝説などのジャンルを包含するものである。「神話」はその「架空性」ゆえに、ひろく一般化された、特定の過去に限定されない普遍的「真実」を表象する物語ということができる。

こうした見方は十八世紀にはすでに存在した。アイスランド・サガを英語に翻訳した英国の詩人エイモス・コットル（Amos S. Cottle, 一七六六～一八〇〇）は、「私はmythということばを、通常それによく付与されている意味、つまりある神性を自然の力の人格化だと考える意味ではなく、伝説（legend）や寓話（fable）といった意味でつかう」としている。(4)自文化の原点と見なしうる古代文学として異国の神話に注目するという態度は、この時期それなりに散見されるものであった。後述するように、とりわけ十八世紀以降、海外各地の神話文学を収集することで、逆説的に「英文学」のアイデンティティが確立されてゆく。英国においてはながらく、ギリシャ・ローマ神話が「教養」として特に重んじられてきたが、これは庄子大亮の指摘するように、「古典文学」として重要性を持っていたためであり、[5] 英国とおなじ「ゲルマン文化」の一部と見なしたアイスランド・サガを活用するさいにも、これを「他文化の聖典」ではなく、ギリシャ・ローマ神話と並列可能な一伝説・寓話として位置づける必要があった。[6] 他文化の神話は、俗語文学の発展の前夜に存在した中世ロマンスとともに、文明の系譜が継続している証左として、「英文学」の間接的な父祖と見なされ、文学史上のつながりを共有する存在としてしばしば利用されたのであった。

(2) 神話からロマンス、ファンタジーへ

ナショナル・アイデンティティへの意識が高まってゆく時代においては、このように、その国の文学的伝統をどれほど過去と遡上してゆけるかが、その民族がいかに洗練されているかという「文化水準の指標」ともなる。例えば、カトリック教会からの宗教的独立の分水嶺であり、その後の国民国家体制成立への嚆矢となったイングランド教会(The Church of England)の出現は、十六世紀の半ばの出来事だが、この時期のものとして、中世英国の詩人ジェフリー・チョーサー(Geoffrey Chaucer, 一三四三頃〜一四〇〇)を「イングランドのホメーロス」("Englishe Homer")として称揚する批評が見られる。[7] その後、十八世紀ごろにはリアリズム小説の勃興によって、壮大な叙事詩やその伝統を継ぐ中世ロマンス文学は、架空の、現実とは乖離した物語にすぎないとされ、しばし勢いをうしなうのだが、一方でその熱自体がすっかり消え去ってしまうということはなかった。十九世紀半ばには、今日のいわゆる「ファンタジー文学」の原点とみなされることもある、ウィリアム・モリス(William Morris, 一八三四〜九六)の創作ロマンスが現れてくることになる。モリスはこの中でアイスランド・サガ風の物語であったり、中世ロマンスを模した世界における活劇を描いている。

現在、ファンタジー文学には多分にジュブナイル文学のイメージがともない、しばしば「子ども向け」以上の評価がなされないままとなることが多いが、実のところ、モリス、そしてその系譜につらなるJ・R・R・トールキン(J. R. R. Tolkien, 一八九二〜一九七三)ら自身は、こうした作品を「子ども向け」とはしていない。モリスは「ロマンス」を次のように定義している。

人々がそれをロマンティックであることだと呼び違えているのをよく耳にするが、ロマンスが本当に意味するのは、真に歴史を把握する能力のことであり、過去を現在の一部とする力のことである。[8]

つまり、たとえ架空の物語であっても、そのなかで語られているのは「歴史的真実」であって、その意味で、近代のロ

マンスは、歴史と創作が未分化であった古代ギリシャの叙事詩や、後述する北方神話のような異国の神話の性質を、意図的に復活させるものなのである。であるから、モリス自身が、アイスランド・サガや当時テニスンをふくめ多くの詩人が夢中になっていたアーサー王伝説の再話にも手をつけているのは、決して娯楽性を追求した結果ではなく、いわんや「子ども」という限定的な読者層を想定するものではない。トールキンもまた、「おとぎばなし」（fairy tale）について「子ども向け」としての性質が強調されるようになったことを批判し、人類を純粋性の有無を基準に「子どもと大人」という「イーロイとモーロック」に区別して考えるべきではないとしている。(9) つまり、「神話」から「ファンタジー」への発展は、受容者層の縮小ではなく、むしろ古い物語の伝統の復権なのである。

カナダの英文学者ノースロップ・フライ（Northrop Frye）はモリスらによるこうした近代のロマンスの復活に注目し、著書においてロマンスを「世俗の聖典」（secular scripture）と呼び、かならずしも神性をおびたキャラクターをあつかわずとも、社会との関わりによって「真実」と認められた「フィクション」として、このような架空の物語が社会を結びつけ歴史的連続性を保つという性質を指摘した。そのうえで、狭義の神話（信仰のもととなる聖典）・叙事詩とともに、これらを現実社会に大きな影響をもたらすものとして位置づけたのであった。(10)

（3）「民族の神話」と「個人の神話」

アーサー王伝説等の再話の試みは、二十世紀において英米で繰り返された。一九七六年には、『エデンの東』（*East of Eden*, 一九五二年）で知られるカリフォルニア出身の作家ジョン・スタインベック（John Steinbeck, 一九〇二〜六八）が生前、アーサー王伝説の最初の文学的礎を築いたと評価されるトマス・マロリー（Sir Thomas Malory, 一四一五頃〜七一）の『アーサー王の死』（*Le Morte D'Arthur*）を中心とした手稿を、語り直しという形で「現代語訳」していたものが発表された。スタインベックはこれに『アーサー王と高潔な騎士たちの行伝』（*The Acts of King Arthur and His Noble Knights*）というタイトルを冠しており、道徳的規範をしめすものとしてのアーサー王伝説の意義をあらためて提起している。スタインベックは序文のなかで、この伝説の中にはあらゆる道徳が入っているということを述べるとともに、二十世紀以降の文学の「個人化」すなわち自伝的内省の流れをふまえてなお、マロリーらによる伝説のすばらしさを主張しているのである。(11)

他方、とりわけ第二次世界大戦後の流れとして、いわゆる「総力戦」——一般市民が総動員される戦争——の時代において、勇猛さや英雄性を称揚することへの懐疑が生まれてくるにつれ、それまで強化されてきた「正義」や「勧善懲悪」一辺倒のアーサー王礼賛というのは薄まってゆく部分もあった。一九五八年までに発表されたT・H・ホワイト（T. H. White, 一九〇六～六四）の『永遠の王』（*The Once and Future King*）はその例のひとつで、ホワイト自身の体験と重ね合わせたアーサー王の再創作が行なわれていると指摘されている。(12)

このように、「神話」概念は、「人類」や「民族」の歴史のみならず、個人の内面にふかく根ざす記憶を語るものへと、徐々に発展していった。こうした「神話」的物語と二十世紀以降の自伝的要素をふくむフィクションとの関連を、本論冒頭に掲げた北杜夫（一九二七～二〇一一）の『幽霊』からの引用は端的に示している。「神話」が近代国民国家の誕生を契機とし、民族のアイデンティティを強化する社会装置として用いられようとも、人々のアイデンティティがその思想にまったく塗りつぶされてしまうとは限らない。度合いの多寡はあれ、個々人のうちに存在するさまざまなアイデンティティの位相に、「過去」の物語は複雑にからみつき、社会の変化の中でしばしばおおきく舵を切りながら、おのおのは個人的な「神話」をも語ることとなる。そして人は——それが民族のものであれ個人的なものであれ——「神話」を語りながら、その行為から「ふっと目ざめ」て、「不安げに首をもたげ」ることがある。物語と自己との関わりを意識したとき、はたして自分はその物語という大きな時間の流れの中で、どこに、どのように位置しているのかをつねに自問するのである。

二度の世界大戦を経て、国民国家をささえた「神話」をほとんど無邪気に信じていた人々も、勝者であれ敗者であれ、自分が包摂されたその物語の「欺瞞性」にさいなまれることとなった。「神話」を語ることは、時に、そこに現れるキャラクターと自分自身の差異を際立たせ、結果として、よりリアリティのある人物像が、逆説的に「神話」のキャラクターにも投影されていくことになる。英文学のすぐれた批評家であるテリー・イーグルトン（Terry Eagleton）が指摘するように、我々が読む「ホメーロス」はもはや、かつての「ホメーロス」と同義ではない。(13) いまや、人は「神話」のなかにみずからの人生の「モデル」を見いだす。これはキリスト教聖書についても例外ではなく、一九六〇年代以降を中心として、ハリウッド映画で「等身大」のイエスをモデルにした再創作が頻繁に行なわれるなどしている。(14)

（4）記憶の叙事詩としての「神話」

すくなくとも英米においては、「神話」は架空のものでありつつも、民族ひいては個人の「記憶」という「真実」を語るものとして、「叙事詩」と近似の性質を持っている。「叙事詩」（epic）という言葉それ自体、「神話」の語源となったギリシャ語のmūthosと同様、元来ラテン語では「歌」「物語」という意味しか持たなかったのだが、現在では形容詞として、印象深いものを指すときにもごく一般的に使われる。[15]

したがって、英米における「神話」の意義を再検討するということは、実のところ、物語そのものの持つ力を再評価することにほかならない。いにしえの物語の再話は、北杜夫の言う「時間の深みのなかに姿を失うように見え」た、それでもなお「あのおぼろな昔に人の心にしのびこみ、そっと爪跡を残していった事柄」を、人がみずからの持つさまざまなアイデンティティの位相で回復しようとする試みなのである。ゆえに、今日、英文学の系譜の中で創作されてゆく物語が、いかなる形で古代の叙事詩と相関するかを考えることは、人々の「我々」意識、ひいては自我の表象を検討するうえで必須となる。十九世紀以降、神話が世俗的な意図で——すなわち、特定の宗教の経典としてではなく、教育的、娯楽的側面から——再話・再創作される場合の媒体は、書籍や雑誌にとどまらず、映像作品にも拡大してゆく。そこで、本論ではこれから、大衆に訴える文学としてハリウッド映画も対象とし、英米の「神話」に現れるアイデンティティの諸表象の変化について、考察をすすめてゆくこととする。

二、十九世紀における「英国の神話」の事例

（1）「ゲルマン」の神話としての北方神話

十九世紀に最高潮に達する帝国主義的膨張にともない、英国でも古代からの独自の国民的神話を確立したいと希求する熱が高まった。今日、「英国の神話」と言うとき、一般的に想起しやすいのはケルト神話であろう。十八世紀、スコットランドの詩人ジェームズ・マクファーソン（James Macpherson, 一七三六〜九六）によるオシアンの「発見」と「翻訳」によって、「伝統の捏造」の論争が巻き起こった事例は有名である。[16] しかしながら、ケルトそのものは無文字文化として軽視されることもあるなど、[17] 十九世紀当時は現在ほどの注目を集めているわけではなかったことには留意する必要がある。何を「英国」の神話としてさだめるのかが混乱する背景には、連合王国の国家としてのアイデンティティの複雑さが及ぼす影響が大きいが、すくなくとも国民のイングランド教会への加入を国是とするイングランドにおいては、あからさ

まに異教的・魔術的な神話を国の神話とすることは難しかったといえる。したがって、そうした人々の一部がみずからの民族固有の文化として推挙したのは「北方神話」(Northern Mythology)であった。

北方神話——とくに一二二〇年頃に著されたとされるアイスランドの『詩のエッダ』(*Edda*)は、英国の民族的起源を遡求する人々に格好の文書であった。『エッダ』そのものはアイスランドの口承伝承を書きしるしたものであると考えられているが、明白な神話の「テクスト」を持たぬイングランドの人々、[18]とりわけ知識人にとっては、同じ「ゲルマン文化」に属する、ギリシャ・ローマ文化に対抗可能なほど古くからの伝承が、文書の形で残っていることは、非常に僥倖だったのである。ゆえに、北方神話を自分たち自身と根源的なつながりを持つ「神話」として守り立ててゆこうという動きが一部で盛り上がったのは不思議なことではなかった。ただし、いかに『エッダ』のほか数々のアイスランド・サガが再話に値するヒーロー像を英国に提供したとはいえ、やはり「ブリテンらしさ」(Britishness)という意味ではアーサー王伝説に勝るものはない。結局、たとえどれほどその歴史的真実性、真正性が怪しくとも、中世以来信じられつづけてきたアーサー王伝説は、英国がローマよりも「伝統的に」キリスト教国であるという誇りを支えてきたからである。

(2)「キリスト教国」の神話としてのアーサー王伝説

いまもイングランド西部のグラストンベリー修道院(Glastonbury Abbey)跡には、遠足のこどもたちが訪れるなど、同地はキリスト教国としての英国のアイデンティティを裏づける重要な史跡となっている。十八世紀以降、廃墟を美的景観として見なすことが流行し、英国の芸術家たちはこの廃墟の向こうに在りし日の英国の姿を思い描き、作品に残したのであった。この地が「巡礼地」であるのは、アーサー王の墓が発見されたという伝説が息づいているからである。現在はわずかに看板がその名残を示すのみであり、信憑性はほぼ危ぶまれているが、いくど歴史家から疑義が呈されようとも、その人気はまったく衰えを見せていない。十九世紀後半にトマス・マロリーの再評価によってアーサー王への興味が高まって以降は、再創作の熱狂も加速した。桂冠詩人アルフレッド・テニスン(Alfred Tennyson, 一八〇九~九二)の詩はもちろん、絵画分野においても、ダンテ・ガブリエル・ロセッティ(Dante Gabriel Rossetti, 一八二八~八二)、エドワード・バーン=ジョーンズ(Edward Burne-Jones, 一八三三~九八)らラファエル前派の画家たちがこれをモティーフとして作品を制作している。とくに、こうした「視覚化」と、その普及が果たした役割は大きく、以降アーサー王伝説の再話はとぎれることなくつづいてゆき、先述したように、ナショナリズムに対してややシニカルな態度をとるような作品に形を変えつつも、連綿と人々の霊感の源でありつづけている。

また、こうした復興が盛り上がりを見せたことは、同時期に発達したマスメディアの影響と不可分であろう。十九世紀において花開いた雑誌文化は紛れもなく大衆に手軽な娯楽としての文学を提供したし、書物に掲載されたバーン＝ジョーンズのアーサー王やギリシャ神話をモティーフとした挿絵は、いまなおほぼ定期的に日本の美術展に貸し出されるなど、人気を保っている。また時の王室（ヴィクトリア女王夫妻）がアーサー王伝説をメディア戦略として利用したことも大きかった。かつては知識人階層の教養であった「神話」を大衆にも提供した意義の大きさは、当時のチャールズ・キングズリー（Charles Kingsley, 一八一九〜七五）、トマス・ブルフィンチ（Thomas Bulfinch, 一七九六〜一八六七）といった英米の大衆を対象とした神話紹介者たちの言をみるにわかりやすい。[19] 英国の「神話」として占有的に擁立する動きが見られたアーサー王伝説は、大衆への啓蒙をつうじて、普遍的な人気を持つ主題となったおかげで、アメリカにおいても、いわゆるアングロサクソン系移民のアイデンティティを表象する物語として使われるようになってゆく。[20] 北方神話も同様に、当時の大衆への喧伝によって、英米双方の文学および政治においても、多大な影響力を持つこととなった。

三、大衆の「神話」における英雄像の変遷

(1) 新たな「英雄」像

このように十九世紀において「ポップ・カルチャー」として神話が普及した背景には、「英雄」(hero) という概念の再整備が行なわれた事が挙げられる。元来は、ギリシャ神話において超人的能力を持つキャラクターを指していたこの概念を、トマス・カーライル（Thomas Carlyle, 一七九五〜一八八一）はみずからの論考において拡大した。すなわち、英雄は神話的な超人にとどまらず、「英雄崇拝」というのは「偉人」(a Great Man) に対する超絶的崇拝である、という趣旨である。[21] 一八四一年の著作『英雄と英雄崇拝、および歴史における英雄的なるものについて』(*On Heroes, Hero-Worship, and The Heroic in History*) の目次には、古代北欧の神オーディンからシェイクスピア、ルソー、クロムウェルまで、あらゆる「偉人」が「英雄」として並列して紹介されている。これは、自文化の偉人を英雄として過去の系譜に接続することで、同時に、過去の英雄を現在の自文化につらなる存在として位置づけ直す

という試みでもあった。つまり、自文化の系譜を、単なる世俗化——神話的英雄の消滅——すなわち文化的「衰退」への過程としないためには、時代に「神話」を取り戻し、古代の英雄を復権・復活させ、かつ同世代までの偉人達をそれらに並ぶ者として擁護することが必要となる。世俗化する近代において、中世のキリスト教的秩序の回復を求めた中世主義（mediaevalism）、さらにその後の二十世紀アメリカの超絶主義（transcendarism）へとつづいていくところを見ると、この時代の神話的英雄への期待は、必然の社会的欲求であったといえる。

（2）リアルな「架空」世界を生きる英雄たち

英語圏における「アーサー王」の理想の共有にさいし、かつて雑誌や書籍がその普及を助けたように、一段と拡大した受容者層を持つ「ハリウッド映画」は、さらに甚大な影響力を世界的に及ぼしている。それは、十九世紀後半のラファエル前派による「神話」の視覚化がますます発展し、実際に「動く」英雄達を再現することが可能となったということである。とくにNetflix等の定額映像配信サービスとの競合が問題化している現在、「劇場映画」そのものの影響力はやや衰えているかもしれないが、一九九〇年代以降、映像表現においてコンピュータ・グラフィックスを用いて架空世界を「リアル」に創造できる可能性が拡大したことが「神話」の再話に寄与した貢献は、疑いなく注目に値するものだと考えられる。[22]

第一節で触れたような「ファンタジー文学」が、映画というジャンルにおいて存在感を発揮するようになるのは主に、こうした技術発展が一定の水準にたっした二〇〇〇年前後のことである。キャサリン・A・ファウクス（Katherine A. Fowkes）は、それまでのサイエンス・フィクションの人気を塗り替える形で、トールキンの『指輪物語』の映像化であるピーター・ジャクソン（Peter Jackson）監督の『ロード・オブ・ザ・リング』（*The Lord of the Rings*）三部作（二〇〇一〜二〇〇三年）が現れたと指摘している。二〇〇〇年前後には『ハリー・ポッター』（*Harry Potter*）シリーズの出版（一九九七〜二〇〇七年）・映画化（二〇〇一〜二〇一一年）もあり、いわゆるファンタジーブームの時期と考えられているが、さかのぼれば一九七七年からはじまる『スター・ウォーズ』（*Star Wars*）シリーズが、ＳＦと、おとぎ話・神話的要素を組み合わせた初期作品として挙げられている。[23]

主には現代の英国を舞台とする『ハリー・ポッター』はともかく、架空ではあるが明らかにイングランドの牧歌的な村落をイメージしたホビット庄から恐ろしい暗黒の大地までをコンピュータを駆使して描ききった『ロード・オブ・ザ・リング』のおかげで、「神話」における英雄像をよりリアルな架空世界の登場人物として映像上で表現することが可能になったことは、間違いが無いだろう。かつてトールキン自身が抗弁していた「ファンタジー＝子ども向け」という評価は、彼自身の作品が映像化されることで、映画という媒体においても改めて覆されることとなったのである。

（3）英雄《ヒーロー》からスーパーヒーローへ

ところで、現代においてこうした「神話」を創作する場合の「英雄」の造型に霊感を与えているとしばしば指摘されるのが、アメリカの神話学者ジョーゼフ・キャンベル（Joseph Campbell）の構造分析である。ジョージ・ルーカス（George Lucas）が、彼が明らかにしたパターンを踏襲して『スター・ウォーズ』を執筆したというのは人気のある裏話であるが、これによりいかなる英雄像が創出されるのだろうか。

『スター・ウォーズ』の最初期の三部作において、主人公のルーク・スカイウォーカー（Luke Skywalker）が「フォース」（the Force）という超人的な力に身をまかせるまでには、いろいろな葛藤がある。『新たなる希望』（*A New Hope*, 一九七七年）では、のちに師となるオビ＝ワン・ケノービ（Obi-Wan Kenobi）の言葉をまったく信じずに家に帰る。養父母が帝国軍によって殺され、フォースの訓練を受けることになるもまだ半信半疑で、最後にようやく、テクノロジーよりもフォースを信じて悪の要塞を破壊する。続編の『帝国の逆襲』（*The Empire Strikes Back*, 一九八〇年）では、依然フォースに対する疑念をぬぐいさることができず、途中で訓練を放り出してしまう。また暗黒面（dark side）と呼ばれる負の側面にとらわれてしまうことの恐ろしさも描かれ、超人的な力はみずから制御しなければならないものであり、彼の父こそがそれに失敗して悪に染まってしまったのだという衝撃的な――しかし「神話」の類型としてはごく一般的な――事実が明かされる。こうした超人的な力をもてあます過程というのは、主には科学によって力を得る、現代のアメリカン・コミックの「スーパーヒーロー」（superhero）にも見ることができる、これもまた「神話」のごく一般的な表現といえるだろう。

アメコミ映画の中でも、とりわけ二〇〇〇年以降は、能力の「もてあまし」が強調される傾向にある。たとえばサム・ライミ（Sam Raimi）監督版の『スパイダーマン』（*Spider-Man*）三部作（二〇〇二、二〇〇四、二〇〇七年）では、科学オタクのさえない少年ピーター・パーカー（Peter Parker）が社会見学に行った研究所で遺伝子組み換えの蜘蛛、スーパースパイダーにかまれることで超人的な能力を得る。ピーターは当初これをいじめっこの成敗や、彼女をデートに誘うさいに必要な車を購入するための資金集めとして賞金目当てでプロレスの素人参加者に応募することといった、利己的なことにばかり利用する。しかしそうして浮かれた生活をしているピーターを見た養父に、「大いなる力には大いなる責任がともなう」（"with great power comes great responsibility"）とたしなめられ、さらにみずからの軽挙による養父の「犠牲」を経て、最終的にはニューヨークを救うスーパーヒーローとなってゆくのである。

この二例の比較から注意しておきたいのは、『スター・ウォーズ』のルークは生まれながらの資質によってフォースを操ることができ、最終的にはフォースを「信じる」ことによって、ほとんど直感的に力を発揮する一方、ピーター・パーカーは明らかに後天的に獲得した力の「使い方」それ自体に葛藤を抱えている、と言うことである。ヒーローとその力の関係性のこうした変化は、いったい何に起因するものなのであろうか。

（4）孤立するスーパーヒーロー

近年ますます、マーヴェル（Marvel）やDCコミックといったレーベルのアメリカン・コミック作品の映像化が盛んになっており、ついに二〇一二年には『オックスフォード英語辞典』に「スーパーヒーロー映画」というジャンルおよび関連用語数点が登録され、[24] 翌二〇一三年には研究書も出版された。それによればスーパーヒーローは、「利己的でない（selfless）目的によって働き、社会のために行動する（prosocial）性質をもつ」ヒーローであると定義される。また、DCコミックスは、スーパーマン（Superman）、バットマン（Batman）などの人気キャラクターを一九三九年に輩出しており、マーヴェルのほうはスパイダーマン、ハルク（Hulk）、X-MEN、アイアンマン（Iron Man）などが一九六二年から六三年に相次いで登場するなど、キャラクターそのものには世界大戦や冷戦の影響が指摘される。[25] そして、結論からいえば、この「社会のために行動する」という性質が、まさに従来的な神話とスーパーヒーローをはっきりと区別するものとなっているのである。つまり、スーパーヒーローは、たんに生まれ持った力を利用して弱者を救うだけではなく、つねに自己よりも社会を優先することが求められる。それは単純に自分自身を犠牲にして他者を救うというだけではなく、時に社会の側から理解されなくとも正しい行ないを貫きつづける必要があるということを意味する。

じっさい、ライミ版『スパイダーマン』第二作目では、仮面ヒーローであるがゆえに自己犠牲が正当に評価されず、力を喪失してしまう。どのように「社会」に認められる存在となるかは、単に悪を懲らしめることよりも重要な、スーパーヒーローの最大の試練なのである。同様の例として、バットマンはもともと「恐怖」を鍵として悪を成敗するキャラクターであったが、クリストファー・ノーラン（Christopher Nolan）監督によるリブート作品の第一作である『バットマン・ビギンズ』（*Batman Begins*, 二〇〇五年）と、とりわけ高い評価を受けた続編『ダーク・ナイト』（*The Dark Knight*）を含む三部作では、その力と責任のおもさゆえにアンチ・ヒーローに徹する側面が、最初の実写映画化である一九八九年のティム・バートン（Tim Burton）による作品よりもはるかに強調して描かれている。

このように、二十世紀末までは理屈なく正義のために力を行使する姿を描いていたスーパーヒーロー映画に、二十一世紀になると、そもそも「正義」とは何なのか、という、まさにアメリカを二〇〇一年の同時多発テロ以降苛みつづけている悪夢が影を落とし始めていることがわかる。スーパーヒーローは「大いなる力」を持つがゆえに、その使用には明白な大義が必要とされるが、わかりやすい「悪」の消えた世界では、個人や国家、コミュニティ内部の葛藤をはっきりと呈示して社会的な承認を求めてゆかざるを得ないのである。ブライアン・シンガー（Bryan Singer）監督の『X-メン』（*X-Men*）シリーズ（二〇〇〇年〜）では、突然変異をおこして特殊能力を身につけた「ミュータント」が能力を悪用するミュータントと対決するだけではなく、ミュータントを差別したり利用しようとする「普通」の人間との対立も主軸となっており、ナチスによるユダヤ人の絶滅政策が随所でキャラクターのトラウマとして作用するなど、一貫して、実社会にも明らかに存在する遺伝子よる差別が問題化されている。つまり、「互いに共存可能だと考えるミュータントと人間」、「人間とは共存できず進化した存在であるミュータントが人間を隷属させるまたは絶滅させるべきとするミュータント」、「ミュータントは社会の脅威であるから絶滅させようとする人間」が三つ巴となる構図である。スーパーヒーローの非利己的で社会のために働く性質と、彼ら／彼女らに向けられる社会の怯懦と拒絶を、「ヒーロー個人と人間達」という二者間関係ではなく、ミュータントと人間という種族間の問題として描くことで、個人／社会の関係だけではなく、個人／我々（仲間）／社会（他人）のアイデンティティの多重構造を呈示し、より実際的な社会情勢と接続しやすいメッセージを表現しているといえるだろう。

（5）伝統的英雄像の「復活」？

現代のスーパーヒーローについてのもうひとつの事例として、ケネス・ブラナー（Kenneth Branagh）監督の『マイティ・ソー』（*Thor*, 二〇一一年）も見ておこう。ソーは、北方神話の雷神トールをモデルとしたスーパーヒーローであり、前項まで見てきたキャラクターたちよりも「伝統的」な英雄であるといえる。この雷神は、その傲慢さをとがめられ、父オーディン（Odin）によってアスガルド（神々の世界）からミッドガルド（人間の世界、主に現代アメリカが舞台となる）に落とされる。日本語版ポスターには「神失格の男〈ヒーロー〉。二つの世界の運命は彼の手に」というコピーが見られるが[26]、英語版の公式TVスポットに見られる「反抗、勘当、ヒーロー」（"Rebel, Outcast, Hero"）は、あたかも福音書の「放蕩息子の帰還」のエピソードのようである[27]。

とくに注目すべきは、スーパーヒーローであるソーが、下界での人間との交流によって「成長」するということである。ソーの「人間的」な苦悩が、ジェーン（Jane）という天文学者の女性との対話によって克服され、最終的に「神」としての力の復活へと到る。また、ジェーンが観測した天文現象（＝神の存在・行動が顕在化したもの）の研究ノートを敵対者から奪い返すシーンがあるが、まさにここで神であるソーと人間ジェーンの心が通うというのは、人間がついに「神話」を取り戻すという示唆でもある。ソーはこの場面で、ジェーンが「科学」と呼んでいるものは自分たちにとっての「魔法」であるとして、神と人間との同質性、ひいては神話世界と現実世界が断絶してはいないことを示すのである。

しかし、ソーという神話的英雄自身が、強大な超自然的パワーを持ってはいるものの、当初「人間的」には未熟な存在として描かれており、「神」と「人」の関係は明らかに逆転している。神が超自然的な力を使いこなす能力もまた精神的鍛錬のたまものにすぎないとする、本作品における超人性の剥奪は、叙事詩的性質よりもむしろホームドラマ性を強調している。旧来の神話をモティーフとしつつも、英雄としてのソーはまったく「人間」的である。ただし生まれながらの「神」という設定であるがゆえに、社会性にはほとんど言及がない。この点はむしろ、弟で実は巨人の子であるトリックスターのロキ（Loki）が、代わって一手に担う形となっている。単純に伝統的な神話のモティーフを借用しているとはいえ、実態としては意外にも、「神話」らしさのうすい作品となっているといえよう。

おわりに――多様性社会における「神話」の役割

これまで見てきたように、神話的英雄と、それを描く「神話」すなわち「フィクション」の今日的意義は、つねに過去と現在をつなぎ、知的・文化的伝統や、絶えず受け継がれてきた――もしくは一時的にうしなわれた――道徳的規範を再呈示することである。とりわけ近年では、だれもが容易に利用できる科学テクノロジーや国家権力といった「超人的力」の一端を負う者としての、おのおのの社会的責任の自覚をうながすものでもありうる。その意味で、「神話」における英雄と現実を生きる人々の距離は、近づいているともいえる。英雄やスーパーヒーローをあえて人間らしいキャラクターとして描くことは、社会の「世俗化」の反映ではなく、普遍性の表現である。しかし、二十一世紀においては、このように旧来の神話の人物を用いて万人に共通のモデルを示そうとするには限界がある。つまり、古来の神話や叙事詩で語られない人々はどうすれば良いのかという問題である。

たとえば、ハリウッド映画が直面しているレイシズムの問題は、二〇一六年の第八十八回アカデミー賞授賞式の、司会者クリス・ロック（Chris Rock）によるオープニング・モノローグによって直接的に批判されたが、[28]元来非白人のキャラクターを白人の俳優に演じさせる「ホワイトウォッシング」はもとより、その逆（たとえ原作に「肌の色」が明記されていなくても、いちど白人のイメージとなっているキャラクターに非白人俳優を当てること、たとえば舞台版『ハリー・ポッター』のハーマイオニー役など）にも批判があつまるのが現状である。[29]北方起源の雷神をオーストラリア人俳優が演じることに問題はないのかと問うことは誰もがナンセンスだと認めるはずだが、「人種」問題、そしてジェンダー問題となると、依然として謂われなき差別が集中しやすい。

二〇一七年夏に公開された、DCコミックスを原作とする映画『ワンダーウーマン』（*Wonder Woman*）の主人公であるダイアナ・プリンス（Diana Prince）は、男性との関係から自由な、自立したアイコンとして大きな話題となっており、女性監督の作品として過去に類をみないほどの大ヒットを飛ばしたことも世間の耳目をひき、ハリウッドのセクシズムへの抵抗としてある程度の成功を収めている。このキャラクターが二〇一六年の十月に国際連合の女性の地位向上名誉大使として選出されたにもかかわらず、[30]わずか二ヶ月たらずで解任されたことからもわかるように、[31]ワンダーウーマンというキャラクターそのものが女性にたいして完璧な、納得できるモデルを提供しているわけではないものの、公開後に巻きおこった「フェミニスト」映画としての賛否両論の評価は、[32]この映画がプラットフォームとして大きな貢献を果たしたことを裏づけている。本作の監督をつとめたパティ・ジェンキンズ（Patty Jenkins）は「女性の」（female）という形容詞を意識しなくてよくなることが理想だと述べている。[33]社会のマジョリティにあたる人々の理想像となるキャラクターがこれまで数々の形で語られてきた一方で、従来は自立した存在としては語られてこなかった人々を積極的に表象していくこと、またそれを受容していく社会を創出することが、今後「神話」を語る人々と、それを受容する人々の双方にとっての重要な課題となるだろう。

　人はなぜ「神話」を語るのか。今日ではそれは、絶対的なモデルを供給するためではない。かつて「国民神話」が過度に単一的に人々のアイデンティティを糊塗してしまったことを教訓として、我々は「神話」を内省的に批判し、複数のアイデンティティに基づいた再解釈を行なう自由を知ったのである。そして自由に多様な「神話」が語られることで、それを通して一方的な包摂や排除を行なうのではなく、互いにさまざまな理想を受け容れ、より多くの人々が「より良く」生きる社会を構築してゆくことも可能になったのではないだろうか。社会の中で個人がどのように生きるのか、あまたの英雄達が示唆するメッセージを、時々ふと思いだし、みずからの行動とかさねて省みながら、新たな神話を紡いでいく――「神話」を語ることは、過去との、そして他者との「対話」に他ならない。ゆえに、「神話」がもつ普遍性は、これからも変わらず、ますます多様化してゆく社会において、人々が共存してゆくうえで重要な役割を、担ってゆくように思われるのである。

注

（1）北杜夫『幽霊――或る幼年と青春の物語』（新潮文庫、一九六五年、改版、初版一九六〇年）五頁。

（2）大林太良『神話と神話学』（大和書房、一九九四年、新装版、初版一九七五年）二九頁。

（3）"myth", *Oxford English Dictionary*, 2nd ed. 1989. なお、『オックスフォード英語辞典』は現在オンライン版でのみ更新が行なわれることになっており、最新の定義（第三版）では「架空」という限定すら取り外され、「社会の初期の歴史や宗教信仰・儀式、自然現象を具体化し、それにかんする説明・原因論・正当化を提供するものである伝統的な物語（traditional story）」と説明されている。この後に本論で議論してゆくとおり、第二版の定義で使用された「架空」とはたんなる虚偽を意味するものではなく、「想像的」である（imaginative）ということの言い換えにすぎないことがわかる。Cf. "Myth, n." *OED Online*, Oxford University Press, January 2018, www.oed.com/view/Entry/124670. Accessed 24 February 2018.

（4） Amos S. Cottle, *Icelandic Poetry, or The Edda of Saemund,* Bristol, 1797, p.8.

（5） 庄子大亮「ギリシア神話を学ぶ」（斎藤英喜編『神話・伝承学への招待』思文閣出版、二〇一五年）二〇五頁。

（6） こうした神話の位置づけの世俗化は、近代神話学において普遍的にみられる現象であった。Cf. Burton Feldman and Robert D. Richardson, *The Rise of Modern Mythology, 1680-1860*, Bloomington: Indiana University Press, 1972, p. xxi.

（7） Derek Brewer ed, *Chaucer: The Critical Heritage*, vol. 1, London: Routledge, 1978, pp.99-101.

（8） May Morris, *William Morris: Artist Writer Socialist*, vol. 1, Oxford: Blackwell, 1936, Introd. Peter Faulkner, Tokyo: Edition Synapse, 2005, p. 148.

（9） J. R. R. Tolkien, *Tree and Leaf*, 1964, London: Harper, 2001, p.45.

（10） したがってフライによる「ロマンス」の定義は「(1) 主として理想化された世界を扱う文学ミュトス。（2） 散文フィクションに属するが小説とは区別される形式で、スコット、ホーソン、ウィリアム・モリスなどが書くような物語。（3） 叙事文学の一様式で、主な作中人物たちは不思議の世界に住んでいる（素朴ロマンス）か、さもなければ雰囲気が哀歌的、田園詩的で、したがって模倣様式よりも社会的批判にさらされることが少ないもの」と概括されている（フライ『批評の解剖』海老根宏他訳、法政大学出版局、一九八〇年、「特殊用語一覧」五一四頁）。

（11） John Steinbeck, *The Acts of King Arthur and His Noble Knights: From the Winchester Mss. of Thomas Malory and Other Sources*, ed. by Chase Horton, New York: The Noonday Press, 1993 (first published in 1976), pp. xi-xiv.

（12） S. Aronstein, *Hollywood Knights: Arthurian Cinema and the Politics of Nostalgia*, New York: Palgrave, 2005, pp. 49-54.

（13） テリー・イーグルトン『文学とは何か――現代批評理論への招待』（上）（大橋洋一訳、岩波文庫、二〇一四年）五〇頁。

（14） 木谷佳楠『アメリカ映画とキリスト教――一二〇年の関係史』（キリスト教新聞社、二〇一六年）一二三頁。

（15） "epic, n. and adj." *OED Online*, Oxford University Press, January 2018, www.oed.com/view/Entry/63237. Accessed 24 February 2018.

（16） Eric Hobsbawm and Terence Ranger eds, *The Invention of Tradition*, first published in 1983, Cambridge: Cambridge University Press, 2012, pp. 17-18. なお、マクファーソンにたいしては近年、この「捏造」が決して名声や金銭のためではなく、スコットランド人としての矜持によるものだと主張する研究もあり、その真贋を措いて、詩人の意図にも光が当てられつつある（Stefan Thomas Hall "James Macpherson's *Ossian*: Forging Ancient Highland Identity for Scotland," *Constructing Nations, Reconstructing Myth*, Andrew Warn with Graham Johnson and John Walter eds., Belgium: Brepols, 2007, pp. 3-26）。

（17） Cottle, pp. ix-x.

（18） もちろん単純に『詩のエッダ』より古い詩としてとして八世紀頃のものと考えられる『ベオウルフ』(*Beowulf*) があり、英文学史上重要なものとされてはいるが、『エッダ』が以前に存在していた伝承を書き起こしたものであるとされるのにたいし、『ベオウルフ』は純粋にテクストとして創作されたものであり、後者のほうが歴史が浅いと見なす向きがしばしばある。Jónas Kristjánsson, *Eddas and Sagas*, Translated by Peter Foote, Reykjavík: Hið íslenska bókmenntafélag, 2007, p. 31.

（19） キングズリー、ブルフィンチの「神話」観につき、詳しくは拙論「アーサー王の『転倒』——ヴィクトリア時代以降の『神話』の大衆化に関する一考察」(『国際文化学研究推進センター二〇一五年度研究報告書』、国際文化学研究推進センター、二〇一六年三月、六六—七九頁)を参照。

(20) ただし、内実として、かならずしも統一的な「アングロ・サクソン」アイデンティティの理想を投影する者ばかりではなかったことは注意しておく必要がある。とくにイングランドの影響を克服するために呻吟していた十九世紀において、それまでホーソーンやメルヴィルらによって独自の道を確立しつつあったアメリカが、同時にアーサー王に興味をいだくという撞着があったことについては Alan Lupack and Barbara Tepa Lupack, *King Arthur in America*, First published in 1999, Cambridge: D. S. Brewer, 2001 が詳しい。

(21) カーライル、トマス『英雄と英雄崇拝』(入江勇起男訳、日本教文社、一九六二年)。

(22) Cf. Stephan Prince, *Digital Visual Effects in Cinema: The Seduction of Reality*, New Brunswick, NJ.: Rutgers University Press, 2012.

(23) Katherine A. Fowkes, *The Fantasy Film*, West Sussex: Wiley-Blackwell, 2010, p. 134.

(24) 二〇一二年六月の新語登録リスト http://public.oed.com/the-oed-today/recent-updates-to-the-oed/previous-updates/june-2012/new-words-list/ 二〇一七年十月十四日閲覧。

(25) Robin S. Rosenberg and Peter Coogan eds., *What is a Superhero?*, Oxford: Oxford University Press, 2013, p.4.

(26) 「作品情報『マイティ・ソー』」シネマトゥデイ https://www.cinematoday.jp/movie/T0009711 二〇一七年十月十四日閲覧。

(27) 『マイティ・ソー』オフィシャルトレイラー http://marvel.com/videos/watch/1788 二〇一七年十月十四日閲覧。

(28) "Oscars 2016: Watch Host Chris Rock's Monologue." *Time*, Time, time.com/4239748/chris-rock-oscar-monologue-video/. 二〇一七年十月十四日閲覧。

(29) 上に言及した『マイティー・ソー』のキャラクター、ヘイムダル(Heimdall)を黒人俳優に演じさせたことに対するバッシングなどが具体例として挙げられる。

(30) "'Wonder Woman' appointed UN honorary Ambassador for the Empowerment of Women and Girls." *UN News Center*, United Nations, 21 Oct. 2016, www.un.org/apps/news/story.asp?NewsID=55367. 二〇一七年十月十四日閲覧。

(31) Roberts, Elizabeth. "UN drops Wonder Woman as honorary ambassador." *CNN*, Cable News Network, 13 Dec. 2016, edition.cnn.com/2016/12/13/health/wonder-woman-un-ambassador-trnd/index.html. 二〇一七年十月十四日閲覧。

(32) Williams, Zoe. "Why Wonder Woman is a masterpiece of subversive feminism." *The Guardian*, Guardian News and Media, 5 June 2017, www.theguardian.com/lifeandstyle/2017/jun/05/why-wonder-woman-is-a-masterpiece-of-subversive-feminism. 二〇一七年十月十四日閲覧。

(33) Setoodeh, Ramin. "'Wonder Woman' Director Patty Jenkins on Equal Pay, Hollywood Sexism and James Cameron's Nasty Words." *Variety*, 10 Oct. 2017, variety.com/2017/film/features/patty-jenkins-wonder-woman-hollywood-sexism-equal-pay-james-cameron-1202583237/. 二〇一七年十月十四日閲覧。

◎コラム◎

神話への道——ワーグナーの場合

谷本愼介

たにもと・しんすけ——神戸大学名誉教授。専門は近代ヨーロッパ文化。主な著書・論文に「パルジファルの誕生」（『ワーグナー著作集（第五巻）』、第三文明社、一九九八年）、『ニーチェ全集（第一期・第五巻）』（訳書、共訳、白水社、一九八〇年）、『オペラとドラマ』（リヒャルト・ワーグナー著、共訳、第三文明社、一九九三年）『ワーグナー事典』（共著、東京書籍、二〇〇二年）などがある。

一、作品の素材の変遷

十九世紀ヨーロッパを代表する舞台芸術家リヒャルト・ワーグナー（一八一三～一八八三）は台本作成と作曲をすべてひとりで成し遂げた稀有なるドラマティカーだった。同時代のヴェルディをはじめとするオペラ作曲家たちはほとんどすべて作曲のみを担当し、台本作成は他人任せだった。つまりワーグナーは生涯に完成した一三作品の素材選定からすべて自分ひとりの意思で行ったのであり、彼の創作の内実を追うことは、ヨーロッパ近代の芸術家が辿った神話へのプロセスの実例を検証することになる。

ワーグナーの十三作品の素材のジャンルを具体的に辿れば、次のようになる。

①『妖精』（一八三四年完成）主たる原典はカルロ・ゴッツィのメルヘン劇『蛇女』（一七六〇年）

②『恋愛禁制』（一八三六年）主たる原典はシェイクスピアの喜劇『尺には尺を』（一六〇四年）

③『リエンツィ』（一八四〇年）原典はブルワーの歴史小説『リエンツィ、最後の護民官』

④『さまよえるオランダ人』（一八四一年）原典はハイネによる「オランダ人伝説」

⑤『タンホイザー』（一八四五年）原典はハイネその他による「タンホイザー伝説」

⑥『ローエングリン』（一八四八年）原典はグリムその他による「ローエングリン伝説」

⑦『トリスタンとイゾルデ』（一八五九年）原典はゴットフリート作の同名叙事詩＝伝説

⑧『ニュルンベルクのマイスタージンガー』（一八六七年）十六世紀に実在したマイスタージンガー、ハンス・

ザックスを主人公にした歴史劇

⑨『ラインの黄金』（一八五四年）　主たる原典は『エッダ』、ヤーコプ・グリム『ドイツ神話学』に基づくゲルマン神話

⑩『ヴァルキューレ』（一八五六年）　主たる原典は『ラインの黄金』と同じゲルマン神話

⑪『ジークフリート』（一八七一年）　主たる原典はゲルマン神話と中世の叙事詩＝伝説『ニーベルンゲンの歌』

⑫『神々の黄昏』（一八七四年）　主たる原典はゲルマン神話と中世の叙事詩＝伝説『ニーベルンゲンの歌』

⑬『パルジファル』（一八八二年）　主たる原典はヴォルフラム・フォン・エッシェンバッハ作の叙事詩＝伝説『パルツィヴァール』

　以上の概観から見て取れるのは、③『リエンツィ』と④『さまよえるオランダ人』の間に素材ジャンルという点における、歴史から伝説へという明確な変化である。確かに処女作の『妖精』はゴッツィのメルヘンチックな寓話劇に基づいているが、これはロマン主義を標榜する芸術家としての一種の出生証明と見なせる。

　ワーグナーは素材を歴史から伝説へ、明確な目的意識をもって変更した。つまり歴史は時代的な「約束事」に拘束されるのに対して、伝説はそのような拘束から解放されて「純粋に人間的なもの」を表現できるという発想である。このような発想の妥当性は今は問題ではない。肝心なのは「純粋に人間的なもの」というキーワードである。このキーワードによって、ワーグナーは伝説よりもさらに「純粋に人間的なもの」の表現できる世界として神話にたどり着いた。ただこの過程においても⑧の『ニュルンベルクのマイスタージンガー』という例外が存在する。本作は実在のマイスタージンガーを主人公とする歴史劇であり、神話とはかけ離れているのだが、作品の内実をみれば、主人公ハンス・ザックスが聖ヨハネに喩えられる聖者誕生劇とも見なせる。つまりハンス・ザックスは最後の『パルジファル』という聖杯王の誕生劇と共通する一面を有しているのである。

　神々の物語である神話がなぜ「純粋に人間的なもの」の表現なのかという根拠は、ワーグナーが心酔したフォイエルバッハの神話観による。フォイエルバッハは神話を「人間の本質」の天上界への投影と見なした。ただワーグナーが創造した『ニーベルングの指環』は単純な神話劇ではなく、神話と伝説、メルヘンが交錯しているのであり、ここでその内実に触れておかなければならない。

二、『ニーベルングの指環』

　上演に四日を要する『ニーベルングの指環』は元々『ジークフリートの死』という単独作が肥大化して現在の四部作になった。その結果、『ジークフリートの

死』は四部作の掉尾を飾る『神々の黄昏』に変貌し、第一作＝「序夜」の『ラインの黄金』冒頭で世界の始原が描かれ、『神々の黄昏』の末尾で世界の滅亡が描かれることによって、世界の生成から消滅に至るひとつのサイクルが完結した。

　構想段階で単独作だったものが四部作に肥大したプロセスには、同時代の古代学者ドロイゼンによるアイスキュロスの翻訳とその解説（ディダスカーリエン）が決定的な影響を与えた。つまり古代ギリシャ悲劇を一九世紀ヨーロッパに再生させるという破天荒なもくろみが長大な作品を生み出させた。古代ギリシャ悲劇は三部作構成であって、そこに滑稽味をおびた狂言のような作品を加えて全体で四作品となったことに習って、本作品は四部作になった。「滑稽味をおびた作品」に該当するのは第三作の『ジークフリート』のはずだったが、最終的にはこの第三作そのもの巨大化した。

　第一作の『ラインの黄金』には人間はひとりも登場しない。妖精、小人族、巨人族、そして神々による神話劇の一種と見なせるが、その内実は、小人、巨人、神々の長のヴォータンがくり広げる万能の指環の争奪戦であって、この争いはきわめて人間臭い。人間がひとりも作中に登場しないにもかかわらず、「純粋に人間的なもの」の濃密な発露が全編にわたって展開する。

　第二作の『ヴァルキューレ』で初めて双子の人間の兄妹が登場するが、彼らも神々の長ヴォータンと人間の女性の間に生まれた人間なので、神の血が脈々と流れている。この双子の兄妹ジークムントとジークリンデの近親相姦によって生まれるのが英雄ジークフリートだが、本作ではこのゲルマン民族最大の英雄が生まれるまでの経緯が本筋となる。

　第三作の『ジークフリート』では、第一幕でジークフリートがみずから名剣を鍛え上げて、第二幕でその剣をふるって竜を退治し、第三幕で百年の眠りをねむるブリュンヒルデを目覚めさせて結ばれるという、まさに男性のイニシエーションの典型的モデルが展開する。つまり物語はメルヘンそのものであって、その主人公がゲルマン伝説の最大の英雄という仕組みである。さらに本作の末尾で結ばれるジークフリートとブリュンヒルデは甥と伯母の関係であり、ふたりは近親相姦の元型とされる母子相姦モデルを実行する。ヤーコプ・グリムが『ドイツ神話学』の序文で「いにしえの神話はメルヘンの内実と伝説の内実をない交ぜにしたものである」と記しているとおり、本作中でメルヘンと伝説と神話が交錯する。

　第四作の『神々の黄昏』では題名とは裏腹に長のヴォータンはもはや登場せず、中世のニーベルンゲン伝説に基づいて英雄ジークフリートの死に至るプロセスが展開する。最後に世界は火に包まれて一つの神話的サイクルが完結する。

　古代学者シャーデヴァルトや三光長治が発見し、指摘したとおり、この長大な四部作の表層にゲルマン神話と伝説が存在し、深層には古代ギリシャ神話と伝説が存在している。シャーデヴァルトは深層にプロメテウス神話を見たが、三光長治はそれを補完しつつ、オイディプス神話と本作の密接な関係を発見した。本作はギリシャ神話の深層とゲルマン世界の表層が絡み合って「純粋に人間的なもの」の諸相を表現している。

三、『パルジファル』

ワーグナーは三十代に『ナザレのイエス』というタイトルの聖者劇を企画した。彼は生涯、パーフェクトな人間つまり全人＝トータル・マンの造形を思い描きつづけた。その最後の結実が本作品であり、物語は「純粋な愚者」パルジファルのいわば擬死再生のプロセスといえる。

第一幕で白鳥の殺害者として登場した愚者パルジファルは、グルネマンツに咎められて、武器である弓と矢を折り、捨てて、いわば自己去勢を実行する。その後、第二幕で聖槍＝男性原理の象徴をクリングゾールから奪還し、第三幕で聖杯＝女性原理の象徴もわがものにすることによって両性原理を兼ね備える全人＝トータル・マン、つまり聖杯王となる。本作品はイエス・キリストをモデルにしながら、仏教的イメージも織り込まれた聖者の生誕劇であり、宗教的要素を濃密にはらんでいる。しかもパルジファル再生のプロセスにはグリム童話中で圧倒的ヴォリュームを容する「二人兄弟」の内実も交錯して、メルヘン的要素も濃厚にたたえている。

ワーグナーは晩年の論文「宗教と芸術」のなかで、「宗教が衰弱した時、宗教の神髄を救えるのは芸術である」と主張した。その信念のもとに死の前年にたどり着いたのが、神の域に達した聖者の誕生劇である本作『パルジファル』にほかならなかった。

あとがき

南郷晃子

本書は神戸大学国際文化学研究科の国際文化学研究推進センターの研究プロジェクトを母体として生み出されたものである。プロジェクトチームの正式名称は、二〇一四年度「神話研究史における近代「神話学」の特性の解明」、二〇一五年度「近代「神話学」の発展と「神話」概念拡大の思想的背景の解明」、二〇一六年度「近代〈神話学〉の発展と〈神話〉機能の展開」、二〇一七年度「近現代における「神話」の史的展開と今日的意義」であり、二〇一四年度から二〇一六年度までは植朗子が、二〇一七年度は清川祥恵が研究代表を務めた。プロジェクト名は毎年変わる上、毎回長いので「近代神話」プロジェクトと呼ばせていただくが、その「近代神話」プロジェクトから本書は誕生した。

さて、「近代神話」プロジェクトチームの結成は、約四年の月日を遡る。二〇一四年の六月、編者の三人が研究員として所属する神戸大学の国際文化学研究推進センターで、研究プロジェクトチームを公募するとの話が舞い降りた。公募の話が出たその日のうちに、植さんと清川さんは「神話」と「神話学」をテーマとするプロジェクトチームを組もうということになったと聞いている。プロジェクトチームを組むにあたり、植さんはドイツフォルクにとっての「神話学」の意味を問い直すことの必要性を感じており、清川さんはイギリスの英雄譚が広く国境を越えていくことに「神話」の可能性を見出していた、のではないか。

私はそのころ近世期の井原領主に関わる説話研究をしていたつもりが、いつの間にか近代井原の旧藩主に由来する神事の調査を行っていた。夢中になる一方で、未知の領域を前に戸惑ってもいた。そのため植さんと清川さんが近現代の「神話学」のプロジェクトチームを作ると聞き、そこで勉強すればなにか腑に落ちるのではないか、と参加をさせてもらうことにした。ゼミの後輩であった潘さん、植さんの後輩にあたる馬場さんも合流し、神戸大学の「近代神話学」研究プロジェクトチームが出来上がった。

いわば「なんとなく」で参加した私自身のスタートは、プロジェクトがテーマとする近代の「神話」とは何か、「神話学」とは何かということを把握するところからであった。植さんと清川さん、二人の視線を重ね、そこになんとか私の視線も重ね、その先の「神話」へ目を凝らしながら勉強をする日々がはじまった。受け入れてくれたお二人にとても感謝している。本書にも表れるネイションを補強しようとするはずの「神話」がネイションの枠組みを想定外に超えてしまうという事象や、国境線のないゲームなどエンターテイメントにおける現代の「神話」――もちろんそれはネイションの正統性を保証するという行為とは大きく隔たる――は私にとって大きな問題提起であり、否応なくネイションと「神話」についての再考を促されることになった。そのうちに私は、日本という国家の「神話」が記紀神話に収斂されていく一方での「国」とは位相の異なる境界に囲まれた世界、地域社会の「神話」のあり方を考えることになった。

二〇一四年度から継続して国際文化学研究推進センターの助成を得たおかげで、魅力的な研究者を次々研究会にお呼びするという贅沢をすることができた。二〇一四年度に坂本貴志氏、戸田靖久氏、二〇一五年度に平藤喜久子氏、二〇一六年度に斎藤英喜氏、すでに中国へ帰国していた藩寧氏、横道誠氏、二〇一七年度に田口武史氏、谷百合子氏にご講演いただくことが叶った。それぞれの先生がたのお話はどれも本当に刺激的であり、本書で研究会にお呼びした先生方すべてにご寄稿いただくことができたのは幸甚の至りである。

素晴らしい御縁に恵まれたのは、どのような神様の采配か。結果として私たちの「神話」プロジェクトはこのような豊穣な成果を生み出す土壌となった。

本書の企画は、二〇一六年一月三十日、二〇一五年度第二回研究会、平藤喜久子先生のご講演の会からはじまった。「日本における「神話学」のはじまり」というタイトルでご講演いただき、藤巻和宏先生にコメンテーターを務めていただいた。斎藤英喜先生のゼミ生の方たちが参加され、多様なメンバーが集った回であった。その後の懇親会の席上で藤巻先生より『アジア遊学』シリーズでの書籍化のご提案をいただいたのである。

しかし刊行は、このときから二年以上の月日を要した。ゆっくりと進んだ理由のひとつに、編者である植朗子、清川祥恵、南郷晃子のそれぞれの生活との兼ね合いがあるだろう。「近代神話」のプロジェクトチームの特色のひとつは、生活をしながら研究をするということに意識的である（意識的にならざるを得ない）点であろうと思う。私たちはひとつの企画が持ち上がるごとに「無理はせず」という言葉をかけあうことが常のことになっている。それぞれの家族や仕事を抱えながら、同時に研究をするということは、もしかすると多くの研究者にとって「当たり前」のことかもしれない。しかし苦しくなりすぎずにそれを行えるかどうか、ということはすなわち続けることができるかどうか、ということに関わってくる。うまく加減をして、生活をし研究をする、ということは私にとって非常に重要なことであり、共同で編者になってくれた植さん、清川さんもやはりそれを重要なことだと考えてくれた。僭越ながら編者に名を連ねさせていただいてはいるが、他のメンバーとであったならば、私はとっくに脱落していたのではないか。とはいえ「無理はせず」と言いながら、本書を作り上げる過程で、清川さんに過剰な重荷を背負わせ、植さんを強引に走らせるようなことをさせてしまったことも確かであり、深く反省するところである。それでもともかく「無理はせず」と互いに声をかけあう日々を超えて無事、出版の運びとなった。望外の喜びである。

なお本書は私たちの研究会の集大成ではない。各論に表れている通り、近現代の「神話」には様々な切り口があり、看過されてきた問題が山積みしている。これら近現代の「神話」をめぐる豊かで複雑な問題を「国」や、ましてや研究者の専門の境界に囚われず、議論していくことを私たちは今はじめたのである。近現代の「神話」を問う行為を始め、問い続けることに決めた。本書はそのはじまりの書である。

最後に「神話学」プロジェクトへの助成を継続してくださった神戸大学国際文化学研究科・国際文化学研究推進センターおよび驪茂センター長をはじめとする推進センターの運営に関わる皆々様、出版をご提案くださった藤巻先生、また勉誠出版の吉田様、武内様、なにより未熟な私たちの申し出を快くひきうけご執筆くださったすべての先生方に心より御礼申し上げます。本というのは、人とのつながりにおいて作られていくものなのだと実感した日々でした。本企画に関係してくださったすべての方に深く深くお礼を申し上げます。

二〇一八年一月吉日

執筆者一覧（掲載順）

清川祥恵	植　朗子	横道　誠
平藤喜久子	斎藤英喜	坂本貴志
山下久夫	田口武史	馬場綾香
潘　寧	戸田靖久	南郷晃子
木場貴俊	藤巻和宏	大野順子
谷　百合子	庄子大亮	谷本愼介

【アジア遊学217】

「神《しん》話《わ》」を近《きん》現《げん》代《だい》に問《と》う

2018年3月30日　初版発行

編　者　植《うえ》　朗子《あきこ》・南郷晃《なんごうこう》子《こ》・清川祥《きよかわさち》恵《え》

発行者　池嶋洋次

発行所　勉誠出版株式会社

〒101-0051　東京都千代田区神田神保町 3-10-2

TEL：(03)5215-9021(代)　FAX：(03)5215-9025

〈出版詳細情報〉 http://bensei.jp/

編　集　吉田祐輔・武内可夏子

営　業　青木紀子・坂田　亮

印刷・製本　㈱太平印刷社

組版　デザインオフィスアイメディア（服部隆広）

ISBN978-4-585-22683-3　C1314